全国高等教育自学考试指定教材

应用文写作

(2003年版)

(附：应用文写作自学考试大纲)

全国高等教育自学考试指导委员会　组编

火玥人　主编

苑汝杰　副主编

李英春　参编

北京大学出版社

内 容 提 要

本书是根据全国高等教育自学考试指导委员会经济管理类专业委员会审定的《应用文写作自学考试大纲》编写的自学教材。

本书共分六章，主要内容为应用文写作基础知识、营销类、礼仪类、事务类、法规类、传播类文章写作。本书通过大量的应用文实例介绍各类应用文写作的特点、规律、方法、技巧，以使学员掌握系统的、科学的应用文写作基本功。

本书为高等教育自学考试的教材，也可作为各级人员应用文写作的参考书。

图书在版编目（CIP）数据

应用文写作：2003 年版 / 火玥人主编 . — 北京：北京大学出版社，2023.10
全国高等教育自学考试指定教材
ISBN 978-7-301-34482-8

Ⅰ.①应… Ⅱ.①火… Ⅲ.①汉语－应用文－写作－高等学校－自学考试－教材 Ⅳ.① H152.3

中国国家版本馆 CIP 数据核字 (2023) 第 175562 号

书　　　名	应用文写作（2003年版） YINGYONGWEN XIEZUO
著作责任者	火玥人　主编
责任编辑	任蕾
标准书号	ISBN 978-7-301-34482-8
出版发行	北京大学出版社
地　　　址	北京市海淀区成府路 205 号　100871
网　　　址	http://www.pup.cn　新浪微博：@北京大学出版社
电子邮箱	zpup@pup.cn
电　　　话	邮购部 010-62752015　发行部 010-62750672　编辑部 010-62753334
印　刷　者	北京虎彩文化传播有限公司
经　销　者	新华书店
	787 毫米 × 1092 毫米　16 开本　16.5 印张　374 千字 2023 年 10 月第 1 版　2025 年 4 月第 4 次印刷
定　　　价	33.00 元

未经许可，不得以任何方式复制或抄袭本书之部分或全部内容。
版权所有，侵权必究
举报电话：010-62752024　电子邮箱：fd@pup.cn
图书如有印装质量问题，请与出版部联系，电话：010-62756370

组 编 前 言

当您开始阅读本书时，人类已经迈入了 21 世纪。

这是一个变幻难测的世纪，这是一个催人奋进的时代。科学技术飞速发展，知识更替日新月异。希望、困惑、机遇、挑战，随时随地都有可能出现在每一个社会成员的生活之中。抓住机遇，寻求发展，迎接挑战，适应变化的制胜法宝就是学习——依靠自己学习、终身学习。

作为我国高等教育组成部分的自学考试，其职责就是在高等教育这个水平上倡导自学、鼓励自学、帮助自学、推动自学，为每一个自学者铺就成才之路。组织编写供读者学习的教材就是履行这个职责的重要环节。毫无疑问，这种教材应当适合自学，应当有利于学习者掌握、了解新知识、新信息，有利于学习者增强创新意识、培养实践能力、形成自学能力，也有利于学习者学以致用、解决实际工作中所遇到的问题。具有如此特点的书，我们虽然沿用了"教材"这个概念，但它与那种仅供教师讲、学生听，教师不讲、学生不懂，以"教"为中心的教科书相比，已经在内容安排、形式体例、行文风格等方面都大不相同了。希望读者对此有所了解，以便从一开始就树立起依靠自己学习的坚定信念，不断探索适合自己的学习方法，充分利用已有的知识基础和实际工作经验，最大限度地发挥自己的潜能，达到学习的目标。

欢迎读者提出意见和建议。

祝每一位读者自学成功。

全国高等教育自学考试指导委员会

1999 年 7 月

目　录

组编前言

第一章　应用文写作基础知识 ………………………………………………………… 1
　　第一节　立意 ……………………………………………………………………… 4
　　第二节　谋篇 ……………………………………………………………………… 10
　　第三节　语言 ……………………………………………………………………… 24
　　第四节　修改 ……………………………………………………………………… 33

第二章　营销类文章写作 ………………………………………………………………… 36
　　第一节　市场调查报告 …………………………………………………………… 36
　　第二节　市场预测报告 …………………………………………………………… 45
　　第三节　市场活动分析报告 ……………………………………………………… 55
　　第四节　经济项目可行性研究报告 ……………………………………………… 60
　　第五节　招标书与投标书 ………………………………………………………… 68
　　第六节　意向书 …………………………………………………………………… 73
　　第七节　经济合同书 ……………………………………………………………… 76
　　第八节　产品说明书 ……………………………………………………………… 80
　　第九节　商品广告 ………………………………………………………………… 84

第三章　礼仪类文章写作 ………………………………………………………………… 89
　　第一节　感谢信 …………………………………………………………………… 89
　　第二节　慰问信 …………………………………………………………………… 91
　　第三节　请柬 ……………………………………………………………………… 95
　　第四节　欢迎词和欢送词 ………………………………………………………… 97
　　第五节　演讲稿 …………………………………………………………………… 101
　　第六节　开幕词和闭幕词 ………………………………………………………… 109

第四章　事务类文章写作 ………………………………………………………………… 115
　　第一节　申请书 …………………………………………………………………… 115
　　第二节　计划 ……………………………………………………………………… 119
　　第三节　总结 ……………………………………………………………………… 128
　　第四节　会议记录 ………………………………………………………………… 142
　　第五节　通知 ……………………………………………………………………… 145
　　第六节　请示 ……………………………………………………………………… 154

第五章　法规类文章写作 ………………………………………………………………… 160

第一节 规定	160
第二节 守则	166
第三节 诉状	168
第四节 答辩状	177
第五节 申请执行书	183

第六章 传播类文章写作 … 187
 第一节 消息 … 187
 第二节 通讯 … 196
 第三节 简讯 … 208
 第四节 广播稿 … 210
 第五节 解说词 … 212

后记 … 217

附：《应用文写作》自学考试大纲 … 219

第一章 应用文写作基础知识

写作是人类生存中一种重要的活动，人们的工作和生活离不开写作，尤其是应用文的写作。自从出现了文字，人类社会就有了应用文写作。最早人们用刀一类的锐器在龟甲兽骨上写作应用文。发展至今，人们已经用各种各样方便快捷的笔在各种各样的纸上流畅地写作应用文，或者用键盘、鼠标在电脑上轻松地写作应用文。与此同时，应用文的文种也在不断地发展、变化着。每一个时代都会出现具有这个时代特点的应用文，应用文的文种也会随着时代的变迁而消亡、新增、存在。

早在三千多年前，我国商朝先民就用最古老的规范文字——甲骨文写作应用文，即"卜辞"和"刻辞"。当时的统治者一般用"卜辞"来决策，它的完整结构包括署辞、前辞、贞辞、兆辞、果辞、验辞六部分。"刻辞"是大事记，主要记录当时的天文、气象、祭祀、食货、征伐、畋猎等情况，最长的有100多个字，最短的只有几个字。到了商朝，人们开始在青铜器上刻字、铸字，那些文字后来被称为钟鼎文。当时的人们就用钟鼎文记录大事。商、周、春秋时代的一些重大政治活动、军事活动，重要的契约、册命、赏赐、诉讼等等，都得到了记录、保留。比较著名的有"毛公鼎"，497个字记录了周宣王嘉奖赏赐臣子毛公厝的情况。还有大盂鼎，内壁291个铭文记录了周康王对贵族盂的训诰和赐物命令。那些文字内容开始条理化、具体化，用字简省，也是我国早期的应用文。虞夏商周时期的应用文基本保留在《尚书》中，文种主要有祝词、誓词、诰言、法令等。春秋时期还出现了"刑书"。"书"是那个时期的文种之一。《左传·昭公六年》曾记载"郑人铸刑书"，杜预解释为"铸刑书于鼎，以为国之常法。"这应该被视为古老的法规类应用文。周朝后期还有一些应用文写在竹片、木板、丝帛上。写在竹片上的被称为"简策"，有"丝编"、"麻编"、"韦编"之分，一般用来记写一百字以上的长文。写在木板上的被称为"版牍"。严格说，未写字的木板为"版"，写了字的木板为"牍"，一般用来记写一百字以内的短文。"简策"和"版牍"主要记载当时重要的法令、户口、赋税等。重要的外交文书、皇帝诰命、赏赐文书，一般记写在丝帛上。丝帛文书也被称为"卷轴"、"案卷"。当时已经有了上行文、平行文和下行文的区别。

秦汉时期，我国有了明确的公务文书分类制度，确立了上行文、下行文的文种。制、诏、策、诫是下行文，专供皇帝使用。章、表、奏、议是上行文，是臣下给皇帝上书用的文书。这时也有了固定专用的公文格式。比如"抬头"、"臣某言"等，常常为后代所沿用，对后代的影响非常大。西汉时期，纸开始出现，经过东汉蔡伦的改进，工艺、质量有了很大的提高。纸的普及也促进了应用文的发展。以前写在简策上的应用文开始写在纸上，非常方便，也比以前快捷。

到了唐代，由于经济发达，社会繁荣，新的应用文文种不断出现，应用文的文种大大增多。到了宋代，下行文已经有制、诏、策、敕、诫、教、令、谕、符、懿、诰命、御札、敕牒、旨等近二十种。上行文已经有奏、议、章、表、谏、牒、申、启、呈、题、状、文册等文种。平行文也由西汉的移文、移书发展为关、敕、咨、照会等文种。伴随文种的发展，应用文的格式也得到了进一步的强化。例如说章首一定要有"稽首上书谢恩陈事"的专用语；表开头要有"臣某言"，结束语为"臣某诚惶诚恐，顿首顿首，死罪死罪"；制书要以"制诏某某官"为开头语；复文中引上级来文后要用"等因、奉此"；引平级来文后要用"等由、准此"；引下级来文后要用"等情、据此"。"等因"、"等由"、"等情"用来结束引文，"奉此"、"准此"、"据此"用来引出下文。从中可以看出十分严格的等级制度。从应用文的结构上来看，一般都有发文时间、发文机关或官员名称、收文机关或官员名称、公文内容、结束语和秘书签字。宋代还在文书处理方面做了一些明确的规定，比如要求公文要直述事状、一事一状，公文要编号等。这些规定对今天的办文依然有着影响。

元明清三朝应用文的发展比较稳定，上行文中又增加了题本、揭帖、笺三种。题本通常用来密奏，揭帖除用来密奏之外，还用于奉旨对答，笺相当于今天的礼仪公文，用来庆贺、祝贺。

由于中国封建朝代重用文官，历来文官中不乏才情卓绝之人，所以，有很多应用文至今也为人们熟知。如：李斯的《谏逐客书》、司马迁的《报任少卿书》、晁错的《论贵粟疏》、贾谊的《论积贮疏》、诸葛亮的《出师表》、李密的《陈情表》、魏征的《谏太宗十思疏》、韩愈的《答李翊书》、王安石的《答司马谏议书》、苏轼的《教战守策》等。

辛亥革命后，新成立的南京临时政府颁布了行政事务类应用文，即公文的程式条例，就公文名称和使用范围作出了专门规定。规定国家公文为令、布告、状、咨、公函、呈、批7种体式，废除了旧体制沿用的一些公文文种，比如：制、诏、诰、敕、题、奏、表、笺等。1928年，南京国民政府对公文程式也作了一些新规定，比如规定公文写作语言必须用白话文，同时要使用新的标点符号。之后直至中华人民共和国成立之前，南京政府进行过多次公文改革，定公文为10种：令、训令、指令、布告、状、批、咨、公函、呈、代电。

中国共产党建立政权后，对行政事务类应用文逐步进行规范。1942年，陕甘宁边区政府颁布《陕甘宁边区新公文程式》，将公文划分为主要公文和辅助公文两类，并对上行文、平行文、下行文作了规定。主要公文有命令、布告、批答、公函、呈文；辅助公文有指示信、报告、快邮代电、签条、通知。上行文有呈文、报告；平行文有公函、通知；下行文有命令、批答、指示信。之后，随着形势的变化，又出现了一些新的应用文。如令、训令、指令、指示、决定、批复、呈、函、电、倡议书、决心书、挑战书、应战书、学习公约、喜报、慰问信等。

中华人民共和国成立后，政府对公文进行了改造和健全。1951年，中央人民政府政务院颁布了由中共中央办公厅和政务院办公厅联合召开的全国秘书长会议通过的《公文处理暂行办法》，对公文的定义、种类、体式和行文关系作了详细的规定。首次规定我国公文分为7类12种：（一）报告、签报；（二）命令；（三）指示；（四）批复；（五）通报、通知；（六）布告、公告、通告；（七）公函、便函。这是新中国第一部公文处理规章。同年，中共中央还发出《关于纠正电报、报告、指示、决定等文字缺点的指示》，强调端正公文文风，重视语法修辞，提高公文质量。1981年，国务院办公厅颁布了《国家行政机关公文处理暂行办法》，规定了新时期，尤其是在改革开放的历史条件下公文的种类、公文的格式及写作要求和行文规则，将原来公文的7类12种调整为9类15种。新增决定、决议1类，将通报、通知变为2类；新增指令、决定、决议3个文种；恢复公告，取消批示。1987年，国务院办公厅对《国家行政机关公文处理暂行办法》进行修订，颁布了《国家行政机关公文处理办法》，进一步明确和规范了公文的作用、公文的种类、公文的格式和行文规则，将公文规定为10类15种，合并命令和令，增补会议纪要为10类。1989年，中共中央办公厅发布《中国共产党各级领导机关文件处理条例（试行）》，规定公报、决议、决定、指示、条例、规定、通知、通报、请示、报告、批复、会议纪要、函等13种文种为党的各级领导机关文件。1996年，中共中央办公厅对《中国共产党各级领导机关文件处理条例（试行）》进行修订，发布《中国共产党机关公文处理条例》，规定中国共产党各级机关使用的公文有决议、决定、指示、意见、通知、通报、公报、报告、请示、批复、条例、规定、函、会议纪要14种。1993年，国务院办公厅又对《国家行政机关公文处理办法》进行修订，并颁布实施。将原来的10类15种调整为12类13种，把报告、请示调整为2类，新增议案，去除指令、决议、布告3类。同时规范了新的数字使用、公文格式和行文规则。2000年12月，国务院办公厅再次颁布新的《国家行政公文处理办法》，去除指示，新增意见，调整公告、通告为2类，这样，目前我国行政机关公文文种是13类。

可见，伴随人类社会的发展，新的应用文体不断出现。今天，人们的活动范围更加广阔，信息的交流和事务处理更加频繁，应用文越来越显示出它在社会生活中的重要性。除行政事务应用文以外，随着改革开放的深入，市场经济时代和网络信息时代的到来，我国营销类、礼仪类、法规类、传播类应用文也得到了极大的发展。应用文涉及的领域也越来越广泛。

从应用文的发展过程来看，应用文首先是从人们的生产活动和社会实践中产生并发展的，人们写作应用文不是为了抒情、娱乐，而是为了应用，为了处理、解决工作和生活中的问题。从古至今，不同时代的应用文在种类、格式、行文规则上可能有许多变化，但不同时代的应用文一般都有其固定的格式。封建时代的应用文用古代汉语，即文言文写作，今天应用文的写作语言已经被规定为规范、平实的现代汉语。由此，我们可以得出这样的结论：

应用文是直接用于处理公私事务的实用性文章。它以解决实际问题为目的，以说明、议论为主要表达方式，有相对固定的格式，语言平实、规范、简明，具有较明确的阅读对象。

应用文写作是作者多种素养和多种智能的综合运用。因此，它具有很强的综合性。从学科上来说，它是写作学的一个分支，与文章学、思维学、心理学、逻辑学、语言学等学科关系密切。从实际运用的角度来说，它与各行各业的具体工作紧密相连。应用文写作课程主要讲述应用文写作的特点、规律、方法和技巧，使学员掌握系统的、科学的应用文写作基本功。

从应用文的写作程序来看，一篇应用文的完成要经历准备、构思、拟写和修改四个阶段。准备阶段主要是收集材料，掌握信息，确定文种；构思阶段主要是确立写作主旨，谋篇布局；拟写阶段主要是把构思的内容文字化；修改阶段主要是对完成的应用文的初稿进行斟酌、润色，直至定稿。其中立意、谋篇、语言、修改是十分重要的四个因素。

第一节 立 意

一、立意的含义

应用文的产生和发展是和人类社会生产活动及其生活紧密联系的。人们写作应用文就是为了解决实际生活中遇到的问题。比如贸易双方确定贸易意向和合作关系后就要签订合同；下级请求上级解决某个问题时要写请示；单位召集大家开会时要写会议通知；个人想加入什么组织就要写申请；邀请别人参加活动就要写请柬等等。这些都说明写作应用文一般都要达到什么目的，也就是说应用文写作有十分明确的目的性。

（一）应用文写作的目的性

这种目的性一般表现为三种：

1．阐明写作者的主张、观点、意图

这一类的文种一般有市场调查报告、市场预测报告、市场活动分析报告、经济项目可行性研究报告、招标书与投标书、意向书、经济合同书、产品说明书、请示、申请书、诉状、答辩状、申请执行书等。

2．下达指示、传达政策、布置工作、通知事项

这一类的文种一般有通知、计划、会议记录、规定、守则等。

3．传递信息、交流情况、总结经验

这一类的文种一般有总结、请柬、欢迎词和欢送词、演讲稿、开幕词和闭幕词、商品广告、消息、通讯、简讯、广播稿、解说词等。

应用文这三种目的性有时在某一文种中都有程度不同的表现，彼此的界限和对应性有时也不是那么清楚。例如市场调查报告在阐明写作者的主张、观点、意图的同时，也有传递信息、总结经验，为了更好地布置工作的目的。只是对于市场调查报告而言，第一种目的性占的比例比较大而已。通知在下达政策、布置工作、通知事项的同时，也要阐明写作者（制文单位）的主张、观点、意图，也有传递信息的目的。只是对于通知而言，第二种目的性占的比例比较大而已。但应用文这种目的性是十分明确的，而且显然和文学写作不一样。文学写作一般也有目的性，比如有的作家希冀他的作品对世人有警策作用，有的作家在作品中宣泄了自己强烈的感情，有的作家在作品中表达他的爱憎，有的作家通过人物、故事情节含蓄地表明自己的观点，有的作家通过他的作品自娱自乐，等等。但应用文的目的性更多地依附于人们实际工作和生活、学习的需要，为了直接解决某些问题，没有文学写作的随意性和虚构性。我们要强调的是，在应用文写作中，能集中体现应用文这种

目的性的成分是主旨。

(二) 应用文的主旨

什么是主旨呢？历来教科书上的说法都不太一样。有的教科书把"主旨"称为"主题"，有的教科书把"主旨"称为"主脑"，有的教科书把"主旨"称为"意旨"，但要点基本相同。"主题"原来主要是指文学作品或其他艺术作品通过对现实生活的描述、提炼，对艺术形象的生动展示、塑造所表现出来的中心思想或思想倾向。"主脑"一说最早是明末清初，李渔提出来的，他在《闲情偶寄》中说："古人作文一篇，定有一篇之主脑。主脑非他，即作者立言之本意也。"清人刘熙载在他的著作《艺概·经义概》中说："凡作一篇文，其用意俱可以一言蔽之，扩之为千万言，约之则为一言，所谓主脑者是也。"后来有的写作学研究者把"主脑"用来指非文学、艺术作品的基本观点。"意旨"一词更多地见于中国的古代文论，有时也被称为"意"或"旨"。"意"一般用来指作品的思想内容，"旨"一般用来指作品的中心意义。我们认为，应用文是人类社会有序化管理中的一个不可分割的部分，"旨"更能够清晰地反映文章的等级关系（这在行政事务公文中十分突出），所以把应用文的基本思想、观点称之为"主旨"更合适。简言之，应用文的主旨就是写作者（个人或单位）通过全篇内容表达出来的贯穿全文的写作意图、观点和公务活动的行为意向。具体说来，它可体现在以下四个方面：

1. 应用文的主旨是写作者通过全篇内容表达出来的贯穿全文的写作意图

在文学或其他艺术作品中，作者不一定要明确地表达他的写作意图。即使要表现，也不会直接地在作品中表现。但应用文往往必须开门见山地表达它的写作意图，陈述写作理由。这是由应用文的实用性决定的。写作意图是应用文的阅读者尤其是审批者认可其请求或要求或观点的前提条件。一篇应用文能不能得到重视，其作用发挥得好不好，跟写作意图有很大的关系。例如：

关于东郊110kV输变电工程项目可行性研究的请示

××省电力公司：

我公司2001年新建输变电工程项目——东郊110kV输变电工程已通过省电力公司基建部组织的初步设计审查，省电力公司输变电工程项目部与我公司已签订了该项目委托管理合同。

根据省电力公司输变电工程审批程序的规定，现将我公司《东郊110kV输变电工程项目可行性研究报告》上报，请予审核，批复。

附件：东郊110kV输变电工程项目可行性研究报告

××省××电力公司（盖章）
二〇〇一年六月二十五日

例文中第二段"根据省电力公司输变电工程审批程序的规定，现将我公司《东郊110kV输变电工程项目可行性研究报告》上报，请予审核，批复。"就是这篇应用文的写作意图。也就是说，写作这篇请示的意图是希望得到上级部门对其《东郊 110kV 输变电工程项目可行性研究报告》的批复。

2．应用文的主旨是写作者通过全篇内容表达出来的观点

有的应用文基本观点十分明确，目的在于使阅读者了解文中的观点，采纳文中的建议。比如营销类应用文中的市场调查报告、市场预测报告、市场活动分析报告、经济项目可行性研究报告等文种，其主要任务就是阐述、论证观点。法规类应用文中的诉状、答辩状等文种，要通过有理有据的观点去打赢官司。礼仪类应用文中的演讲稿等文种，要通过有说服力的观点去鼓舞、激励人心。例如《中国城市家庭潜在电视需求调查报告》中先是提出六个结论："电视仍是中国家庭最爱；电脑不是电视的对头；用电脑影响了看电视；电视功能期待信息化拓展；信息家电雾里看花；互动电视浮出水面"，最后归结为一个终结结论："坚信彩电功能的历史定位，拓展彩电功能的信息化空间，为历经沧桑的彩电业注入新的生命活力。"这个结论就是该文的主旨，它将是中国彩电企业坚定信心、确定行动计划的依据。

3．应用文的主旨是写作者通过全篇内容表达出来的公务活动的行为意向

有的应用文在文中侧重表明公务活动的行为意向，或者说，其主要目的就是让阅读者明确应该怎么去做。这在通知一类的应用文中最为常见。例如：

××电力开发公司转发关于×××热电厂 4 号锅炉事故通报的通知

各分公司（电厂）：

现将国家电力公司国电安运［2001］60 号文件《关于×××热电厂 4 号锅炉"12·16"重大事故的通报》转发给你们，请印发给有关部室，组织学习讨论。

在吸取此次事故教训中，特别要强调"保人身、保电网、保设备"的思想。安全工作一定要重在实效，重在落实。因此，公司已多次阐明淡化周期安全记录问题，目的就是要求树立"安全第一、预防为主"的指导思想，认真落实安全责任制，加强安全管理和监督，认真维护设备，遵章守纪，确保人身、设备安全。

在开展春季安全大检查工作中，要查安全思想是否牢固，扎实做好职工安全培训和遵章守纪教育。为此，公司要求：一、学习《安规》、《运规》及《调规》等规程；二、加强运行人员的培训和教育，提高运行人员素质；三、严格要求热控自动保护的投入及搞好热工监督工作，避免类似×××热电厂重大事故在我公司发生。

附件：关于×××热电厂 4 号锅炉"12·16"重大事故的通报

××电力开发公司（盖章）
二〇〇一年五月十五日

在这篇通知中，公司提出的三条要求指明了公务活动的行为意向，是全文的主旨。

由此可见，主旨决定应用文的写作方向，构成文章内容的核心。写作应用文采用哪种文种、哪种格式，乃至材料选配、文章结构、篇幅长短、遣词造句都要由主旨来决定。一

篇应用文质量的高低、价值的大小、作用的强弱、影响的好坏也由主旨来决定。主旨是应用文的"统帅"和"灵魂"。

（三）应用文的立意

立意就是确立应用文的主旨。立意是写作者酝酿、斟酌的过程，主旨是立意的结果。主旨在应用文写作中的地位决定了立意的重要性。立意直接影响主旨的质量优劣和成败。应用文写作者只有掌握立意的特点、要求、依据、方法，才能有效地确立文章的主旨，达到预期的目的。

二、立意的特点

（一）客观性

立意是一个动态的过程。它确立的主旨是作者从现实生活、工作实践等客观材料中提炼出来的，是从具体材料中产生的。这是因为，主旨不能脱离材料而存在，它不是作者主观随意的猜测与附加，它是对全部材料的高度概括和升华，是对材料内涵本质的正确揭示。也就是说，材料对主旨的确定有相对的制约性，必须根据材料确立主旨，借助材料表现主旨。这样，从材料中提炼出来的主旨就能够回答本行业、本部门普遍关心的问题，能触及企业营销工作中的主要矛盾或重大问题，能反映群众的要求和呼声。立意应该与现实生活结合，并能解决实际问题，这是对企业营销应用文的更高要求。

（二）主观性

立意所确立的主旨虽然来自现实生活，产生于全部材料之中，但它的形成又自始至终受作者世界观的影响和制约，是主观性与客观性统一的产物。因为，主旨作为一种思想意识形态，它虽然是现实社会生活在作者头脑中的反映，但这种反映，却并不是消极、被动的，而是积极、主动的，它是作者对客观材料消化、提炼、开掘的结晶。即使同一材料，由于作者的需要不同，着眼点不同，思想、观点、感情不同，也会提炼出不同的主旨。其中，作者的世界观对文章主旨的确立起着主观性的决定作用。

（三）观念性

立意所确立的主旨是作者对事物的认识和评价，是作者写作的核心意图。因此，它是一种意识形态的东西，应用文的撰稿人必须根据国家的有关方针政策和有关的规章制度，针对实际问题，表明自己的观点。如果一篇应用文，只有材料的罗列、辞藻的堆砌、格式的套用，而没有提出、分析、解决问题，就不可能有主旨。例如某公司财会部门编写了一份成本分析报告，仅仅指明了原材料、燃料动力、工资费用、制造费用、企业管理费用、废品损失等与上年对比的升降情况，而没有具体分析升降的主客观原因以及生产和经营管理上存在的问题，更没有提出切实可行的改进建议，像这样的分析报告，就起不到总结经验、推动工作的作用。

（四）时代性

立意所确立的主旨是时代精神的产物，与当前的政治、经济、文化等密不可分，也是与人民群众所关心而亟待解决的问题分不开的。具体到一个系统和单位，则要求切实反映出本系统、本单位、本部门的新情况、新经验、新特点，力争有新的发展与突破，才能有所创新并体现出时代精神。

三、立意的要求

（一）准确

准确，是指应用文主旨要符合四项基本原则，符合党的路线方针政策，符合客观事物的真实情况，符合客观规律，反映人们对客观事物的正确认识、态度和要求，反映社会生活的本质和主流，并能经得起实践的检验。毛泽东同志的《中国社会各阶级的分析》中结论、主旨就是作者运用马克思列宁主义的立场、观点和方法，从当时中国的实际情况出发，对中国各主要阶级、阶层进行科学的、实事求是的分析而得出的，这一正确的观点对中国共产党革命路线、方针、政策和策略的正确制定，对我国新民主主义革命的深入发展，具有重大的指导意义和实践意义。

（二）深刻

深刻，是指应用文在主旨正确的基础上，紧抓矛盾的关键环节，揭示客观事物的深层本质，阐明事物之间的必然联系，使文章具有深刻的思想性和丰富的内涵。当然，对于应用文来说，并非任何文体，主旨都一律要求做到如此深刻。如一篇总结、调查报告、经济活动分析报告，主旨应该要求深刻；对于一份通知、一项人事任免决定、一封介绍信来说，则无此要求。

（三）鲜明

鲜明，是指文章的基本思想、基本观点十分明确，毫不含糊；对问题的认识，对事物的评价，赞成什么，反对什么，要求什么，应清楚明白，一目了然。应用文是为事而造文，只有主旨鲜明，才能让读者心中明了所写问题核心，有的放矢。反之，应用文如果在主旨上含糊不清，就会削弱文章的作用，甚至造成误解。下文就是一则比较规范的复函，同意什么，哪些工作尚需进一步完善，答复得非常清楚。例如：

关于委托国家电力公司承担电力建设工程质量监督工作的复函

国家电力公司：

你公司《关于电力建设质量监督问题的请示》（国电办［1999］424号）收悉。经研究，现函复如下：

一、根据《国务院办公厅关于加强基础设施工程质量管理的通知》（国办发［1999］16号）精神，为了加强电力建设工程质量监督，同意委托你公司承担电力建设工程质量监督工作。

二、根据国家有关规定，可设立电力建设工程质量监督总站和水电建设工程质量监督总站，按专业分工承担工程质量监督的具体工作。有关的监督范围和监督责任人按……

国家经济贸易委员会（盖章）
×年×月×日

（四）集中

集中，是指一篇应用文章一般只应有一个主旨，材料的使用，谋篇布局，表达方法，遣词造句，都要为突出这个主旨服务。如果提出的问题太多，结果什么问题也说不清楚，解决不了。在某些应用文中，主旨的单一性已经成为法定的规范，具有法定的约束力，如《国家行政机关公文处理办法》第21条明确规定"请示应当一文一事"。其他文种同样有主旨要集中单一的要求。比如总结一个单位的先进工作时，其经验可能有很多条，但应该抓住最新鲜、最突出、最具有指导意义的一个方面去写。如果确实感到提炼出的几个观点都有反映的必要，那么，可以把不同的观点分成几篇文章来写，绝不能把几个观点硬拼在一起，眉毛胡子一把抓。这样势必造成主旨分散，阐述问题不透彻，令人不知所云。

（五）新颖

新颖，是指应用文主旨所反映的作者的思想、观点、主张、意见，不落俗套，有自己的独特性，给人以新鲜醒目之感。主旨新颖，除了思想要新颖之外，还可以从题材、结构、写法的新颖着眼。例如，毛泽东同志的《一个极其重要的政策》一文，结合当时大敌当前的情况，提出了"精兵简政"的方针，这一主旨既正确、深刻，又十分新颖。

四、立意的依据

（一）具体工作的需要

应用文的写作往往都是出于某一具体工作的需要，不管是主动写作还是被动写作。如学术论文、调查报告、总结、请示等，都是写作者在实践中自觉借助应用文这一工具来表达某一意图，解决某一问题；而决定、命令、通知、通报等文书，大多是上级或领导用来宣传某一主张、布置任务时使用的。

（二）客观实际的需要

社会生活中，矛盾无处不在。个人与个人、个人与单位、集体与国家之间，总会存在这样或那样的利害冲突，作为总结和指导具体社会实践的应用文章，确立应用文的主旨时，必须根据实际，尊重客观规律，协调各种利益关系，自觉服从全局的、长期的利益需要。解决社会问题是应用文写作的目的，也是应用文写作活动的归属。任何违背客观实际的立意，必然远离社会需要。这在我国应用文行文中有着大量深刻的历史教训。

（三）以材料为基础

一篇具有现实指导意义的应用文，总是要正确地回答现实生活和工作中提出的某些问题。问题本身是客观存在的，它从现实中产生，而回答和解决问题的正确答案和结论，也来自现实生活。因此，作者必须深入生活，掌握丰富真实的材料，了解全面、真实的情况，才能提炼出正确、深刻的主旨。

五、立意的方法

应用文的写作，有些是根据领导意图立意的，有些是为了解决某个问题限定了主旨的，也有的是由作者从材料和有关因素出发加以提炼的。立意的方法大体有以下几种：

（一）对比筛选

材料具有客观性和多义性，对材料所蕴涵的意义要全面把握，然后加以对比筛选，摒弃其中较一般化的、平庸肤浅的"意义"，择取其精辟、独到，最有价值的"意义"作为主旨。提炼主旨时，应把材料本身的特点、表现现实的需要与解决具体问题的实际需要结合起来。

（二）分析归纳

对所获得的材料要进行一番去伪存真、去粗取精的鉴别和筛选工作，然后进行由表及里、由此及彼的深入分析。在此基础上，从大量个别的、特殊的事物中归纳出一般性的、具有普遍意义的结论，作为应用文的主旨。

（三）集思广益

个人的智慧是有限的，认识问题也往往有所局限，这就需要集思广益，"他山之石，可以攻玉"。因此要实地调查、集体讨论，也可以主动征求他人的意见，尤其是领导者的意见。这样，不但可以吸取别人的正确意见，纠正自己的错误，弥补自己的不足，还可以开阔眼界和思路。

（四）选准角度

任何事物都是多侧面、多层次的，从不同的角度观察，就会发现事物的不同特点、意义和价值。正所谓"横看成岭侧成峰，远近高低各不同"。正确地选择角度，应该立足于实际需要，立足于材料本身，在主、客观统一的基础上求新颖、求深刻。

第二节　谋　　篇

一、谋篇的含义

我们在写文章时，并不是有了明确的主旨，有了大量的材料，就能写成一篇好文章，还需要对材料进行合理的安排。比如，如何开头？分几部分？其先后顺序如何？怎样衔接？哪些是"主干"，需要详写？哪些是"枝叶"，只需略写？怎样结尾？等等。所有这些问题，都要靠谋篇来解决。

应用文的谋篇是指写作者组织材料，设计、安排结构的过程。通常，谋篇又叫安排文章的篇章结构。应用文的篇章结构，就是应用文内部的组织和构造，它是文章表现形式的重要构成部分，是主旨赖以充分表现的手段。一篇文章的谋篇如何，直接影响文章的表达效果。谋篇得当，就会使主旨鲜明突出，内容层次清楚，线索清晰，前后呼应，使整篇文章显得集中、完整、统一、和谐，增强表现力；反之，则杂乱无章，不知所云。

谋篇，是一件非常复杂的事情，是一项艰苦的创造性脑力劳动，又是文章写作的关键环节。在这一环节，要对头脑中的信息材料进行再体验、再认识，把前一阶段从具体到抽象、从现象到本质的认识进一步深化，进而从表现的角度对未来文章的局部与总体构架进行整合；要完成对材料的选择、加工、改造、调整工作，并构成依附于整体结构的逻辑序列；为应用文的主旨找到理想的外在表现形式。

当文章的整体面目在创造性思维活动中由模糊、浅显、零散逐渐走向明晰、深刻、完整时，谋篇也就完成了自己的任务。

二、谋篇的内容

（一）材料的组织

1．材料的含义

应用文的内容是由主旨和材料组成的，材料是指为写作而搜集、准备的具有一定意义和价值的资料。

应用文的材料是指作者为完成文章的写作，体现自己的写作意图和目的，从现实生活和文献资料中选取、使用的一系列事实根据和理论根据。平时有意识采撷和积累而未写入文章中的材料，称为原始材料。可以为应用写作服务的那些文书、档案、报刊、图书、文献材料，称为资料。

文学创作者与应用文写作者取材的侧重点是不同的。文学创作者常常从审美创造的角度去观察、感受生活，注重材料的感性形态和审美价值；应用文写作者往往从实用出发，更看重能够真实、全面、准确、深刻地反映事实的材料和相关的理论材料，强调材料的实用性。

应用文的材料和观点是密切相连的。如果说主旨是文章的灵魂，那么，材料就是文章的血肉。常言道，"巧妇难为无米之炊"。同样，如果没有材料，不管你多么擅长写作，也写不成应用文。例如在营销类应用文中，材料的作用大致表现在以下几个方面：

（1）材料是提出问题的依据

应用写作的过程，就是作者通过思维活动对各式各样的原始材料进行分析、提炼、综合加工，进而提出问题和解决问题的过程。

那么，根据什么来提出问题呢？要靠我们手中掌握的材料。例如，给上级主管部门写一份新产品开发项目可行性报告，在这个报告里，就要根据掌握的材料，具体说明市场预测情况，开发这种新产品的必要性、可行性，开发后可能带来的良好效果，包括提高产量、增加效益等等。有了材料，就有了提出开发新产品的依据，就令人感到可信、可行。上级主管部门对这个报告进行权衡后，才有可能给予批准。相反，如果提出开发新产品，凭据只是一些抽象、笼统的大道理，而无可靠翔实的材料作为依据，上级主管部门就难以做出决策。

（2）主旨依靠材料加以说明和支撑

应用文作者总要在文章中提出自己的观点和主张，表明自己的态度和意见，拿出具体的办法和措施，而这些，都要有充分合理的事实依据和理论依据。否则，便没有说服力，甚至无法成立。那么，这个观点或主旨从哪里来？不能凭借主观臆想，也不能凭借道听途说，必须根据我们手中的材料，并对其进行分析、整理、提炼，从感性认识上升到理性认识。这样，材料就成为形成观点的基础和说明观点的佐证。离开了大量、充分的材料做后盾，观点就成了没有根基的空中楼阁。在企业营销类应用文中，除了会议通知、简单的业务往来函电等少数文种外，多数应用文都是非常强调观点、思想的。因此，要写出有思想性、科学性、实用性的应用文，更多地掌握和有效地占有材料，就成为十分重要的问题。

2. 材料的搜集

占有材料，多多益善。占有的材料丰富、充分，认识才有可能达到与之相应的广度与深度。所以，搜集材料，首先要"博"。作者如果是一个专业作者，平时就要注意广泛全面地收集与自己的工作性质、工作内容、工作任务、工作范围直接相关或间接相关的各种材料，以备不时之需。当接到一个具体的写作任务后，还要针对写作需要，采集手头缺少的必须占有的、直接相关或间接相关的材料。只有材料全面、丰富，写作才能得心应手，保证质量，及时完成。

其次要"透"。作者必须深入实际采集第一手材料，亲自调查，亲自研究，亲自核实。作者不能满足于感官所及，要注意捕捉感官信息之外的超感官信息，对可疑之处要追根溯源，透过现象，发掘事物的深层本质。

最后要"细"。细致，就是精细周密，不忽视任何一个侧面和细节，不放过任何一个疑点和可能有价值的材料。粗心大意，大而化之，是材料采集的大忌。

那么，应该搜集哪些材料呢？

(1) 直接材料和间接材料

直接材料是作者在深入生活、工作实践中亲自观察、体验、感受和经历所得到的第一手材料。这些材料，真实可靠度高，比较具体，有说服力。但个人经历毕竟有限，要想获得各方面的材料，除了"近取诸身"，还要"远取诸人"，获取间接材料。间接材料是作者从现成的书面文字材料和别人转述的材料中得到的，又称第二手材料，比如听取有关单位的介绍，查阅简报、记录、总结、报表、人民来信以及书本、他人研究成果等。这些都是别人经过调查、分析、研究、总结得出来的，是否科学和符合实际，是否符合发展变化了的情况，都需要作者重新推敲、仔细斟酌，不能拿来便用。

(2) 历史材料和现实材料

应用文写作的任务，在于解决现实生活和工作中存在的问题，它注重了解和研究的对象是现实状况。掌握能反映出新情况、新经验、新问题的现实材料，才能给人以新鲜之感，也最能说明现实问题。但是也不能忽略历史材料，因为历史是现实的过去。搞清历史材料，有利于弄清事物发生、发展的背景和过程，以便全面地了解事物。只有把握事物发展的历史进程，把现状放到历史发展的全过程去考察，才可能找到现实问题的症结，并对将来提出科学的预见。搜集历史材料，要有目的性，要注意材料的价值，还要有一个分析、综合、整理的过程。

(3) 正面材料和反面材料

从对立统一的规律看，矛盾总有双方，事物总有两面。只知其一，是片面的，多方了解，才能全面。正面成功的经验应该学习，反面失败的教训也得记取。正面材料一般是指反映对象的成绩、经验或正确性、先进性的材料，有时也是指能够支持、证明作者观点的材料；反面材料一般是指反映对象的错误、缺点、教训或荒谬性、落后性的材料，有时也指作者在文章中质疑、排斥的材料。

(4) 具体材料和概括材料

具体材料多指反映局部问题、个别事例、特殊情况的个别性材料。它反映的大多是事物的"点"。可以使文章的内容具体、充实，有一定的深度和说服力。概括材料是指反映全局问题、整体概貌、一般情况的综合性材料。多反映事物的"面"，可以使文章全面，有一定的广度。应用文写作讲究针对性，也讲究指导性。讲针对，手中就要有具体的典型材料，讲指导，心中就要有全局性材料。工作要求点面结合，应用文也不例外。

(5) 事实性材料和观念性材料

事实性材料是指客观存在的事物和具体事实，包括人物、事件、时间、地点、过程、原因、结果、数据等。观念性材料是指来源于实践，又为实践所验证了的理论、思想、观点，包括科学原理、定义、结论、看法，日常生活中流传的警句、格言、俗语以及领袖、名人的言论等。

3．搜集材料的方法

（1）观察与体验。观察就是在思维的参与下，对事物进行有目的、有计划、比较持久的感知。而体验则是置身于事物所处的环境之中，身体力行，从生理、心理方面深层次地体察事物，把握事物的内在本质和各方面的联系。

（2）调查研究。即是指综合运用观察、体验、查询、阅读等手段，采用开座谈会、个别访问、现场了解、蹲点调查、问卷调查等方法获取所需材料，从中探求事物的性质、特点和规律。

（3）积累、查阅资料。内容包括报刊资料、图书资料、档案文献资料，单位、部门在工作中形成的各种书面文字资料，各种文件、法规汇编、统计报表、音像资料，个人笔记、日记等。

4．材料的选择

在搜集占有材料方面，我们提倡"以十当一"，以多为佳；在选择材料方面，我们提倡"以一当十"，以精为上。写营销类应用文，在选择材料时应注意四个问题：

（1）以主旨为中心

材料与主旨有直接对应的关系，要选择那些能有效说明主旨的材料，根据主旨需要决定材料的数量、类别和详略。在实际写作中，往往存在这样的问题，如有的误认为材料多能更好地表现观点，大量堆砌材料，以致淹没了观点；有的感到材料来之不易，不能忍痛割爱，结果影响了观点的明确性；有的选材不仔细，又不加辨别，结果材料不切题，观点模糊等。在撰写应用文时，不管材料如何好，只要对表现观点无益，就应弃置不用。

（2）鉴别真伪，选取真实准确的材料

材料的真实准确，是对应用文的起码要求。这和小说、剧本等文艺性作品有所不同。文艺性作品可以借助丰富的想象去虚构内容，可以把多个人、多种环境、多种事件集中起来，进行艺术加工，创造出典型人物、典型环境、典型事件，只要符合艺术的真实就行。应用文的写作则不同，它要求材料必须真实、准确。

所谓真实，即要严格符合客观事物的原貌和实际情况，不能杜撰，也不能夸大或缩小，还要能从本质上反映事物的真实面貌，而不是一些偶然现象。所谓准确，就是确凿无疑。即：记人时，其职业、年龄、经历、言谈、外貌要准确无误；记事时，时间、地点、人物、事情、原因、结果等要准确清楚；有关注释、引文、标点符号等也必须认真核对。第二手材料在使用时最好下功夫找到原来的出处，这样才能令人信服。

为使材料真实准确，我们应杜绝三种错误的写作倾向：一是张冠李戴，移花接木。有的作者为了所谓的生动、典型，生拉硬扯，把几个不同单位、不同事件、不同人物、不同产品的情况写到一个单位、一个事件、一个人物、一个产品身上，结果弄得四不像。二是添枝加叶，无中生有。有的作者为了生动完整，不顾事实，任意编造，哗众取宠。三是马马虎虎，粗枝大叶。如引用数字时不加核实，不准确，引用文字材料时丢字换词等。

（3）挑选能反映事物本质与特点的材料

这样的材料具有广泛的代表性和强大的说服力，能起到以少胜多、以一当十的作用。我们又把这种材料称为典型材料。选择典型材料时，要注意处理好四个关系：一是多和少的关系。在撰写营销类应用文时，我们搜集到的类似的材料和现象有多有少，能否反映事物的本质不能以多少论。数量多并非就是典型材料，而要从本质上去鉴别。二是主要观点和次要观点的关系。说明和表现主要观点的材料，可能要从不同角度选择两个或几个；说明次要观点的材料就不需要多用，越简略越好。三是共性和个性的关系。例如营销类应用文要通过个性反映共性。因此，不必要把所有的材料都写进文章中，能用一个材料说明问题的，就不用两个。四是一般和典型的关系。在注重选择典型材料时，不要忽视一般材料。因为有些一般材料可以反映全貌。所以，选材时，要注意一般和典型相结合。一般材料要简写，典型材料要详写。

（4）要选择新颖的材料

所谓新颖的材料，一是指新近发生的事实；二是虽非新近发生却为新近发现而鲜为人知的事实；三是虽为人知却因被变换视角而具有新意的材料。新颖的材料，具有新鲜性和感染力，能增强文章的可读性。

根据企业营销类应用文的特点，我们在选择材料时，要尽可能选择那些新颖的材料。如工作总结、调查报告、工作报告、市场预测报告、经济活动分析报告、会议纪要等等，就要求事例新、问题新、观点新。尽管我们在写营销类应用文时不需要像文学作品那样去生动细致地描写，但我们同样需要从了解和掌握的大量丰富材料中去提炼比较深刻新颖的思想，提出探索企业营销工作中的一些新问题。因此，选择那些既有说服力、又能给人以新鲜感的材料，也应该是这一类文章写作者必须考虑的问题。

5．材料的组织

（1）要主次有序

直接说明和表现主旨的重要材料，应置于主要核心地位；配合或间接说明、表现主旨的材料，应置于次要地位。两者是"红花"与"绿叶"的关系。

（2）要详略得当

骨干材料、核心材料，要注意详尽；过渡材料、交代性材料或意义有所重复的材料，要相应从略。读者感到生疏或难以把握的材料应详写，读者有所了解或容易接受的材料可略写。另外，材料的详略疏密还与文体有关。营销类论说文，其特点在以理服人，其说理部分要详写，引用事实的部分则略写；营销类记叙文，其特点在以事说理，事实部分要详写，而议论、抒情部分则略写；说明文，如产品说明书、操作说明书等为了给人具体的印象，有时也要写到事实，但说明文事实是为了说明事物的性质、特征以及用途，所以在运用材料的侧重点上与记叙文、议论文不同。

（3）要归类使用

所谓材料的组合，即根据材料的性质及相互关系将材料归类使用。用来说明同一问题的材料要互相支持、扶助，不可互相矛盾、排斥。另外，在对照中相辅相成地提示对象特征的材料组合也是一种很有表现力的手法。

(二) 结构的安排

1. 结构的含义

"结构"这个词，原来是建筑学中的术语，指建筑物的骨架或内部构造。后人借用来称文章的组织构造，又称谋篇布局。在写作中，结构的概念不仅指文章的组织构造，还包含安排文章结构的行为和过程。

应用文的结构内容包括：一是确定文章的基本格式。不同种类应用文的格式是不同的，不可混淆。撰写哪一种应用文体，要确定相应的文体格式。二是安排好正文的组织结构。主要有设计开头、结尾，划分层次、段落，布置过渡、照应，区分详写、略写等。

由此可见，结构是文章的内部构造，是文章内容的重要表现形式，是写作者思路在文章中的具体体现。

结构具有以下两方面的作用：

（1）可以根据主旨的需要，把全部内容纳入恰当的结构形式之中，使主旨得到正确体现，材料有所依附，文章构成一个有机的整体。

（2）可以按照作者的思路，把观点和材料加以适当地组织，使文章有条理、有层次，纲举目张，和谐有序。

2. 结构的特点

（1）格式化

应用文实用性的特点，决定了应用文具有固定的、惯用的格式，这就是结构的定型性。应用文的格式，有些是国家或有关权威部门统一规定的，如公文、合同等；有些是在长期写作实践中形成，为社会普遍承认和采用而"约定俗成"的，如书信、启事、计划、总结等。格式化使应用文便于写作、阅读和处理，群众又乐于接受，有利于提高工作效率。但是应该注意的是，如果过分强调格式化就会流于形式主义。例如写总结，有人将"一情况，二成绩，三问题，四体会，五努力方向"作为总结文章的固定模式，这也无可非议。但写作时如果不认真地进行调查研究，不按照一定的思路组织材料，并深刻揭示其内部联系，生搬硬凑，为结构而结构，就起不到总结经验教训、促进今后工作的作用。

（2）单一化

由于应用文的基本格式已经定型，哪一种文体如何写，都有一定的程式，较少变化，比之文学作品的结构要稳定、单一得多。这种结构上的单一性，在内容上表现为一文一事，使主旨集中、突出，有利于办文办事，解决问题；在观点上表现为一文一个基本观点，各层次段落的从属观点，都紧扣基本观点，为基本观点服务。

（3）条理化

应用文的实用性决定了文章结构的条理性。它既不能采用小说的意识流结构，也不能采用电影剧本的蒙太奇结构，而必须把客观事物及作者对客观事物的认识、态度、意见有条不紊地表现出来，便于读者接受和把握。

（4）严密化

一篇好的应用文，应该做到结构严谨，格式统一，组织周密，转接自然。具体地说，结构严谨，是指有头有尾，线索连贯，情节完整，达到篇章结构精当细密，无懈可击。格式统一，是指形式和谐，前后一致，浑然一体。组织周密，是指层次、段落划分恰当，有着内在的逻辑性，无"颠三倒四"、"破绽百出"的毛病。转接自然，是指过渡自然，脉络贯通，顺理成章。

3. 结构的安排

写文章必须讲究结构，因为只有按照主题的需要，对材料加以精心的组织、妥帖的安排，文章才能条理清楚、层次分明、前后连贯、主旨鲜明，才能有好的表达效果，使文章发挥应有的作用。

结构安排的主要环节包括设计开头与结尾、安排层次与段落、处理衔接等。下面我们对这五种环节做一个简要介绍。

（1）开头

文章开头千差万别，归纳起来不外乎以下几种：表明行文目的、援引行文依据、表明成文程序、概述基本情况、提出问题等。

1）表明行文目的

一般用介词"为"或"为了"引出目的状语，然后，说明为实现这一目的所采取的行动主张。法律、法规、规章、合同、通知等文种常用这种形式开头。其他文种也经常使用。例如：

关于珲春电厂建设问题的函

国家计划委员会：

珲春电厂的建设，今年国家已列为预备项目。目前，该电厂建设的前期工作已全部完成，初步设计水电部已审批。为使珲春电厂建设与珲春煤田开发同步进行，请将电厂建设转为正式项目，以利抓紧施工。……

吉林省人民政府（盖章）
一九××年九月七日

又如《中华人民共和国合同法》第1条："为了保护合同当事人的合法权益，维护社会经济秩序，促进社会主义现代化建设，制定本法。"

2）援引行文依据

这种开头直接援引有关文件、会议精神或法律、法规，说明行文主旨。多见于请示、报告、批复、意见、函、通知、条例、计划等文种的开头。如《中华人民共和国土地管理法实施条例》第1条："根据《中华人民共和国土地管理法》，制定本条例。"再如：

××电力公司关于申报本部档案工作目标管理优秀级考评的请示

国家电力公司：

根据电力部《关于印发〈电力部所属机关档案工作目标管理办法〉的通知》（国电办[1996] 37号）精神，我公司对照档案工作目标管理标准，对公司本部档案进行了认真整改，档案管理水平有了很大提高，并按照《机关档案工作目标管理考评分计分标准》逐条进行考核评定，总得分为103.7分，达年优秀级标准。为此，特申请对公司本部档案工作目标管理晋升优秀级给予正式考评。

妥否，请批示。

附件：××电力公司本部档案工作目标管理优秀级自查报告

××电力公司（盖章）

二○○二年六月七日

3）表明成文程序

首先表明行文和成文过程的程序合法性，再进一步阐述具体观点。这种开头多用于请示、报告、批复、法令、公告等文种。如中华人民共和国最高人民法院公告："《最高人民法院关于审理拐卖妇女案件适用法律有关问题的解释》已于1999年12月23日由最高人民法院审判委员会第1094次会议通过，现予公布，自2000年1月25日起施行。"

4）概述基本情况

先概述基本情况或问题，然后分析、介绍经验和做法。这种开头常见于决定、总结、报告、调查报告等文种。例如：

关于表彰国家电力公司思想政治工作先进单位和先进思想政治工作者的决定

公司所属各单位党组（党委）：

几年来，国家电力公司系统各级党组织，各级党政干部、思想政治工作者，高举邓小平理论伟大旗帜，在以江泽民同志为核心的党中央领导下，认真贯彻落实党的十五大精神和党中央、国务院的一系列战略部署，在公司党组的领导下，紧紧围绕公司改革、发展的中心工作，切实加强和改进思想政治工作，取得了显著的成绩。为保证党的路线方针政策在公司系统贯彻执行，推动电力企业的改革和发展做出了积极的贡献，涌现出了一大批思想政治工作的先进集体和个人。为了肯定成绩，表彰先进，激励公司系统各级党组织，各级党政干部、思想政治工作者，进一步加强和改进思想政治工作，国家电力公司党组决定，授予北京送变电公司等51个单位国家电力公司思想政治工作先进单位荣誉称号；授予张××等92名同志国家电力公司先进思想政治工作者荣誉称号（名单附后）。……

国家电力公司（盖章）

×年×月×日

上文以概述几年来国家电力公司取得的成绩开头，然后紧接着用"为了……"引出行文目的。

5) 提出问题

先提出问题，进而展开思考，并针对所提问题逐一作答。常见于调查报告和消息类应用文的开头。如《酒店竞争靠什么——对珠海酒店业的调查之二》："酒店竞争既然不应以竞相削价作为砝码，那么，酒店应该靠什么在市场竞争中取胜呢？银都酒店以突出的业绩和成功的经验给我们回答了这个问题……"。

6) 复合式开头

这种开头，在应用文的写作中最为常见。它既写明写作目的，又指出写作根据，同时还对当前情况作简要陈述，等等。例如：

国家计委关于进一步做好城乡用电同价工作的通知

计价格 [1999] 1024 号

各省、自治区、直辖市物价局（委员会）：

目前，改革农村电力管理体制、改造农村电网、实现城乡用电同网同价（"两改一同价"）的工作正在进行之中。为了进一步明确城乡用电同价的有关政策，规范农网建设与改造中的价格和收费管理，促进城乡用电同价工作的顺利实施，根据国务院国发 [1999] 2 号和国务院办公厅国办发 [1998] 134 号文件精神，现就城乡用电同价有关事项通知如下：

……

附件：还本付息加价和城乡用电同价计算公式

一九九九年八月十九日（印）

(2) 结尾

结尾是文章正文主干部分的自然延伸和归结，是对全文的收束。应用文章的结尾，从形式上看，主要有固定结尾和自然结尾两种。所谓固定结尾，是指那些具有固定格式（包括法定格式和习惯格式）的应用文章必须按照格式规定写结尾。如请示这一文种的结尾，必须做出请求上级对具体问题或实际困难予以批复的意思表示："以上意见当否，请批示"或"妥否，请批准"。再如，呈转性报告的结尾往往要做出恳请批转执行的意思表示："以上意见如无不妥，请批转各有关单位执行"。所谓自然结尾，则是根据主旨和内容表达的需要，自然收束全文，有话则长，无话则短。

应用文结尾主要有以下几种形式：总结式、强调式、呼应式、请求式、倡议式和展望式。

1) 总结式：在结尾对全文进行简要概括，增强读者对文章的完整的认识，加深对文章的理解。

2) 强调式：在结尾对文章主旨加以强调说明，以引起读者重视，便于贯彻执行。

3) 呼应式：在结尾照应开头或标题，一方面，可进一步揭示主题，另一方面，可增强文章的完整性。

4）请求式：在文章结尾作出请求主送机关对所反映的情况、问题作出答复的意思表示，这种结尾一般出现在格式固定的应用文中。

5）倡议式：在结尾配合主旨表达，提出要求，发出倡议、号召，增强文章感染力、号召力。

6）展望式：在结尾着眼未来，对今后的工作前景作出展望。

（3）层次

又叫意义段，它是应用文章思想内容的有序体现。展示作者表达中心意思的思想轨迹。层次的内涵抽象地存在于字里行间，人们必须进行抽象和概括，才能准确认识和把握层次的意义。由于主旨的单一性，多个意义层都必须统一在主旨的旗帜下，为主旨服务，所以必须安排好层次结构。统观应用文写作实践，其层次间的结构形式不外乎并列、总分、递进等几种形式。

1）并列式

当材料所蕴涵的内容既相互联系又相互独立，任何一部分内容都不能吸收、包容其他内容，这时，文章层次之间就形成了并列关系。并列式意义段的安排形式在应用写作中被广泛使用。比如，当我们对自己过去一段时间的情况进行全面总结时，先对总结对象作最初的抽象，把它们划定到思想情况、业务工作、劳动纪律和作风建设四个方面，这时的总结就呈现出四个意义段的并列式结构。

2）总分式

作者概括思维成果，采取原因——结果、成绩经验——具体做法、主要问题——次要问题、目的——手段等抽象形式时，前一部分内容和后一部分内容之间就形成了总分关系。可以先总说，也可以后总说。这就是所谓的总分式结构。

3）递进式

递进式是指文章多个意义层次之间的顺序，有延续性和纵深性，并且这种顺序不可颠倒。这些顺序可能是逻辑顺序、时间顺序、物理顺序等。

任何一篇应用文章的各意义段都只能是主旨旗帜下的有机体。由于主旨要求不同，意义段的表现形式也不同，它们在内涵上可能是并列，可能是总分，也可能是递进。当然，很多情况下则是三者的综合。这样，整篇应用文章在满足主旨表现的需要、理清内在意义层次之后，又呈现出较为稳定的整体结构形式，常见的有三种：自然段形式、小标题形式和条款形式。

在内容单纯、主旨明确、线索单一的情况下，应用文可采用一个自然段的形式写作，这种模式常用在命令（令）、函、通知、批复等应用文中。在正文部分，头尾、段落、层次的联系方式，由文章内容决定。文章内容由线索贯穿始终。在应用文中，有以时间为线索，或正叙或倒叙的，如消息、传记的结构模式；有以空间为线索，按上下前后左右的空间顺序组织材料，安排内容的，如商品说明、解说词等；有以事件发生直到结束为线索的，如事故调查报告；有的以逻辑关系为线索，或归纳或演绎。

运用小标题这种模式结构文章，主要是为了用小标题联系文章各部分。因为这种文章的各部分相对独立，有不同的内部秩序和线索，从不同的角度表现主旨。它们相互补充、相互映衬，在主旨统摄下形成有机整体。

条款式结构以数字序列分段，条款清晰、有序，方便实用。这种模式主要用于规约性文件的写作。条款名称和数字序号的用法，受法律法规约束。如法律法规数字序列必须按《中华人民共和国立法法》要求，分编、章、节、条、款、项、目七个层次列明；数字用法必须符合国家标准和公文处理办法。条款模式一般按总分、主次、并列或递进关系列明。

（4）段落

段落也叫自然段，是构成文章的基本单位。应用文章的每一个段落都有一个相对独立完整的意思，这个意思表示，我们把它叫做"段旨"。段旨通常表现为段中主句，它在段落中也有较为固定的位置：一在段首，二在段尾，极少数在段中。应用文段落的表现形式有两种：条款式和提行式。

条款式以数字符号标明条款项目，秩序清楚，内容一目了然。提行式以提行的方式显示段落。

（5）过渡

过渡是承上启下衔接文字的一种手段。文章中的过渡，使上下文各意义层次间有了联系的桥梁，有利于保证文章成为一个有机体，有利于读者阅读理解。应用文的过渡方式主要有三种，即词语（或词组、短语）过渡、句子过渡和段落过渡。

1）词语过渡。文章意义层次之间的转换连接可以通过词组或短语实现。常见的有序数词过渡，如标明"一、二、三"等序数；动词过渡，如会议指出、会议要求、会议倡导、会议号召等；连词过渡，如"所以"、"于是"等；短语过渡，如"综上所述"、"有鉴于此"、"在此基础上"等。

2）句子过渡。句子也可以起到文章内容层次间的过渡作用，如"针对此种情况，现特提出以下要求"、"造成此次重大事故的原因究竟是什么？"、"下面就此次调查的结果报告如下"等。

3）段落过渡。在篇幅较长、意义重大且内容层次跨度较大的文章中，我们常看到用自然段过渡的情形。

4．结构的形式

应用文的种类繁多，目的不同，内容不同，写法也就不同，很难找出一种一成不变的固定模式。常见的应用文结构形式主要有：纵式结构、横式结构、纵横式结构、条款式结构、一段式结构。

（1）纵式结构

按事件发展的时间顺序，或按一个组织变化的先后顺序，一次调查过程的先后顺序，一项工作开展的前后过程等来安排内容，通常以时间为主线。例如先介绍事件的起因、发展，后介绍事件结局。如果是情况调查，可先列出各种情况，再逐层予以分析，最后得出结论、提出建议，从而形成一个反映认识过程的链条式结构。这种结构形式比较单一，来龙去脉表述得很清楚，易于操作把握。使用时，要注意详略疏密结合，有主有从，突出重点，切忌平铺直叙。例如：

医疗费的使用也不能吃"大锅饭"

××市××厂改变使用医疗费吃"大锅饭"的做法,节约效果显著。全厂医疗费由超支变为盈余。这个厂共有职工××人,按国家规定,每人每年从企业利润中提取医疗费××元。过去由于医疗费统一使用,职工用药大手大脚,药品浪费严重。××××年,全厂超支医疗费近××元,相当于当年应提取医疗费的36%。从××××年开始,这个厂随着各项管理制度的改革,对医疗费的使用方法也进行了改革。他们把全年每人××元医疗费的60%部分核定到人,年终结算,节约归己。另外40%部分作为全厂统筹用来购买医务室常用的药棉、纱布和预防性药品。如果有人用的医疗费超过了核定数,也用这部分钱补贴。这样做了之后,职工们很高兴地说:"使用医疗费也不吃大锅饭了。"盲目要好药、多要药的人少了,乱扔药品的现象不见了。去年全厂节余医疗费××元,占应提取总数的26%。除××元发给职工个人外,工厂净节余××元。这样,国家节约了药品,企业减少了开支,个人增加了收益。

这是一份写得很好的纵式专题简报,抓住了一个人们很关心也很棘手的问题,提供了一条新鲜经验。全文结构紧凑,一气呵成。标题一个"也"字和"大锅饭"配合,形象而概括地表明了此项改革是制度改革中的一个组成部分,顺应时代要求,势在必行。开头简介了该厂人数、医疗费数及过去的弊病,接着重点介绍了改革方法,这部分写得清楚、明白、简要,然后以确凿的数据和群众的反映说明了改革效果,结尾以国家、集体、个人三受益收束全篇,点明主题,照应开头。

(2)横式结构

就是以问题为主线来安排内容。不同的文种写法又有不同。调查报告是把调查得到的情况、经验、问题、教训,按照内在的逻辑关系,分成几个部分并列来写,在横断面上表现出事物的各个方面,突出主要问题或基本经验。专题总结则是根据内容归纳出几个观点,每个观点就是一个大层次,常用一、二、三排列逐条叙述,条文之间形成比较严密的逻辑关系,突出了理论性;综合简报是在一篇简报中概括反映一段时间内的几方面的情况。布置性通知则将需要下级执行的事项一一列出。例如:

关于进一步做好农村电气化工作的通知
(国经贸电力[1997]71号)

各省、自治区、直辖市、计划单列市及新疆生产建设兵团经贸委(经委、计经委):

党中央、国务院历来十分重视农村电气化事业,并将这项工作作为促进农村经济和社会发展的一项重要政策措施。在原电力工业部、水利部和地方各级政府的组织领导下,农村电气化工作取得了很大进展,国务院机构改革后,原电力工业部的行政职能和水利部承担的电力工业行政职能划入国家经贸委,国家经贸委将继续组织、指导和推进这项工作。现将有关事宜通知如下:

一、统一思想,大力推进农村电气化工作

……

二、转变观念，做好新形势下的农村电气化工作

……

三、稳步推进，做好1998年农村电气化县的验收审定工作

……

一九九九年二月一日（印）

这是一份采用横式结构法的布置性通知。标题中心明确，语言概括。开头简介取得的成绩，由此引出机构改革后需着力解决的问题。问题部分即该文主体，它以汉字"一、二、三"分列，层次清晰，一目了然。

（3）纵横式结构

这种方式常用于内容丰富、容量较大、篇幅较长的应用文，是纵式与横式结构方式的综合应用。它兼有上述两种结构的特点。从文章全貌来看，是按事物发展的脉络来写的，呈纵式结构特点，但在叙述过程中或在叙述事物发展的过程之后，又分别对一个问题的几个方面或一个典型的几条经验分别加以阐述，呈现出横式结构的特点。既考虑时间顺序，又考虑空间位置，每个方面冠以小标题，使重点更加突出。这种结构方式，反映了思路的网络化特点。在应用文文体中，总结、简报、调查报告多采用这种结构形式。

（4）条款式结构

这种结构方式所展现的各层次之间的关系是一种并列关系，互不隶属。条例、规定、办法、章程、制度等多采用这种结构方式。此外，它也作为一种局部的结构方式与其他结构方式结合使用。例如，总分式中的"分"，如果占篇幅较大，即可采用并列式，学术论文、计划、总结、报告等多是如此。例如：

电力系统领导干部回复诫勉制度

第一条　为了加强对电力系统领导干部的监督管理，增强领导干部的自重、自省、自励意识，健全群众监督、组织监督的双重约束机制，鼓励干部在改革中勇于创新，勇于探索，体现党组织对干部的爱护，教育和帮助领导干部及时克服工作中的缺点与不足，改进工作作风，提高工作水平，促进领导班子的思想政治建设，根据党的十四届四中全会《决定》精神，特制定本制度。

第二条　本制度适用于电力部机关，电力系统各单位的科级以上领导干部。

第三条　各级党组织对反映领导干部政治思想、道德品质、廉政勤政、选人用人等方面的问题，要认真受理，除执法执纪机关已经或准备立案查处的以外，应采取当面谈话或函询的形式，由领导干部本人对所反映的问题，如实向党组织作出回复。

……

第十四条　本制度由电力工业部人事教育司负责解释。

第十五条　本制度自下发之日起施行。

以上例文就是采用了条款式结构。

(5) 一段式结构

这种结构的文章，不分部分，也不分序号、小标题，而是一开头就直指问题核心。如命令、函、介绍信、请柬、聘书、启事等多采用这种结构。而有些经验性小结，也往往凭清晰的思路串联材料，只写体会、经验，全文融为一体。这种结构较难驾驭，只适用于篇幅短小，内容较少的应用文。例如：

××市电力局介绍信

国家电力公司档案处：

兹介绍李浩同志前往你处查阅有关……的资料，请接洽并予协助。

××市电力局（盖章）
××××年×月×日

三、谋篇的原则

(一) 服从文章主旨的需要

主旨是文章的灵魂、统帅，作者写作目的、意图的体现。安排结构的目的就是服从主旨的需要，为表现主旨、突出主旨服务。因此在安排篇章结构时，怎样安排开头与结尾，怎样划分层次与段落，怎样设置过渡与照应，怎样确定主次与详略等等，都要围绕主旨进行。同时，也唯有围绕主旨来安排结构，才能使纷繁的材料服务于同一中心，用众多的道理去阐明一个观点，从而把文章组织成严谨周密、内容形式统一的有机整体。

(二) 反映客观事物的发展规律和内部联系

应用文既然是对现实生活、客观事物的反映，那么，安排文章的篇章结构也必须符合客观事物的发展规律。一件事情，总有一个发生、发展、结束的过程，有其来龙去脉和前因后果；一个问题，总会包含几个不同的方面，有各种矛盾和解决矛盾的途径。所有这些，都涉及客观事物的发展规律和内在联系，因此，作者对它的认识也遵循着一定的规律。这种规律性表现为文章结构的基本形式。例如处理问题，有一个摆情况、谈问题、提出解决的意见和办法的过程，这个过程符合处理问题的规律性，符合事物本身发展的逻辑顺序。按照这个顺序去写，可客观、如实地反映事物的本来面目。

(三) 适应不同文体的要求

文体不同，结构的样式和要求也会不同。应用文体不同于文学体裁，不同类型的应用文文体结构方式也有差别。例如，消息的结构一般包括标题、导语、主体、结尾几个部分，中间还可灵活插入背景材料；工作总结的结构，通常包括前言，成绩、做法、经验和体会，存在的问题和教训，今后努力方向等几个部分；表彰通报的结构，通常包括情况介绍与具体做法、性质与意义、决定与号召等。写作时一定要对照这些特定的要求安排结构。

（四）为读者着想

应用文是处理和解决实际问题的文章，大多具有特定的读者。只有符合读者的阅读习惯、阅读心理，方便读者理解、把握、操作以及办理，才能达到写作目的。例如消息的写作，一般在导语部分概括出消息的基本事实，让读者迅速把握其基本内容，决定是否读下去；或者在导语部分提出问题、设置悬念，使读者饶有兴味地读下去。又如写复信，一般总要首先回答或说明对方来信中所提出的问题，既满足了对方的要求，又表示了对对方来信的尊重和重视，然后再写要谈的其他问题，这才符合情理。

第三节　语　　言

一、语言的含义

语言是思想的载体，是人类最重要的交际工具，是使应用文文章内容得以完美表达的文字符号。应用文写作则是运用书面语言来反映现实、表达思想的一种信息存贮传播活动。语言是文章的建筑材料。应用文思想内容的表达，形式的构成，无不借助语言文字来实现。评判一篇应用文质量的优劣，语言文字水准如何是一大重要因素。所以我们必须重视应用文语言的学习和运用。

二、应用文语言的特点

应用文主要用于党政机关、企事业单位和个人之间的公私事务活动。写作目的是办理实事，解决实际问题。应用文的应用领域和应用目的决定了应用文的语言具有下列特点：

（一）规范性

应用文语言应符合社会的、时代的、科学的语言标准。其中最重要的一条是，应用文语言要符合现代汉语普通话的语言标准。普通话是现代汉民族的共同语，它"以北京语音为标准音，以北方话为基础方言，以典范的现代白话文著作为语法规范"。我们可以从文字、词汇和语法三方面对语言规范进行认识。

1. 文字必须用简化字

应用文的文字要符合《简化字总表》的规范，注意简化字的特殊用法。不用繁体字、异体字。勤查字典，切实纠正错别字。

2. 词汇必须遵守现代汉语普通话词语规范

这种规范包括了古语词的规范、方言词的规范、外来词的规范、新生词的规范。尤其是古语词，它具有凝练、庄重、古雅、表现力强等优点，在应用文写作中十分活跃。例如："《××××条例》，业经国务院第×次会议通过，现公布实施。"、"以上意见妥否，请批示。"、"希予接洽为荷。"等。但是，古语词的使用必须规范，既不能误用也不能滥用。如："领导安排的所有任务，悉被我们完成"。这句话语体不对，文白夹杂，应将"悉"字改为"都"、"全"这样的现代汉语副词。除此之外，由于普通话的词汇是在北方方言基础上发展起来的，同时又吸收了不同方言的一些词汇，所以，它比北方话的词汇更为丰富，更具有普遍性。应用文不可使用未被普通话吸收的方言词。使用外来词时必须满足汉语的现实需要,已经汉化并有较大使用范围的外来词才符合规范化的要求。使用新生词时要杜绝那些意义不明、不为大众认同的生造词。

(二)专门性

应用文在长期实践中逐渐形成为人们所沿用的规范性的语言。所以应用文写作语言比较固定,各个文体有专门的术语和习惯用语。如公文、诉讼应用文都有一套专用的词语。这些语言可以称为事务性词汇和专业术语。

1．事务性词汇

多数应用文都要用来处理事务,这就逐步形成了一系列用法较为固定的事务性用语。事务当事人称谓、经办、引述、表态、请求等意思表示都有较为固定的表达方式。例如:

(1)表人称:第一人称用本(我),第二人称用你(贵),第三人称用该(此、其)。

(2)表经办:经、兹经、业经。如:"经有关部门研究决定"、"本办法业经××省人民政府批准"、"关于××问题,兹经调查……"。

(3)表引述:接、近接、前接、悉。如:"前接贵局来函"、"你院鲁高法〔1999〕1号《关于××问题的请示》收悉"。

(4)表态度:同意、不同意、照办、可行、不可行。

(5)表请求:请、请批示、请回复、请指示、请核示等。

(6)表征询:当否、可否、妥否、是否可行、是否同意。

(7)表过渡:为此、对此。

(8)表结尾:为要、为盼、为荷、特此通知(通报、函复、函达)。

2．专业术语

应用文最大的特点就是实用性,它无法回避各行业的大量的专业术语。专业术语是应用文语言区别于其他文字作品的重要特征。这就要求应用文作者熟悉业务,准确使用专业术语。应用文专业用语,仅就经济领域而言,就有财政、金融、外贸、商业、会计之分。其中,财政方面的专业名词就有收入、支出、预算、决算、税收、税率、平衡、赤字、滞纳金等。

(三)平实庄重

平实性是指应用文语言的平直朴实。应用文的价值在于务实,文中反映的情况,提出的问题、意见、办法、措施都应是真实、可靠的。为了如实地反映事物的原貌,基本不用或少用形容词、修饰语,以及双关、反语、暗示等修辞手法,反对做作、浮夸,反对艳词丽句。应用文的务实性质,决定了应用文叙事、说理都是直截了当的,从不含糊其词,从而达到真实反映情况和解决问题的目的。为此,应用文词语多用直接意义,句式多用直陈式。

三、应用文语言的要求

(一)精确

所谓精确,是指语言形式要准确、恰当、无误地表达出所要表达的内容,用词用语含义清楚,概念恰当明确,不产生歧义,不引起误会,无溢美之词,无隐恶之嫌。

要做到语言精确,首先要认真辨析词义,特别要仔细区分同义词、近义词在适用范围、词义轻重、搭配功能、风格特征方面的细微差别。比如下面一段文字：

经反复核查证明，张某、李某曾在1998年6月间收受过××公司的巨额贿款（每人分别收受现金50000元），已经构成受贿罪。案发后，二人还与××公司业务员××订立攻守同盟，妄图掩盖过错。

上文"过错"一词，显然是对"罪行"的误用。"罪行"与"过错"在法律上都指违法行为，却有明显的轻重之别。文中已认为二人行为已构成犯罪，却又称"妄图掩盖过错"，自相矛盾并失实失当。

要做到语言精确，还要注意词语的感情色彩，不仅要善于掌握词语的褒贬意义，还要注意揣摩褒贬意义的浓淡，避免误用不同感情色彩的词语。应用文中，对事实的叙述要客观准确，而在表明立场主张时则要求旗帜鲜明。肯定什么、否定什么、钦佩什么、蔑视什么，都要态度明朗。否则会造成阅文者的误解或降低文件的严肃性。例如下面一段文字：

据了解，各地对××问题反响很强烈，请注意清理这些流言，并及时报告局政策研究办公室。

上文中，"流言"一词就是误用。按作者本意，无须对这种反映表态定性，所以，应当无所褒贬，只能用没有感情色彩的中性词。类似有明显色彩意义区别的词有很多，例如"主持"与"把持"，后者是贬义的；"武断"与"果断"，前者是贬义的；"抵抗"与"抗拒"，前者是中性词，有时可用于褒义，而后者只能是贬义的；"死"、"去世"、"逝世"，意义相同，"死"、"去世"属中性词，"死"有时具有贬义，"逝世"是褒义，具有郑重、褒扬的意思。

（二）正确

应用文语言的正确性，要求用词造句要规范，符合现代汉语语法规律。要写好一个句子，必须统观全局，看句子要表达的内容和所用的结构形式是否统一。要准确地选用词语，并把它们按一定的语序组织起来，形成符合语法规范的结构关系。句子结构出问题，就会出现语病。写作中应该注意语句含义要清晰、搭配要适当、成分要完整、语序要妥当等问题。

（1）应用文的语言首先要含义明确、清晰、完整，便于准确理解，无歧义。下列句子的含义就不够清晰：

如果售货员与顾客吵架，值班经理应该立即向负有责任的售货员提出警告，并记录在案，作为奖金发放的依据。

（2）搭配要适当。不能准确理解词义，不明确词义间的逻辑关系或者粗心大意都可能造成句子成分搭配不当。搭配不当有多种形式，如主谓搭配不当、动宾搭配不当、修饰成分与中心词搭配不当等。有时，在没有直接语法关系的主语与宾语之间，因为语义或逻辑关系，也可能造成搭配不当。

1）主谓搭配不当：

在这个车间里，勤俭节约的精神日益浓厚。

人们精神面貌从来没有像今天这样焕发,干劲十足。

2)动宾搭配不当:

这项技术填补了我国电力自动控制技术与世界电力自动控制技术上的距离。

3)定语、状语、补语与中心语搭配不当:

这场技术竞赛是在酷热的气温中进行的。

应当承认,该同志在这次技术培训班中的学习成绩是比较优秀的。

多年的野外作业,使他们练就出了一套对付恶劣气候的硬功夫。

4)主语与宾语搭配不当:

一些长期得不到解决的问题有了不同程度的进展。

(3)成分要完整。写作时省去某些不应省去的成分,会造成句子意思不明确、结构不完整。如以下例句:

从这份文件里,使全厂干部了解到开展思想政治工作的重要性。(因滥用"使",造成缺少主语)

这个班组的工人普遍有健康的情趣,大家在业余时间里从不屑于那些乌七八糟的小报。("不屑于"后边缺少谓语"看")

目前,××市正在开展整顿电力市场秩序。(遗漏宾语"活动")

这是一支过得硬的队伍,他们每建造一座发电站,力求全优,不留任何质量隐患。("力求全优"前缺状语"都",因而不能与"每"相呼应)

(4)语序要妥当。汉语的语序比较稳定,词语位置一旦发生变化,就会产生歧义或根本就不通。常见的语序不当主要有以下几种:

1)定语和主语错位:我国粮食的生产长期不能自给。

2)定语和状语错位:这件事在干部和群众中广泛地引起了争议。

3)定语之间位置不当:对我来说,这件事包含着深刻的一种教训。

4)状语之间位置不当:为争取更快的速度,我们必须狠抓科学技术,把国民经济用先进的科技搞上去。

(三)简练

简练是指文字简洁、明白。应用文立足于实用,就要讲究表情达意的简洁、明白,要"有话则长,无话则短"。在应用文写作中,存在着一种形式主义的文风,不从工作的实际需要出发,不从所需表达的内容出发,啰里啰唆,动辄下笔千言。这就是毛泽东同志严厉批评过的"党八股"。要做到简明,首先要精简文意,压缩篇幅,突出主干,把无关或关系不大的内容删去。其次要合理安排层次,力避不必要的重复。最后,要推敲词语,锤炼句子。一句话就能说明白的绝不用两句话,一个词就能概括清楚的绝不用两个词,反对一切空话、套话。例如有些报告、计划、总结等,开头总要"戴帽",先说一些"在上级党委的关怀下,在本单位党总支的领导下,在某某负责人的具体指导下"……层层领导,缺一不可,越到下层,帽子越大。甚至一些简单的事物联系,为了表示"郑重",也搞这种形式主义。不仅开头"戴帽",结尾还要"穿靴",画蛇添足,或表态或号召,突出一片光明。应该说,这类空话、套话,在企业、营销类应用文中完全没有必要。清人郑板桥

《论画》诗云:"删繁就简三秋树,领异标新二月花";毛泽东说:"少而精";丘吉尔说:"听的愈多,领悟的愈少"。应用文的写作,原则上都要求短小精悍,要在有限的篇幅中表达丰厚的内容。应该指出的是,简明是指"文约而事丰","言简而意明",是以不妨碍内容的表达为前提的,目的是要把事情说清道明,绝不能因为省几个字而使意思含糊不清,产生歧义,引起误解。

(四)平易

平易是指文章语言浅近易懂。平易的语言,就是真切的语言,容易理解的语言。写文章是给别人看的,别人能看懂,写作目的才能实现。应用文的阅读对象多,范围广,文化水平不一,因此,写作者要考虑到大多数人的阅读理解水平。一个会写应用文的作者,往往注意深入浅出,能用平常的词语说明深刻的道理,避免了受文者在琢磨难懂的词语时忽视了对内容的理解。应用文实用性较强,是为处理事情或解决问题而写的,如对某些重大问题作出决策、对已经出现的各种问题提出解决办法和处置措施,这就要求应用文语言要直接明白,便于受文者准确、快速领会发文意图。

四、应用文语言的表达方式

在应用文的写作过程中,当主旨已确定,材料已齐备,结构已安排好,接着就是运用语言文字的手段以及不同的方法,将它们充分、具体、完美地表达出来。这个手段和方法就称为表达方式。

由于不同体裁的文章所表现的对象、内容和写作目的不一样,采用的表达方式也不同。表达方式成为识别文体特征的重要标志之一。就应用文来说,最常用的表达方式有叙述、说明、议论。虽然这三种表达方式也为其他文体使用,可是,形式总是为表现内容服务的,应用文表达方式在实际运用中也逐渐形成了自身的特点。

(一)叙述

叙述,又称记叙,是陈述事件的来龙去脉,记述人物的活动、经历、行为的一种表达方式。叙述是应用文写作中最基本、最常用的表现方法。它具有三方面的作用:在应用文中,常用来介绍人物的经历和事迹,记叙生产、工作的过程;在论证中,用来引述事实,提供论据;在说明中,用来介绍事物发展变化的形态,提供典型事例,以具体说明事物的特征等等。

在写作应用文时,要注意叙述要素的全面性和叙述人称的选择性。叙述的要素包括六个方面:即何人、何事、何时、何地、何因、何果。有了这六大要素,就能把应用文经常叙述的人物经历,事件发生、发展、高潮、结局交代清楚。

1. 叙述人称

这是叙述人的立足点。叙述人称有第一人称("我"、"我们")和第三人称("他"、"他们")之分。在应用文中,使用第一人称"我"、"我们"系指作者本人,或指作者代表的群体、单位,如书信、请示、报告、总结等文体的写作,多用第一人称。有时,为简要起见,常使用无主句。有的应用文体,如新闻报道、简介、调查报告、会议纪要,为了表明作者立场客观、公正,传播的信息真实、可信,常采用第三人称写作。

2．叙述方式

叙述按叙述的顺序划分，可分为顺叙、倒叙、插叙、补叙等。应用文中记叙事件的发展过程，介绍单位的基本情况，一般都采用顺叙的方法，即以时间先后为序来叙述，几乎不用其他叙述方式。这是因为应用文重在实用，在叙事上只要客观、直接地把人和事介绍、交代清楚即可，不求委婉、曲折、生动。叙事、说理多采用直接的笔法。

叙述按叙述的性质和用途划分，又可分为概述和详述。概述，就是对事物发展的重要环节和本质所在作概括叙述，以反映事物的基本面貌。详述就是对事物发生的起因、过程及结果作比较具体的叙述。它可以使读者了解事物发展的历史、结构、原理、作用、影响等方面的详细情况。应用文中常采用概述的方式交代事实、介绍情况，如消息、通报、报告、总结等；常用详述的方式介绍实验方法、生产工艺，以验证其研究成果，如科技论文、科技实验报告等。

3．叙述时应该注意的问题

（1）叙述要客观。应用文是客观事物的真实反映，因此，表达事物时，要作客观的叙述，力求真实、准确，不带主观感情色彩。

（2）叙述要完整。人物的活动、事情的发生有一定的时间和地点，人物的成长、新事物的出现有一定的原因，事物发展到最后有一定的结果。为了如实反映事物发生、发展的全过程，并使读者对其来龙去脉有清晰的了解，记叙事物就要完整，必须对何人、何事、何时、何地、原因、结果一一交代。如果要省略某些要素，也应该在不引起读者误解的情况下进行。

（3）叙述线索要清楚。叙述线索是作者在叙述人物经历或事件发生、发展过程中所形成的脉络，它是作者组织材料的思路的反映。叙述时，可以时间为线索，可以空间转换为线索，可以作者的思想感情变化为线索，可以某一具体的"物"为线索，也可以事物间的逻辑关系为线索。有的文章只有一条线索；有的有主线，还有副线；有的有明线，还有暗线。不管什么线索，都要叙述得清楚、明白。

（二）说明

说明，是对客观事物进行解释、阐述的表达方式。它具有解说、剖析事物的状态、性质、内容、成因、规律、关系、功能等作用。

说明的目的是告诉人们某种知识，重在科学性、知识性、告知性；强调客观，尊重实际，忌感情用事；崇尚"实用"，以准确、朴素、通俗、简洁、明了为标准。

说明在应用文中使用广泛，如解说词、广告词、产品说明书、书刊内容说明等文体，主要是用说明的方法来写的。其他应用文如工农业生产技术资料、各种规章制度、科技普及读物、知识小品、各类教科书、各类辞书等等，也常常借助说明的方法来解释事物，剖析事理，帮助读者提高认识，增长知识。

1．常用的说明方法

（1）介绍说明法

介绍说明就是对被说明对象作一般性的扼要的介绍，其目的是让读者对所介绍的对象有个概括的、比较全面的了解，并不是给对象下严格的定义。

（2）定义说明法

定义说明是用简明、准确的语言揭示某种事物本质特征的一种说明方法。也是确定某种事物的范围和界限的严密而科学的说明方法。定义说明的特点就是简单概括，用短短几句话，甚至用一句话，就揭示出一种事物或现象的本质特征。这种方法，经常在各种说明文中出现，其常见句式是"×××，（就）是……"。

（3）解释说明法

解释说明是对事物进行解释的一种说明方法。这种说明不像定义说明那样要求语言高度概括、简练，只要求简明准确、通俗明白；在内容上，不要求像定义说明那样完整地揭示概念的全部内涵，只要能揭示概念的一部分内涵；有时也能揭示概念的全部内涵，但不用定义格式，语言也比定义自由、详尽、具体。如张寿康先生在其《说明文的写法》中对"言之有序"的说明："言之有序，一方面指能反映客观事物的逻辑顺序，另一方面，指文章层次的条贯统序。一般说来，言之有序，表现在说明事物事理时，应有一定的条理，或由表及里、或由总到分、或由概念到举例、或由此及彼、或由远到近、或由浅入深，——应分层说明事物事理的各个方面，给人以清楚的了解。"

（4）分类说明法

分类说明是按照一定的标准，把被说明对象分成若干类别，分别加以解说的一种说明方法。它的好处是，头绪分明，条理清楚，使人既能把握对象的概貌，又能区分各个类别的差异。例如："公文的种类，按不同的标准，可划分为不同的类型。按行文关系来划分，有上行文、下行文、平行文。上行文就是下级机关写给上级机关的来文，下行文就是上级机关写给下级机关的来文，平行文就是平级机关或不相隶属机关的来文。"

（5）比较说明法

比较说明是把两个或两个以上彼此有一定联系和相同点的事物，在某些方面加以比较，使读者了解某事物特点的一种说明方法。它常被用来说明一些比较抽象的事物，可以采用纵向比较和横向比较的方法。

（6）举例说明法

举例说明是选取某种事物、现象中最有代表性的实例，用以说明该事物、该现象的共同点和共同规律的一种说明方法。它的特点是可以化抽象为具体，变复杂为简明。对于介绍那些抽象的理论知识或深奥的科学知识来说，举例说明尤为重要。举例说明通常有三种类型：一是列举举例。这种举例就是连续列举性质相同的事例来说明某一事物（或事理），常同分类说明结合使用。二是典型举例。这种举例不求多，只求有代表性，能充分说明客观对象。三是类比举例。这种举例有打比方的性质，即运用人们生活中所熟知的甲事物去类比说明人们所不太熟知的乙事物。

2．在运用说明的方法时的注意事项

（1）要注意内容的科学性。即准确地揭示事物的本质特征及其发展变化的规律。要把符合真理的、科学的东西传达给读者，不允许有任何差错或出入。这里面包括使用的概念要准确，材料要准确，表述要准确。

（2）要注意表达的客观性。客观性即尊重客观存在，准确真实地反映客观事物的本来面貌,既不能夸大,也不能缩小,更不允许歪曲。一般说来,尽可能不要加入个人情感性因素,以免让主观倾向淹没说明对象的客观性,冲淡文章的可信度。

(3) 要注意语言的简洁、明晰、准确、朴素、通俗易懂。对于应用文写作来说,说明的这些语言特点也是由应用文的实用性决定的。

(三) 议论

议论,就是作者对某一问题、某一事件或某一事物进行分析、评论,以表明自己的观点和态度的一种表达方式。议论的主要特点是证明性,即通过摆事实、讲道理,或证明自己观点的正确,或驳斥对方观点的错误。

议论由论点、论据、论证三个基本要素组成。议论要做到言之有理,以理服人,其论点要正确,论据要充足,论证要严密。

论点就是作者对所论述的问题所持的见解、主张和基本态度。论点分中心论点和分论点。两者之间是整体与局部、纲与目的关系。论点一般可以用一句话予以概括。正确、深刻,是对论点最重要、最基本的要求。应用文的论点,是从工作实践、调查研究、科学缜密的思考中得来的。但是,许多应用文具有受命性,其中心论点可能是领导予以确定的,即使如此,也要看其是否符合党的路线、方针和政策法规,是否符合客观实际,能否经受住实践的检验。

论据是用来证实论点的根据。论据主要包括事实性论据和理论性论据。事实性论据就是用现实或历史存在的客观事实或具体事例、数据等为依据的论据;理论性论据就是用理论观点政策等作为论据,包括马克思列宁主义、毛泽东思想、邓小平理论、党的路线、方针、政策,名人名著中的言论,科学界公认的定义、定理或规律,生活中形成的一般公理、成语、谚语等。论据必须真实、确凿、新颖,并能为有力地证明论点服务。引用经典言论作为论据,应当恰如其分,不能断章取义,而且必须认真核对,不得有任何差错或纰漏。

论证是运用论据证实论点的逻辑过程。在这个过程中,作者通过感受与体验、分析与综合,揭示出论据与论点之间的逻辑关系,把观点和材料有机地联系起来,确立并证明论点的正确,使文章具有令人信服的雄辩力量。论点是统帅,是灵魂;论据是基础,是保证;论证是桥梁,是过程。在论点正确、论据恰当而充分的前提下,文章的成功与否,就决定于论证是否科学、切实、深入、有力。

在议论文体中,如学术论文、新闻评论,议论是主要的表达方式。在记叙文体和说明文体中,议论在记叙和说明的基础上进行,以引出作者的感想、评价和观点。在应用文写作中,议论使用也较多。调查报告、总结等事务文书,常常在叙述事实、说明情况的基础上,表明对人物、事件、问题的认识和评价。通报、会议纪要等公文,也经常运用议论来阐明党和国家的方针、政策,让下级机关和群众理解、执行。

议论有两种基本形式和两种议论类型。

1. 议论的基本形式

立论和驳论是议论的两种基本形式。作者为证明自己中心论点的正确性,从正面加以论证的形式叫立论。作者以反驳对方的观点为宗旨,证明对方的观点、主张、意见是错误的或片面的,叫驳论。立论与驳论常常结合使用,确定其文章类型,就看文章的主要宗旨是什么，主要采用哪一种基本形式。

2．议论的类型

（1）述评性议论

这种议论是通过对人或事物的叙述、评价来阐明观点，说明问题。主要方法有：先叙述后议论，先议论后叙述，边叙述边议论。

（2）证明性议论

这种议论是通过论证得出结论。主要方法有：

1）归纳论证法

亦称例证法。它使用的是从个别到一般的逻辑方法，即从若干个别事例中得出共同结论以证明论点。立论和驳论都可以使用这种方法。例如，毛泽东同志用中外反动派最终走向失败的若干史实，归纳出"一切反动派都是纸老虎"的普遍性结论。鲁迅先生用历史上的反动势力总是伺机向革命者反扑的血淋淋的教训，证明"费厄泼赖"的论调是站不住脚的。

2）演绎论证法

它从一般性结论出发推断出个别的具体论断，在逻辑上称为"三段论"。比如说，"马克思主义的一般原理认为，为人民群众的革命斗争实践所证明了是正确的认识，才是具有真理性的认识"，这是大前提；"邓小平理论，通过中国人民二十多年来改革开放的成功实践证明是正确的"，这是小前提；由此推导出这样一个结论："邓小平理论，是具有真理性的认识"。演绎法要求大前提必须是科学的、正确的，而小前提与大前提之间必须具有内在的必然联系。演绎法同样可以运用于驳论，例如："一切违背事实的言论都是错误的"（大前提），"蒋介石的上述言论违背了事实"（小前提），"所以，蒋介石的上述言论是错误的"（结论）。

3）比较论证法

通过事物之间某些方面的比较，证明论断正误的论证方法叫比较论证法。它包括对比论证、类比论证、喻比论证三种。

①对比论证　这是把两种性质、特征各不相同的事物加以对照，使它们彼此的本质显现得更加突出和鲜明的论证方法。例如，毛泽东同志在《改造我们的学习》一文中，把马克思主义态度与主观主义态度作了具体细致的对比分析，从而有力地阐明了我们必须坚持理论和实际相统一的马克思主义学风，反对理论和实际相分离的主观主义学风这一主张的正确性和必要性。

②类比论证　这是将同类事物进行比较，运用类比推理引出新的判断的论证方法。在著名的《邹忌讽齐王纳谏》一文中，邹忌采用的就是类比法。他知道自己被有着一些利害关系的人所包围而了解不到真实的情况，就以此类比齐王身边也有一大批存在着利害关系的人，因而也易受蒙蔽，进而提出齐王应该广泛倾听意见的主张。

③喻比论证　这是通过打比方说明道理的方法。例如，列宁把沙皇比做"泥足巨人"，毛泽东同志把反动派比作"纸老虎"，说明它们虽然外表庞大，实际上虚弱得很，并没有真正的力量。

4）因果论证法

它通过分析矛盾、剖析事理、揭示论据与论点之间的因果关系证明论点的正确性。例如，毛泽东同志在《反对自由主义》一文中，从分析自由主义的性质、特征、表现、危害等入手，得出必须反对自由主义这一正确结论。

驳论除与立论一样，可以采用以上种种方法外，从批驳的角度而言，还可分为批驳论点、批驳论据、批驳论证三种方法。驳论常用的方法还有反证法、归谬法等。反证法是根据排中律，先证明与敌论相对立的观点是正确的，从而证明敌论的错误。归谬法是从敌论的论点出发作出合乎逻辑的引申，使其暴露出错误和荒谬，从而驳倒敌论。

在应用文写作中，议论与叙述、说明相比较，居于从属的地位，一般只是在叙述、说明的基础上进行，即所谓夹叙夹议、点到为止，不作长篇大论和深入的论证。

第四节 修 改

一、修改的含义

应用文的写作过程包括三个阶段：构思、行文和修改阶段。修改是这个过程不可或缺的一个组成部分，它的地位和构思、行文同样重要。从文章的酝酿准备到动笔，随时都要改正不当，删削多余，增缺补漏。初稿写成、文章定型后，还要进行全面细致的修改。好文章是改出来的。

什么是修改？修改是立意的深化和继续，也是运用增、删、调、补等手段，加工初稿，完善文章的过程。

认真严肃的作者都是非常注重修改的。鲁迅先生曾说："写完之后至少看两遍，竭力将可有可无的字、句、段删去，毫不可惜。"修改，能提高文章质量，提高作者水平，是对读者负责的表现。

二、修改的范围

修改文章可以从内容和形式两个方面入手。在内容方面，可以从标题、主旨、材料方面进行修改；在形式方面，可以从结构、语言、以及行款格式、标点符号等方面进行修改。

（一）标题的修改

应用文十分重视标题的写作。标题是应用文的脸面，标题写得成功与否，直接影响着文章的成败。应用文实用性特点决定了应用文标题的直接表意性。用最精练的语言概括文章主旨，是应用文标题的任务，同时也是修改应用文标题的目的。例如公文的标题由发文机关、事由、文种三部分组成，应用文作者在确定文种之后，要把相当大的精力投放在事由的再三推敲上，要考察它能否准确地表现文章的主旨。

（二）主旨的修改

人们的认识，有一个由浅入深的过程。所以，文章的主旨也必然有一个逐渐深化的问题。认识提高了，主旨必然要有所变动。这种深化与变动，就是修改。主旨的修改，应该以前面提到的主旨的有关要求为原则。

（三）材料的修改

主旨深化了，或者变动了，就要相应地对材料进行调整，或增或删或补，一切变动应为表现主旨服务。

（四）结构的修改

文稿结构修改的主要内容有：对初稿中的某些段落、层次的顺序进行调整，规范文稿格式，使文章结构更紧凑、逻辑更严密，条理更清楚等。

（五）语言的修改

语言，是文章的第一要素，是应用文的生命。修改后的应用文语言，应该符合应用文语言的特点与要求。

（六）行款格式的修改

1. 标题

应用文的标题要居中，上下各空一行。两个字的标题，在书写时中间空一格。标题过长时，应该转行。转行时既要考虑词或词组的完整，又要在字数上搭配匀称。长标题中可加标点，句尾不加标点。必要时可加感叹号和问号。副标题前边一般要加破折号，写在主标题下，中间不空行。副标题也要写于正中，两侧空格相等。文中小标题要上下各空一行。

2. 署名

作者的名字标在标题正下方，与标题之间要空一行。两个字的名字，中间要空一格。

3. 引文

凡是不着意强调的引文可放在段中，需要加以强调的可提行自成一段。为区别于正文，引文在书写时要比正文缩进两格，第一行要缩进四格。提行另起的引文可不必加引号。

（七）标点符号的修改

点号应紧随文尾，不得点在每一行的开头一格。引号、括号、书名号的后一部分不能用在一行开头。上述两种情况，都要写在一行的末尾。引号、括号、书名号的前一部分，不能写在一行的末尾。遇到这种情况，应挪到下一行开头。省略号、破折号不可分写在两行。

三、修改的方法

（一）从头梳理，理清思路

修改时，立足全篇，综观全局，从主旨、观点等大处入手，安排好文章的结构顺序。

（二）注意细节，字斟句酌

主要涉及修改文章局部及斟酌语言、技巧等技术问题。在确定全文布局、主旨不需要修改之后，再逐段、逐句、逐字对文章进行加工。局部修改要从全局出发，把字、词、句、段放在整篇文章的具体语言环境中考察。文章的前后连贯、交代照应等的修改也必须从大处着眼。

（三）冷处理法

鲁迅在给叶紫的信中谈到的"等到成后，搁它几天然后再来复看，删去若干，改换几句"的修改方法就是冷处理法。搁它几天，等到头脑冷静了，再重新审视草稿，就会发现有许多不尽人意的地方。这时动手修改效果会非常好。

四、修改的方式

随着科学技术的不断进步，人工用笔写文章、修改文章的现象越来越少。现在通行的修改方式有两种，纸上修改或计算机修改。纸上修改需要事先打印出来，成本较高，但修改处清晰、明确，便于传阅，便于前后稿之间的对比，可集体研究，共同完成。同时，也较易明确责任。计算机修改，可以充分利用计算机的快捷存储和编辑功能，便于资料之间的调用和组织，提高共同性资料的利用效率，但是由于机器不便于携带，硬件要求较高，有时不方便。在使用计算机改稿时应注意每一修改稿的保存，防止原件丢失，便于事后查核。因此，二者各有利弊，应结合起来使用。

第二章 营销类文章写作

营销类应用文又称经济文书、财经文书、经贸文书。它是指企业在经营销售活动中广泛使用的用于调查研究、市场预测、经济项目研究、业务洽谈、产品宣传等方面的有着固定格式的一种专用文书。在企业生产经营过程当中，营销类应用文往往发挥着不可替代的作用。它是企业了解市场、确定经营方案、横向合作、推销产品的重要工具。营销类应用文的写作往往与解决某一阶段中经营销售方面的具体问题有关，所以它有很强的时效性和专业性。本章主要阐述市场调查报告、市场预测报告、市场活动分析报告、经济项目可行性研究报告、招标书与投标书、意向书、经济合同书、产品说明书、商品广告的含义作用、特点、类型及其写作方法。

第一节 市场调查报告

一、市场调查报告的含义和作用

市场调查报告是通过各种调查方法，全面系统地收集商品生产、供求等市场情况资料，经过综合、整理、分析、研究，用书面形式表现出来的符合客观事物发展规律的调查结果。

市场调查报告所采用的调查方法应该是科学的，错误的调查方法只能导致错误的结论。每一项市场调查报告在进行调查前都有着十分明确的目的性，计划性。

"知己知彼，百战不殆"。市场调查报告在企业的生产经营活动中起着十分重要的作用。主要表现在：

（一）它有利于企业掌握市场动态

企业要想在市场竞争中站稳脚跟，并且在保持原有市场份额的情况下进一步扩大份额，或者开拓新的市场，就必须全面了解市场供求情况、市场最新趋势、消费者的要求以及本企业产品的销售情况等方面的市场动态。市场调查报告是企业了解市场动态的窗口。

（二）它为企业客观判断自身的竞争能力，调整经营决策、产品开发和生产计划提供了依据

企业在市场竞争中要想明确自身所处的位置，就要做市场调查，从市场调查报告中获取准确的信息。企业领导层在考虑开发新产品，决定产品的生产数量、品种、花色时也要先做市场调查。有了市场调查报告提供的准确数据、科学合理的分析，企业才能保证决策正确；才能找准位置，认清自身的不足，扬长避短，寻求资源的最佳配置，以达到实现最高利润的目的。

二、市场调查报告的特点

市场调查报告既有营销类应用文的特点，又有自身的特点。主要表现在：

（一）事实性

事实是撰写调查报告的前提和基础，也是调查报告说明问题的主要途径。调查报告得出的结论，必须来自事实。在调查报告中，事实表现为对客观情况的叙述，或者是具体的数据，或者是具体的事例，或者是具体的背景材料。市场调查报告总是在深入调查的基础上，借助这些真实的事实，客观地反映市场状况。事实性是市场调查报告的根本特点。

（二）针对性

不管哪种类型的市场调查报告，都有很强烈的针对性。企业不会盲目地花费人力、物力去做市场调查报告。尽管社会经济生活中出现的各类问题都可以作为市场调查报告的写作对象，但是任何一份市场调查报告都是为了解决某一个具体的问题而写作的。企业在生产经营过程中遇到问题、企业领导在进行决策或者决策调整时才会就某一个具体的问题要求写作市场调查报告。这样有针对性地写作市场调查报告，才能切实解决问题，才能使市场调查报告真正具有指导性意义。针对性最能反映市场调查报告的作用。

（三）时效性

市场调查报告的时效性是指市场调查报告要讲求时间效益，及时反馈市场信息。当今社会，市场竞争越来越激烈，市场状况瞬息万变，这就要求市场调查报告能够紧紧扣住市场活动的新动向、新问题，及时掌握准确的、系统的、有效的信息，从而使市场调查报告具有重要的使用价值，以达到指导企业生产经营活动的目的，给企业带来巨大的经济效益。过时的市场调查报告会误导企业领导者做出不准确或者是错误的决策，使企业贻误战机，甚至耗费资源却一无所获，从而蒙受经济损失。时效性和市场调查报告的价值紧密相连。

三、市场调查报告的类型

市场调查报告涉及的范围非常广泛，使用的调查方法也有很多，所要达到的目的也不尽相同。所以根据划分的标准不同，可有多种类型。我们可以根据市场调查的内容把市场调查报告划分为市场需求调查报告、市场营销调查报告、市场资源调查报告。

（一）市场需求调查报告

这类市场调查报告的侧重点是消费者的需求状况。它要能如实反映消费者的消费热点、审美趋势、消费能力、消费心理、消费动机、消费金额、消费时间、消费地点，甚至要能反映出消费者的分布状况、层次以及由于年龄、性别、职业、民族、文化程度等不同所造成的消费习惯的差异。一般来说，市场需求是企业生产经营的指挥棒，企业所生产的产品的品种、花色、品位、数量要随着市场需求的变化而变化。所以市场需求调查报告能在一定程度上帮助企业及时调整生产计划，与时俱进，解决市场供需矛盾，从而在市场上立于不败之地。

（二）市场营销调查报告

这类市场调查报告的侧重点是产品的销售状况。它首先要能如实反映消费者对产品的总的看法，包括对产品的质量、性能、价格、售后服务等方面的评价、意见和要求。这是企业改善产品、优化产品的依据。其次，它要能如实反映产品定价的准确度、分销渠道、企业公共形象、促销等一系列销售活动的状况。这有助于企业及时调整产品销售策略，保证产品销售畅通。

（三）市场资源调查报告

这类市场调查报告的侧重点是产品的市场环境。它要能如实反映同类产品在市场中所占的份额，同时也要能准确反映同类竞争对手的状况、其产品的质量、价格、销售渠道、产品寿命周期、广告宣传以及消费者的认可程度等方面的内容。它要能在市场政治环境、经济环境、社会文化环境的基础之上分析出市场潜力，这是企业控制产品数量、调整产品计划的重要依据。有时它还对新产品未来的市场潜力进行调查，以作为企业决定生产新产品与否的依据。

随着市场经济的发展，以上这三种市场调查报告在内容方面可能在将来还会有进一步的补充或者融合。

四、市场调查的内容、步骤及方法

市场调查报告的写作过程中有一个很重要的环节就是市场调查。市场调查是写作市场调查报告的依据，决定着市场调查报告的成败。

（一）市场调查的内容

市场调查的内容十分广泛，应该说凡是在市场经济中的活动、现象都在市场调查的范围之内。调查者完全可以根据自己的需要，根据写作调查报告的目的、要求来选择市场调查的内容。一般来说，市场调查报告主要有以下几个方面的内容：

1．市场需求状况

主要包括消费者的消费热点、审美趋势、消费能力、消费心理、消费动机、消费金额、消费时间、消费地点，消费者的分布状况、层次以及由于年龄、性别、职业、民族、文化程度等不同所造成的消费习惯的差异等内容。

2．竞争者状况

主要包括竞争者的总体状况，其产品的种类、质量、价格、销售渠道、所占市场份额、产品寿命周期、广告宣传、企业和产品的知名度、消费者的认可程度等内容。

3．本企业经营状况和公共形象

主要包括消费者对本企业产品的质量、性能、价格、售后服务等方面的评价、意见和要求，本企业产品所占的市场份额，本企业的竞争能力，本企业产品定价的准确度、分销渠道、企业公共形象、促销一系列销售状况等方面的内容。

4．市场资源状况

主要包括能够影响市场经济的政治因素、社会时尚、风俗习惯，产品的市场潜力，产品市场地区划分及有关背景等方面的内容。

（二）市场调查的步骤

市场调查工作是有序的，分阶段进行的。具体步骤如下：

1．选定目标

这是市场调查的第一步，即确定市场调查的问题，明确市场调查的目标。目标明确之后，还要划分一下市场调查的范围以及相对应的内容。为搜集资料做好准备。

2．搜集有关资料

选定目标之后，就要选派有关人员搜集相关的资料，为正式的市场调查做准备。

3．设计调查方法

在获得初步资料的基础之上选择和设计适用的、有效的、合理的、科学的调查方法。如果采用表格或者问卷进行调查，这一阶段还应该设计好调查表格或者调查问卷。

4．进行调查

在选定正式调查人员，并使他们明确调查任务、要求之后就可以着手进行市场调查。调查人员可根据调查的目的，在相应的调查范围之内通过设计好的调查方法进行调查。调查过程中要尽可能掌握第一手资料，同时还要注意信息的系统性、完整性、准确性、有效性和典型性。

5．分析研究

在掌握市场调查资料之后，就要对资料进行整理、加工，并在此基础之上展开分析、研究。调查资料分析、研究工作的正确性、准确性直接关系到市场调查报告的成败。正确、准确的分析、研究能使市场调查报告的结论具有科学性，从而提升市场调查报告的价值。

（三）市场调查的方法

进行市场调查的方法有很多种，通常分为一般调查法和特殊调查法两大类。

一般调查法通常包括典型调查法、普遍调查法、抽样调查法。典型调查法就是从具有某种共性的总体事物中，有意选取有代表性的样本进行调查。通过对典型样本进行信息采集与分析，深入研究，从而得出一般性结论，用以概括说明总体事物的一般规律和特点。普遍调查法也叫全面调查，简称"普查"，是对调研对象的全体进行全面性调查的一种方法。普遍调查主要用于对重要的、必须掌握的完整情况进行调查。抽样调查法就是按照随机的原则，从调查总体中选出部分单位作为信息采集的样本，然后根据采集到的样本信息推知相应的总体信息（数据）的调查方法。一般有抽签抽样法、系统抽样法、分类抽样法、整群抽样法这几种方法。一般调查法适用于任何类型的调查，这类方法也逐渐为大家所熟悉。在这里，我们重点阐述对市场调查有着特殊意义的特殊调查法。特殊调查法通常包括咨询法、实验法、观察法。

1．咨询法

咨询法又被称为访问法。这是市场调查中最直接、最常用的一种调查方法。咨询法有口头咨询和书面咨询两种形式。

口头咨询可以访谈个人，也可以举行座谈会；可以面对面访谈，也可以通过电话访谈。口头咨询的关键在于事先要设计好调查提纲。口头咨询的优点是：搜集信息快捷；交谈双方处于互动状态，访者可以随时提醒答者，答者可以随时补充信息。口头咨询也有缺点。因为每次所涉及的范围较小，所以要想大面积地获取信息，就要耗费时间和精力。另外，答者所提供的信息随意性比较大，有时缺乏系统性。

书面咨询主要通过下发调查问卷搜集信息。根据设计问题的回答方式不同，调查问卷可分为开放式和封闭式两种：开放式问卷不确定答案，由答卷者根据题目自由发挥，不受答题方式和字数的限制；封闭问卷中的每一个问题都事先规定了若干可能的答案，由答卷者从中选择，不能发挥。形式可以采用选择题，也可以采用问答题。选择题给答题者提供了方便，但所给出的选项应该具有全面性，能够反映各种情况、看法、意见等。调查者可以直接在市场上发放问卷，也可以在媒体比如报纸、杂志、网络上登载问卷。调查的同时，可以用抽奖或奉送小礼品的方法吸引或鼓励被调查者答题。书面咨询的关键在于事先要设计好调查问卷。调查问卷要尽可能设计得科学、全面，分类明确、文字通俗、格式划一，不提那些带有模糊性、暗示性、诱导性的问题，有的放矢，便于回答、综合统计和定量分析研究。书面咨询的优点是：经济节约，涉及范围广泛，省时省力，便于计算机分析。但书面咨询也有缺点，如果调查问卷设计的内容较死，则不易对问题进行深入的了解。

2．实验法

实验法又被称为试产试点法、样品征询法。它是在特定的条件下，通过实验对比，观察、分析、研究市场中某些量变的因果关系的调查方法。一般有确定试验对象、设计试验程序、采用实验方法、分析试验结果这四个步骤。如要改变产品的包装、价格、广告设计或者了解新产品的设计、质量、价格、包装等是否符合市场需求，就可以先做小规模的实验，在小范围内搜集信息，观察市场反应，推断产品的市场地位，以修正方案。目前普遍采用的实验法是试销会、展销会、选样订货会、商品博览会、季节性交易会等。实验法的优点是：能够获得第一手资料，能够用较低的成本获得产品的市场反应，有利于产品的推陈出新。

3．观察法

观察法是调查人员直接深入现场，观察市场，通过录音、录像、照片等形式记录调查对象的行为、言辞、表情等，以获得本企业产品的销售量以及顾客对产品的反映等方面的信息，得出实质性结论。观察法的优点是：简便易行。被调查者在了解事物的全过程时能够感受到市场的环境与氛围。因为是在自然状态下获得信息，所以所得信息一般是客观的、可靠的、真实的、生动的。观察法的缺点是：所得材料一般都是表象的，不易深入了解事物的内在联系。

市场调查方法的选择与运用对市场调查活动十分重要。调查人员要根据实际情况选择适当的调查方法进行调查。

五、市场调查报告的写作方法

市场调查报告的类型不同，其写作方法也有细微的差异。但其格式和写作要求大致相同。

（一）市场调查报告的写作格式

市场调查报告主要由标题、前言、主体构成。

1．标题

市场调查报告的标题主要有单标题、双标题两种形式。一般包括调查目标、内容、范围和文种四要素。单标题有三种形式：第一种是由调查范围、时限、目标、内容、文种构成，例如《江苏省2002年城镇居民家电销售情况调查报告》、《全国能源消费10年比较调查报告》。第二种是由调查范围、目标、内容和文种构成，例如《吉林市农村用电情况市场调查报告》、《全国五城市居民能源消费调查报告》。第三种是论文式标题，或称文章式标题，一般由针对调查目标的结论构成。例如《全球豆油需求趋旺》、《国际棉花价格升至一年来的新高》。双标题是指双行标题，由正题和副题构成。正题虚，副题实，虚实相间。例如《合作——班轮运输的调查报告》、《长远前景看好——关于无船承运人制度对国际货代业影响的调查报告》。

2．前言

市场调查报告的前言也可称为导语。前言的写作比较灵活，一般要写明调查目的、时间、地点、调查对象与范围、调查方法等内容。但也可以只写调查对象和范围。有时候也可以用一、两句话介绍全文的主要内容和观点，或者开门见山，直接陈述供需矛盾。语言力求简练。

3．主体

主体是市场调查报告的核心部分，一般包括客观情况介绍、科学分析和结论三部分内容。可以采用小标题或提炼纲要的方法明确观点。

客观情况介绍主要是用陈述的方式写明市场调查所获得的信息资料，主要是过去或现在已存在的客观情况，如市场占有情况、生产与消费的关系、产品、产量与价格等具体情况，必要时还要介绍市场背景资料，如地理、气候、政治经济文化社会的变化趋势、法律法规等。以文字为主，也可以用图表、图像或数字加以说明。这部分应该对所获得的资料进行梳理。可以纵向整理，按调查对象的产生、发展的时间进行归纳。也可以横向整理，按问题的性质来归纳资料。

科学分析主要表述市场调查报告的撰写人对调查来的资料、基本事实的分析，一般运用解剖分析或归纳推导的方式对上述材料进行科学的研究、推断。

客观情况介绍和科学分析部分可以分开逐项写，也可以糅合在一起写。糅合在一起写的好处是边介绍情况，边进行分析，有事实、有数据、有分析，比较有说服力。

结论是市场调查报告人在对客观情况进行分析的基础上得出的看法、意见。结论的正确与否直接关系到有关部门、企业领导做出的决策是否正确，从而影响市场的供求状况和企业的经济效益。

4．结尾

市场调查报告的结尾可有可无。如果要结尾，一般在结尾中概括全文的观点，或者说明调查中存在的问题、需要说明的其他情况，也可以对未来进行展望。重要的供决策参考的市场调查报告在结尾处还应该另署撰写人的姓名、单位、完成日期。有委托业务的市场调查报告还应写明委托方和调查方的名称。

(二) 市场调查报告的写作要求

1．实事求是

实事求是是写作市场调查报告的根本要求。在市场调查阶段，报告的撰写者要亲自参与调查，以实事求是为原则，尽可能搜集第一手资料，重要的材料要反复核实，重要的数据要反复测算，力保材料翔实可靠，确凿无误。同时在选材时也要实事求是，力求全面、客观，不以个人的喜好选择材料。以事实为立论的基础，一切观点、结论都应该在事实的基础上产生和形成。只有这样才能确保市场调查报告的质量。

2. 用具体材料说明观点

用具体材料说明观点要求市场调查报告的撰写者在如实反映调查情况的基础上分析、总结出有见地、有说服力的观点和结论。市场调查报告的观点不能凭空想象，市场调查报告的材料也不能随意堆砌。观点应该以材料为基础，材料应该以观点为统帅。报告中观点与材料应该有机结合，密不可分，写作者要用具体的材料去说明观点。观点和材料应该是一致的，有什么样的材料就有什么样的观点，观点不能游离于材料之外。

3. 处理好叙述、说明、议论的比例

市场调查报告涉及的范围、内容都十分广泛，撰写者要抓住重点组织材料。此外，市场调查报告要同时使用叙述、说明和议论这三种表达方式来叙述事实、说明情况、分析问题、得出结论，这就涉及一个比例的问题。叙述、说明、议论这三者的比例应该服从于市场调查报告的特点。一般来说，因为市场调查报告必须要用具体的材料说明观点，不能空发议论，所以在文章中叙述、说明的比例要占得大一些，议论的比例要占的小一些。三者的比例应该呈"金字塔"式，最底层是叙述，中间层是说明，最高层是议论。既要避免叙述、说明过度，造成材料堆砌、数据罗列，又要避免议论过度，脱离事实和材料。

例文：

中国五城市居民能源消费调查报告

外经贸部研究院市场研究部和有关部门近日对北京、上海、广州、沈阳、宜兴五城市居民能源消费情况调查显示，目前我国城市居民生活能源消费的品种主要是电力、液化石油气、天然气、管道煤气；北方城市还有煤炭（冬季采暖用）。生活能源消费的主要用途是采暖、制冷、炊事、洗浴、照明和家用电器等。城市居民能源消费结构中仍有相当部分质量低、污染大的固体能源。

一、城市居民能源消费现状

目前我国城市人均年生活用能消费为240kg/人，发达国家人均生活用能一般均超过1000kg/人（包括城市和乡村）。中国城乡居民生活终端商品能源消费量90年代初年为15800万t标准煤，占全国终端商品标准煤能源总消费量的16.8%，90年代年为16368万t标准煤占12%。

从调查结果看，五城市全年人均能源消费量分别是：北京802kg、沈阳648kg、宜兴360kg、广州321kg、上海290kg。北方城市北京和沈阳大大高于南方城市宜兴、上海和广州。沈阳采暖用能占总能耗的70.2%，北京占67.9%，而宜兴仅占2.4%，上海为2.1%，广州只占0.09%。

二、生活能源种类构成——北方煤南方电

人均能耗与人们的生活质量之间有直接的关系，而随着人们生活质量的提高，高效、优质、清洁能源在生活能源中的比重愈来愈高，尤其是人均用电量，与生活质量成正比关系。"八五"期间，中国居民生活电力消费比重从7.2%上升到10.18%，五年平均增长率为15.88%。从90年代末五城市生活能源消费构成情况看，五城市终端能源消费的主要品种构成是电力、煤炭、液化石油气、煤气和天然气。

沈阳、北京两个北方城市冬季需要取暖，煤炭消费比重较高。以1月份为例，北京高达51.4%、沈阳为16.3%。五城市中除北京外能源消费比重最大的为电力，依次是广州61.1%、宜兴56.7%、上海52.1%、沈阳51.9%。液化石油气按比重高低，依次是宜兴42.4%、广州28.9%、沈阳15.4%、北京5.1%、上海1.9%。管道煤气依比例高低排序依次是上海46.0%、广州10.0%、沈阳4.4%、北京4.3%，宜兴没有管道煤气。

三、能源消费用途——北方采暖南方制冷

五城市能源消费主要用于采暖、制冷、炊事、洗澡、照明及家用电器设备（电视机、电冰箱、电饭锅等）。各城市按能源用途消费构成具有不同的特点：沈阳、北京两个北方城市冬季取暖时间长达4个月，全年采暖用能比重很大。沈阳为70%、北京为68%。南方城市比重很小，宜兴2.38%、上海2.11%、广州仅0.09%。相反南方城市夏季制冷能源消费较高。全年制冷能源消费比重广州23.67%、宜兴12.14%、上海10.98%，北方城市制冷能源消费比重很少北京为1.37%、沈阳0.15%。

从全年按能源用途的消费构成看，采暖用能最高的是中国北方城市沈阳，占20.20%。制冷用能比重最高的是中国南方城市广州，占23.67%。炊事用能最高的是宜兴，占42.94%，北京最少，占11.49%。洗澡用能比重最高的是广州，占19.07%，沈阳、北京比重低，分别是3.88%和4.64%。

家庭居室照明用能北方城市比重在3%～4%之间，南方城市在8%～13%之间。家用电器用能占比例最高的是上海，占24.04%，其他依次是广州23.67%、宜兴18.13%、北京10.56%，最低的是沈阳5.63%。

四、不同的用途不同的消费特点

（一）供热

供热是能源消费的主要用途之一，特别是在北方城市。从供热的渠道看，主要有三种形式：外部供热、家庭供热和空调供热。

1．外部供热——采暖的主要热源。外部供热，指居民住房之外通过热力管线提供的热源，它是北方城市采暖的主要热源，如沈阳由外部供热的用户占该市此次调查总户的96%，北京占72.55%。外部供热中又分为由热力公司供热、小区供热、小锅炉供热和其他方式供热等4种形式。其中小区供热为主要热源。沈阳由小区供热的户数占该市此次调查外部热源户的95.83%，北京占59.46%；其次为热力公司供热，即由城市热力系统（大热力网）供热，沈、京两市这种用户分别占外供热源用户的4.17%和21.62%；小锅炉供热和其他方式供热在调查中仅北京有，分别占其外供热源用户的16.22%和2.7%。各种外部供热所用的能源主要仍是煤炭。

2．家庭供热——传统方式逐步淘汰。调查发现传统方式不断萎缩，现代方式已露端倪。煤球炉供热、煤油炉供热、气体取暖器等，在调查户中已不再使用。蜂窝煤炉供热户占调查户的比例，沈阳和北京分别为4%和25.49%；采用块煤供热和木柴炉供热的仅沈

阳有，分别占其调查户的2%和4%；而采取现代的电取暖器供热方式的用户沈阳和北京分别占其调查的12%和5.88%，上海高达38%。特别值得一提的是现代方式因其干净、方便、宜调等优点，今后可能还有所发展，特别是南方。

3. 空调供热——南方发展潜力大。作为现代化家用电器的空调器，1月份都用作供热采暖五城市都在使用。从供热的强度（1月份户均空调器用电量）看，宜兴最大（21.08kW·h），上海次之（6.10kW·h），这可能与人均住房面积大小有关；北京（5.38kW·h）、沈阳（1.37kW·h）二者用电量偏低，与北方外供采暖设施比较有保证有关；广州也少（2.32kW·h），这与其纬度低，气温高，冬季采暖的客观需求不迫切直接有关。

总的看，供热采暖南方应重视电取暖方式和空调器采暖方式的发展；北方应大力发展热力公司的大热力网供热，逐步缩小小区供热的比重，随着危房改造和旧房改建尽早取消家庭供暖，尤其是烧煤、烧柴的自取暖方式。

（二）制冷

夏季城镇居民住房驱热降温的方式大致有两种：空调制冷和电风扇。此次调查户中拥有空调器的比例，及统计资料显示的全市城镇百户居民的空调器和电风扇的拥有量，均具有随纬度升高而减少的趋势；无论7月份户均制冷用能，还是人均制冷用能，都说明南方是夏季制冷消耗能源的主要地区。

在两种降温制冷方式中，空调器居第一位，电风扇居第二位。在7月份户均制冷用电量中空调器用电的比例，沈阳、北京、宜兴、上海、广州分别为30.5%、65.9%、87.6%、78.6%和84.3%。除沈阳仍以电风扇为主要降温制冷方式外，其余均以空调为主要形式。所以，不论从发展速度或耗能强度看，空调器均是中国未来降温制冷的主要方式，特别是在山海关以内的中国中部和南部广大地区。

（三）热水器

热水器是家庭热水的主要来源之一，在城市居民中的普及率较高。调查结果显示，70%以上的家庭拥有热水器。从热水器的类型来看，北方城市的电热水器的比例高于南方城市。电热水器的拥有量与带水箱的热水器有极大的相关性，因为一般电热水器都是带水箱式的，而快速燃气热水器一般是不带水箱的。

热水器耗能在家庭耗能中所占的比重，南北之间差异较大。北方城市占家庭总能耗的5%以下，而南方城市占10%以上，广州最高，接近20%。一般北方城市冬季供暖，每户的总能耗高出南方一倍以上，虽然热水器耗能差距不大，但在总能耗中的比例却有相当大的差别。

（四）室内照明

室内照明在调查户全年能源消费总量中所占的比例较低，沈阳所占的比例为3.39%，只比户均制冷用能高；北京的比例为4.08%，也是略高于制冷用能1.3%的比例；上海和广州所占的比例为户均总能耗的9.24%和8.25%，也只高于采暖用能；只有宜兴的照明用能所占比例较高，达13.33%，是除炊事和家电之后，居第3位的耗能终端。这与宜兴住房面积大、照明总瓦数和灯泡数明显高于其他城市的调查结果是相吻合的。

（五）炊事、家电设备

炊事用能是家庭能耗的主要方面，在宜兴、上海、广州等南方城市，炊事用能是最大的耗能终端。北方的沈阳、北京是居采暖之后第2位的耗能终端。

通过调查看出，炊事用能与居民家庭在家做饭的次数有极大的相关性。同时也与生活节奏的快慢、市内交通状况、家庭收入水平以及餐饮的社会化程度有很大关系。从未来趋势看，炊事用能在总能耗中的比例要下降，主要是更多的居民购买方便食品和半成品。从炊事用能的结构来看，随着微波炉、电饭煲等的普及，炊事用能中电的消费比例会有所提高。

从中国城市家电设备来看，传统的家电，如洗衣机、电风扇、电冰箱、电视机等仍然是主导产品，新型家电设备如洗碗机、消毒柜等拥有量还不多。从微机的拥有量来看，百户拥有量广州最高为40台，其次为北京和上海，约有1/4的家庭拥有微机，沈阳为1/10的家庭拥有微机，而宜兴的拥有量只有2%。家电设备的拥有量及种类主要取决于城市经济发展水平、受教育的程度以及观念等因素。

在家用电器设备中，电视机是一个主要的耗能大户，因为每户平均拥有的电视机数量超过一台，而且每台电视机的使用时间较长，平均每天使用时间在4h左右。按彩电功率100W，每天使用4h计，每户每月的耗电量为12kW·h。

家电设备中的另一个耗电大户是电冰箱，虽然电冰箱的拥有量略小于彩电。但电冰箱的耗电量要高于电视机，按每台电冰箱每天耗电0.7~1kW·h计，每月的耗电量为21~30千瓦时。

中国居民生活能源消费占终端能源消费比例，仅次于工业部门，1980~1990年的比例为16.7%~18.1%；但与发达国家相比较，这一比例仍然很低。1988年美英法等7个发达国家居民生活用能占能源消费总量的比例平均为28%，最高的达37.7%。随着中国国民经济的发展、人民生活水平的提高以及产业结构的调整，这一比例将会不断提高。

在这篇市场调查报告中，文章前言部分介绍了调查范围、调查时间、地点和调查对象，并简要介绍了全文的主要观点。文章主体部分采用小标题的形式，将客观情况介绍和科学分析相糅合，每一个分观点后都用具体的材料加以叙述、说明，材料翔实，有说服力。结尾简短地对未来的形势作了展望。

第二节 市场预测报告

一、市场预测报告的含义和作用

市场预测报告是指依据市场调查获得的真实材料，采用科学的方法，对过去和现在的信息进行加工，对未来一定时期内市场变化及其发展趋势、特点进行推测，并提出有针对性的措施和建议的书面报告。

市场预测报告和市场调查报告关系非常密切，某种意义上，市场调查报告是前期工作，市场预测报告是后期工作。对市场的历史与现状作出系统的周密的调查研究，对市场经济活动随时间、地点、思想观念、文化习俗的变化而产生瞬间变化的把握，对调查资料所作的定性、定量的分析都是市场预测报告的关键因素。

市场预测报告在市场经济或企业的生产经营活动中所起的作用已经越来越大。主要表现在：

（一）市场预测报告对确定企业经营决策、产品开发和生产计划有指导性意义

企业经营决策的决定，产品开发和生产计划的制订都不能盲目进行。盲动则乱，会给企业带来不可估量的经济损失。而市场预测报告以其科学的推断能够尽可能减少不确定因素，有助于决策科学化、规范化，有利于企业拟订符合经济发展规律的决策方案和计划，使决策和计划顺应消费变化和市场需求的实际。

（二）市场预测报告有利于企业解决供需矛盾，产销对路，提高经济效益

市场上，供需结构是不断发生变化的。企业若能解决好供需矛盾，就可以保证产品销售畅通。市场预测报告可以及时对市场动向进行分析，作出预测，促使企业加强经营管理和经济核算，发挥生产潜力，提高竞争能力，从而妥善解决供需矛盾，获得良好的经济效益。

（三）有利于促进企业改进生产的技术水平

市场预测报告具有预见性，可以促使企业及时对产品进行更新换代，从而促使企业不断改进生产技术水平。

二、市场预测报告的特点

市场预测报告有其自身的特点，主要表现在：

（一）预见性

预见性是市场预测报告最主要的特点。市场预测报告能紧扣市场活动的最新动向，反映市场活动的最新问题，能事前反映预测对象未来的发展趋势，明确指出预测对象在未来一定时间内的发展方向和状态。可以说，预见性是市场预测报告的生命，没有预见性就没有市场预测报告。市场预测报告往往要采用正确的预测方法，在充分研究以往的事实材料的基础之上得出科学的结论，努力使预测结果符合消费变化和市场需求的实际，从而指导企业的生产经营活动。

（二）科学性

科学性是市场预测报告的质量的保证。市场预测报告不能凭主观臆想去写作，不着边际的凭空猜测只能使市场预测报告丧失自身的价值。作为对未来市场活动状况的一种推断，这种推断必定会直接指导企业决策层的决策。因此市场预测报告是否能准确地推断未来市场经济活动的发展趋势，即是否具有科学性十分重要。科学的市场预测报告必定会给企业带来丰厚的利润。

（三）时效性

市场预测报告具有很强的时效性，过时的市场预测报告没有使用价值。市场预测报告要灵敏、迅捷地反映市场经济活动的最新动态、最新变化、最新情况，然后采用科学的预测方法准确推断未来市场经济活动的发展趋势，及时传递给有关决策部门和管理部门。预测的结果越新，传递的速度越快，其使用价值就越高。

三、市场预测报告的类型

市场预测报告的种类有很多,角度不同、标准不同,划分的种类就不同。大致说来,主要有这三种:

(一) 宏观市场预测报告和微观市场预测报告

这是从预测范围的角度来划分的一组相对应的市场预测报告。宏观市场预测报告以一个国家、一个地区、一个系统、一个行业的市场经济发展前景为预测对象。微观市场预测报告以单个经济单位的市场经济活动为考察对象,如对一个企业或个人经济活动的未来发展前景进行预测。

(二) 短期、近期、中期、长期市场预测报告

这是从预测时限的角度来划分的一组市场预测报告。短期市场预测报告的预测时限是一年左右,近期市场预测报告的预测时限不到一年,中期市场预测报告的预测时限2~5年,长期市场预测报告的预测时限5~10年。

(三) 定性市场预测报告和定量市场预测报告

这是从预测方法的角度来划分的一组市场预测报告。定性市场预测报告又称为调查预测报告,定量市场预测报告又称为数字分析预测报告。

四、市场预测调查的内容、步骤及方法

市场预测调查是市场预测报告写作过程中一个很重要的环节。它是写作市场预测报告的依据,决定着市场预测报告的成败。

(一) 市场预测调查的内容

市场预测调查的内容十分广泛,和市场调查的内容基本相同。主要有:

1. 消费者需求情况

主要包括消费者的消费趋势、消费能力、消费习惯、消费心理等方面的内容。

2. 产品情况

主要包括产品的质量、价格、包装、广告设计、消费者对产品的接受程度等方面的内容。

3. 营销情况

主要包括产品的销售渠道、销售方式,同类产品的市场份额等方面的情况。

此外,市场预测调查的内容还包括市场经济活动的历史、现状,市场环境、自然环境等方面的内容。

(二) 市场预测调查的步骤

市场预测调查的步骤很重要,直接关系到市场预测报告的质量。具体步骤如下:

1. 确定预测对象、范围、时间和目标

在这个阶段,预测对象、范围、时间的确定要紧紧围绕预测目标来进行。预测目标的确定要以企业的发展需要为依据,预测目标越是具体明确,预测的价值就越大。

2. 搜集、整理、分析预测资料

搜集资料要在已经确定的预测范围内进行,力求全面、客观。整理、分析资料是对资料进行归纳、分类,去伪存真、去粗取精。

3．选择预测方法

在掌握资料的基础之上，根据预测目标的要求选择合适的预测方法，为预测分析做准备。一般会选择多种预测方法，互为补充，以期提高市场预测的准确性。

4．进行预测分析

这一阶段的工作十分关键。首先要根据选用的预测方法求得预测的定性、定量结论，其次要对预测的结果进行反复求证、评估。

（三）市场预测调查的方法

市场预测调查的方法有很多种，主要有：

1．集合意见法

这种方法也被称为经验预测法。它是一种定性预测方法，主要通过向经营人员、销售人员、消费者进行调查，取得各种相关信息，归纳整理，研究讨论，集思广益，最后确定一个预测值。

2．专家意见法

这是美国兰德公司创立的一种定性预测方法，又称"德尔菲法"。首先选择一定数量的专家，用系统的程序，采取不记名和反复进行的方式，轮番征询不同专家的预测意见，经过征询、反馈，再征询、反馈，使专家的意见逐步趋于一致，从而得出一个比较一致的结果。

3．类推法

这是根据逻辑关系，由已知的某一现象，或几个现象类比推断，得出结论的一种方法。常用于定性预测或中、长期预测。

4．因果法

这是一种由因及果的预测方法，常用于定性预测。

5．定量预测法

这种方法又称为数学模式预测法，统计分析法。它是对预测对象进行量化分析的一种方法。主要根据大量的、完备的资料、信息，借助统计分析、数学运算等方法进行定量分析或图解，对预测对象的未来发展趋势作出预测。所得结论严谨、客观。具体来说又有以下几种方法：

（1）时间数列法

这是通过研究某个变量的时间数列，根据预测对象过去的变化趋势，对其未来的发展趋势进行预测的一种方法。

（2）指数函数法

这是通过引入拥有率和饱和率的概念而建立起来的一种预测方法。

（3）回归分析法

这是通过研究可引起未来发展变化的各种因素，找到客观环境与未来状态之间的统计关系的一种预测方法。

（4）抽样统计法

这是通过对相关的数据进行抽样统计，求得概率，以推测预测对象未来发展变化趋势的一种预测方法。

上述这五种市场预测调查的方法各有长短。集合意见法、专家意见法、类推法、因果法的优势在于能综合各种经验、因素，通过一定的分析研究对预测对象的未来发展趋势进行预测，省时省力，经济节约，简便易行。但这些预测方法的主观性较强，精确度较差。定量预测法完全以统计分析、数学运算进行科学的计算，所得数据客观，精确，但有时不够灵活，对预测对象、市场活动易受政治、军事、社会、心理等诸多因素的影响这一现象有时不能很好把握。市场预测调查者可根据需要选择多种预测方法进行预测。

五、市场预测报告的写作方法

市场预测报告一般有图表式和文字式两种形式。这里主要阐述文字式市场预测报告的写作方法。

（一）市场预测报告的写作格式

市场预测报告主要由标题、前言、主体构成。

1. 标题

市场预测报告的标题有单标题、双标题两种形式。一般包括预测时限、预测区域、预测目标和文种四要素。单标题一般有这样几种写法：第一种由预测时限、预测区域、预测目标和文种组成，例如《2001年全国轿车消费行为及市场预测报告》。第二种由预测目标和文种组成，例如《矿泉水销售预测》。第三种直接以预测结论为标题，例如《彩电市场趋于饱和》。第四种是提问式标题，例如《2002年我国家庭电脑需求量知多少?》双标题的写法和市场调查报告双标题的写法相同，例如《悬念丛生，疑点多多——2002年轿车市场热点问题预测》。

2. 前言

前言一般包括预测时间、对象、范围、目的或结果等内容，也可以介绍预测对象的历史和现状的产销情况，为展开主体打下基础。

3. 主体

主体一般包括客观情况介绍、前景预测、建议等内容。客观情况包括有关数据和因素，是分析研究的依据。这部分内容运用的材料要准确全面、真实可靠。通常介绍的内容有产销情况、消费者购买力的趋势、同行业的经营情况、本企业的生产能力和技术设备等情况。前景预测是通过对历史、现状的数据、资料、信息的科学分析，推断预测对象未来的发展变化趋势，是市场预测报告的核心内容，也是唯一不可缺少的内容。在这部分，分析要客观科学精当，推论要符合逻辑规律。建议是在前景预测的基础上为经营决策者提供的决策方案、意见。这部分的内容要具体，并具有可操作性。主体部分内容繁杂，写作时要注意条理性、层次性。可以采用列小标题的方法，以使文章眉目清楚。

市场预测报告一般不要结尾。有时可在文章的结尾署名，以示负责。

（二）市场预测报告的写作要求

1. 把握市场形势，全面搜集信息

在搜集信息阶段，首先要把握整个市场形势，从宏观到微观，全面搜集信息。或者说，要系统、全面、客观、准确地搜集信息。市场是动态的，预测对象在各种条件、各种因素的影响下随时都在发生变化，搜集相关信息时要尽可能贴近客观实际，准确把握住专业性的数据材料，这样才能探索市场活动的发展规律，保证预测结论的精确、正确。

2．步骤清晰，推导科学，以事实为基础进行推测

市场预测报告不是对市场信息、数据、资料简单的堆砌、罗列，而是一步一步对其加以组织、分析的过程。在撰写市场预测报告时这些步骤应该能够清晰地反映出来。同时，市场预测报告又是从已知的市场活动的现状和过去推导未知的市场活动的发展变化趋势，其推导过程应该符合科学规律，选择正确的预测方法，以客观、准确、全面的事实为依据进行推测。

3．重视现代技术

写作市场预测报告的过程中，应该使用大量的现代科学技术。现代科学技术，诸如数学分析、统计科学、微机等都能够使数据分析变得科学、简便易行，而且使预测工作更加精确。市场预测报告的撰写者在进行数据处理时也可以请掌握现代技术的专门人员协助自己进行数据分析。

例文：

电工电器行业"十五"发展市场预测报告

前　言

电工电器行业包括发电设备、输变电设备、用电设备及基础元器件和基础材料等行业，它的产品涉及从能源的开发和转换、电能的传输和变换，一直到电能的利用等整个电能流程系统，产品门类、品种规格多，成套性和系统性强。

1　综述

1.1　"九五"前三年销售及进出口情况

电工电器行业乡及乡以上企业1995年实现销售收入×亿元，1996年实现销售收入×亿元，较上年增长×%；1997年实现销售收入×亿元，较上年增长×%；1998年实现销售收入×亿元（统计口径改为年销售收入×万元以上企业），较上年增长×%。三年平均增长×%以上。在25类产品中，三年平均销售收入较1995年低的，有三类产品，即：电动机、电炉、电工专用设备，其中以电动机的销售收入下降最为严重，1998年较1995年下降×%。增幅最高的有电动工具，其他电气机械二类，年平均增幅在×%以上，其次有电力电容器、整流器、变压器、微电机、其他电工器材等五类，年平均增幅在×%以上。

从主要产品产量看，发电设备前三年生产×万kW，相当于"八五"期间总产量的×%。其中20万kW及以上大型火电机组比重下降，"八五"期间占火电设备总产量的×%，"九五"前三年占×%。输变电设备，受城乡电网改造的影响，1998年起开始有所上升。用电设备逐年下滑，交流电动机、电焊机、电炉等产品下滑情况较为严重。基础件及基础材料受电工电器行业总体销售的影响，有所上升。

电工产品的出口增长较快，1996年创汇×亿美元，1998年创汇×亿美元，1998年比1996年增长×%，但进口大于出口。"九五"前三年，每年保持×亿左右美元的逆差。在

23类商品中，1998年出口大于进口的商品共有10类，主要是：电动机及发电机、变压器、手提式电动工具、蓄电池、U≤1000V开关及保护等电气装置、电线电缆、电碳、绝缘子、火花塞等，其中××、××、××等三类商品每年都保持较大的顺差。1998年进口大于出口的商品，主要是发电设备类商品（如锅炉、汽轮机、发电机组等）、电动机发电机零件、电炉、电焊机、电控装置等。

1998年超×亿美元以上的出口商品有：电动机及发电机、变压器、电动工具、U≤1000V开关及保护等电气装置、电线电缆等五类，它们的出口创汇额占电工电器行业出口创汇额的×%。

1998年超×亿美元以上的进口商品有：蒸汽锅炉、锅炉辅助设备、汽轮机、电动机及发电机、电动机及发电机零件、U≤1000V开关及保护等电气装置、电控装置、电控装置零件、电线电缆等十类，它们的进口额占电工电器行业进口额的×%。

1.2 "九五"后两年的趋势

电工电器行业产品的市场，主要取决于电力工业的发展。目前，电力工业正处于结构调整期，提出"优化发展火电、积极发展水电、适当发展核电、因地制宜地发展新能源发电"的调整方针，电力建设将保持适当规模。前十年，发电设备装机年平均装机量达×万kW，后两年，随着发电量增长幅度的下降，将要有所下降，但由于受电力工业结转建设规模大的影响，其下降幅度不会很大，近两年仍将保持装机量的增长幅度大于发电量增长幅度的局面。

1998年发电设备累计装机已达×万kW，其中水电×万kW，火电×万kW，核电×万kW。1999年电力工业计划投产大中型机组为×万kW，其中火电×万kW，水电×万kW。此外，考虑到小水电等的建设，1999年总的装机规模，仍将与前十年平均装机量基本持平，2000年，随着结转规模的减少，装机量会有所下降，但由于结转规模仍有相当的数量，尤其是进口机组陆续到达，因而，下降幅度不会很大。今明两年，总装机量将会达到×万kW左右。但是，尽管装机量与前十年基本持平，但发电设备制造业的生产量将会受到较大的影响，主要是近几年进口量的比重上升。1999年计划投产的大中型火电机组中，进口机组占×%；大中型水电机组中，合作生产占×%。到2000年，进口机组比重高的局面仍将存在。因此，发电设备制造业，从2000年起将有可能出现困难时期。

输变电设备制造业，受城乡电网改造的影响，需求量呈增长态势，原计划城乡电网改造总投资×亿元，1998年完成投资为×亿元，1999年第一批计划投资×亿元。因此，城乡电网的改造任务，有可能结转一部分到"十五"期间执行。

2 国内市场需求预测

"十五"期间的发电设备装机量，目前电力部门还没有明确的意见。对于电力需求的预测，过去习惯采用电力弹性系数法，人均用电量法。当前我国正处于产业结构调整、市场渗透、技术创新、能源替代等过程，电力需求从某一个时期、某一个角度看供过于求。但从我国人均用电水平来看，仍远远落后于世界的平均水平，1998年全国发电量达×亿kW时，人均发电量约为×kW时，只为世界人均用电水平的×%，人均装机量为×kW，只为美国的×%。目前，我国尚有×个地区，约×万人口无电可用。由此可见，为加强我国经济实力，使国民经济快速、持续、稳定发展，不断提高人民的生活水平，缩小与发达国家的差距，必须要有同国民经济相适应的增长速度的电力工业。

为此，拟采用电力弹性系数法及人均用电量法对"十五"期间发电设备装机量预测如下：

(1) 电力弹性系数法

近五年电力弹性系数情况如下：

年　份	1994	1995	1996	1997	1998	平　均
国内生产总值增长（%）	×	×	×	×	×	×
全国发电量增长（%）	×	×	×	×	×	×
电力生产弹性系数	×	×	×	×	×	×

从上表可以看出，近五年平均电力生产弹性系数为×，后五年的预测，拟取此平均值。"十五"期间，国民经济年平均增长率按×%，装机量增长量略高于发电量，按此预测如下：

年　份	1999	2000	2001	2002	2003	2004	2005	2010
全国发电量(亿 kW·h)	×	×	×	×	×	×	×	×
总装机量(亿 kW)	×	×	×	×	×	×	×	×

从上述预测看，2010年前国民经济按×%左右增长速度，电力弹性系数按×平均值，发电设备装机量高于发电量增长速度×的百分点，则预测结果与国家确定的2010年远景目标——装机×亿kW——基本相符。按此预测，"十五"期间共需装机×万kW，年平均装机×万kW，相当于"九五"前三年的平均装机量。

(2) 人均用电量法

据国外最新研究，只有人均用电量达到1500kW·h时，才能提高生活水平，促进经济增长。设想我国2010年达到此标准，届时中国人口按×亿计，则发电量的增长需保持×%的速度，按此预测发电量及装机量如下：

年　份	1999	2000	2001	2002	2003	2004	2005	2010
全国发电量(亿 kW·h)	×	×	×	×	×	×	×	×
总装机量(亿 kW)	×	×	×	×	×	×	×	×

从上表可以看出，预测结果，"十五"期间，共需装机×万kW，年平均装机×万kW，略低于"九五"前三年平均装机量，且××年装机量，略低于国家确定的××年远景目标。

按照上述两个预测，"十五"期间，发电设备装机量将为×万kW。

现在还有另一种设想，就是提高火电机组的利用小时，如果这个设想能够实现，则装机量可以减少。"十五"期间装机×万kW（包括×万kW以大代小）即可满足年增长×%发电量的需要。

以上三种预测，鉴于后一种设想存在两种可能性，前两种预测结果较为接近，因此，拟取前两种预测的平均值，即×万kW，作为本预测结论。

3 国外市场预测

3.1 发电设备国外市场预测

3.1.1 火电设备

……

据上述资料，今后10～15年，全世界电力装机容量年均增长率约为×%左右。按1995年全世界电力装机约为×亿kW计，今后年均增长电力装机×万kW，其中火电装机约为×万kW。在×洲，市场对发电设备的需求量较大，已占全世界需求量的×%以上。今后，×洲仍是我国发电设备出口的主要市场。

改革开放以来，我国发电设备出口量不断增加，由出口中小型热电联产和自备电站机组发展到成套出口大型汽轮发电机组、核电机组以及燃汽轮发电机组。"八五"以来成套出口大型汽轮发电机组约有×台（套）。

除常规亚临界汽轮发电机组出口外，燃汽轮发电机组也已在中东打开了市场。除已签订×套×万kW燃气轮发电机组合同外，又有×套×万kW燃气轮发电机组的订货意向。此外，除中东外，在×洲×国又有×套×万kW燃气轮发电机组、×套×万kW燃气—蒸汽联合循环机组的国际投标业务。×国、×国、×国等亦就燃气—蒸汽联合循环电站向我国询价，燃气轮发电机组的出口前景良好。

3.1.2 水电设备

我国近三年水电机组出口创汇情况为：1996年创汇×万美元，1997年创汇×万美元，1998年创汇×万美元。1997年创汇下滑主要是受东南亚经济危机的影响。

目前我国出口以中小水电机组为主，主要出口国家为×地区的×国、×国、×国等。

我国的中小水电机组在东南亚有传统市场，性能可靠、价格较低，这是我国小水电的出口优势，大型水电设备经过十年来的发展，也已具备打入国际市场的条件。……因此，抓住市场机遇，增加大型水电机组出口的可能性也是很大的。

据有关部门资料表明，国际市场特别是亚洲水电市场具有较大潜力，在水力资源丰富的24个国家和地区（不包括日本），目前，计划修建的水电站总装机容量约×MW，其中，×国、×国、×国等10个国家计划装机×MW。1993年底，亚洲（不含我国）水电装机×MW，占亚洲总装机容量（不含我国）的×%，平均增长率为×%左右，因此我国水电机组出口前景良好。

3.2 输变电设备国外市场预测

3.2.1 变压器

……

我国变压器产品传统出口市场主要是东南亚地区，随着产品技术水平和产品质量的提高，加上合理的价格，我国变压器产品是有可能进入××、××和××地区。

3.2.2 高压开关

……

经过"八五"、"九五"的发展，我国高压开关行业在产品和制造技术方面都有了大的提高，不少产品已具有国际先进水平，价格方面还有较大的优势。随着东南亚经济危机的缓和以致复苏，出口形势看好。

预计21世纪初，随着我国对外贸易的发展以及我国高压开关行业的技术进步，高质量的高压开关设备将更多地进入国际市场，特别是×地区和×地区市场，出口量和出口额将增加。

3.2.3 保护继电器及其装置

……

对保护继电及装置行业来说，"十五"期间扩大出口的可能性是存在的，其出口势头看好。

（1）国内继电保护产品水平与国际水平基本持平，尤其在微机保护产品方面技术指标及对复杂电网参数的匹配适应性还优于国外水平，因此，承接东南亚、中东电力工程的技术优势在增加。

（2）已出口产品实际运行的稳定性普遍反映较好，这就在国外树立了样板，扩大并加深了印象，路子将越走越宽。

（3）随着亚洲特别是东南亚金融危机的缓解，将给扩大出口带来机遇。

3.2.4 高压电瓷及避雷器

……

3.2.5 电力电容器

……

3.3.1 中小型电机

……

3.3.2 微电机

……

3.3.3 电动工具

……

3.3.4 铅蓄电池

……

3.3.5 电焊机

……

3.4 基础元件及基础材料国外市场预测

3.4.1 绝缘材料

……

3.4.2 电工合金

……

这篇市场预测报告采用小标题组织主体部分的内容，使杂乱的材料条理分明。在每一客观情况介绍后都紧跟分析和预测，主体的三大内容在每一个小标题中都有完备的体现。

这种写法非常适合大范围的、内容比较多的市场预测报告。

第三节 市场活动分析报告

一、市场活动分析报告的含义和作用

市场活动分析报告是指企业以计划指标、会计核算、统计资料、业务核算及调研情况等为依据，运用科学的方法，对一定范围、时间内企业的生产经营过程及其经营成果进行分析研究和评估。

市场活动分析报告主要对已经发生过的或正在发生着的市场活动进程进行剖析，以总结市场活动的经验和规律。因而是企业决策者进行决策的重要依据。对企业来说，市场活动分析报告是企业研究、评价其市场活动状况，认识其市场活动规律的重要手段。它通过对市场活动各种指标的汇总分析，考核本企业生产经营计划的执行情况。它经过对市场活动过去、现在的横向、纵向比较，能够全面、客观地总结成功的经验和失败的教训，清醒地认识现状，并做出实事求是的科学评价。它通过对影响或决定市场活动的各种主客观因素的分析研究，探寻市场活动规律，使企业及时调整自身的生产经营决策，使之符合客观规律。所以市场活动分析报告是企业加强生产经营管理、进行科学决策、提高经济效益的重要环节和措施。

二、市场活动分析报告的特点

市场活动分析报告有其自身的特点，主要表现如下：

（一）评估性

市场活动分析报告必须在科学研究分析的基础之上对其分析对象做出评价。这是它区别于其他经济报告的非常重要的一个特点。在市场活动分析报告中，评估是分析的最终结果。

（二）对比性

市场活动可以用大量的数据、指标来描述，诸如算账、报表、核算等都要涉及大量的数字，相对数、绝对数、平均数、百分数在市场活动分析报告中会经常出现。数据的对比是市场活动分析报告立论的依据。能如实反映现有市场活动的有关数据、指标与历史的、计划性的、同行业的有关数据、指标的对比在市场活动报告中占有很大比例。通过对比才能发现变化、描述变化，掌握规律。

（三）建议性

市场活动分析报告往往在对比分析、评估的基础之上提出解决问题的建议和看法。这些建议和看法是分析工作的后续，对企业的生产经营决策往往起着较大的影响。

（四）时效性

市场活动分析报告一般都是定期进行，因为市场活动具有明显的周期性，无论是投入和产出，生产和流通，都要根据市场经济规律的制约受到时间的限制。一个时期有一个时期的市场活动状况。这就决定了市场活动分析报告必须具有很强的时效性。过时的报告对企业生产经营活动不能起到应有的作用，价值不大。

三、市场活动分析报告的类型

市场活动分析报告的种类很多，可以从经济领域、分析的范围、内容、时限、目的等角度进行划分、确定。主要有：

（一）全面分析报告

全面分析报告又被称为综合分析报告或系统分析报告。它是把某个系统、行业或企业在一定时期内的市场经济活动作为一个整体，根据各项主要经济指标、数据进行全面的、系统的综合分析和研究而写出来的书面报告。

（二）专题分析报告

专题分析报告又被称为单项分析报告或专项分析报告。它研究分析的内容比较单一，只就市场经济活动中某一重要问题或关键问题进行专门地调查、分析、研究，并提出建议。针对性很强。

（三）进度分析报告

进度分析报告一般在年、季、月末进行。它往往围绕少量的财务指标、计划指标或少量的重点问题进行分析，其主要目的在于及时反映市场经济活动的趋势和工作进程，总结经验教训，及时提出建议，为下一个进程的工作做好准备。

四、市场活动分析的步骤、方法

市场活动分析是决定市场活动分析报告质量的关键因素。其步骤、方法应该为撰写者所掌握。

（一）市场活动分析的步骤

1．确定分析对象、范围、时限和目标

分析对象、范围、时限的确定要以分析目标为中心，分析目标要根据企业生产经营活动的需要来确定。

2．搜集、整理资料

搜集资料要根据分析对象、范围、时限来进行，力求全面、客观、准确。整理资料主要是将资料归类，对没有把握的资料加以反复核实。

3．选择分析方法

选择分析方法很重要，要根据分析对象的具体情况加以选择。必要时可选择多种分析方法进行分析。

4．进行分析

进行分析是市场活动分析工作的核心，要本着客观、严谨、科学的态度对所掌握的资料加以分析研究，以期得出正确的结论。

（二）市场活动分析的方法

市场活动分析的方法有很多种，主要有以下这几种：

1．比较分析法

比较分析法又被称为对比分析法。它是把两个或两个以上时间、内容、项目、条件基本相近或相同的具有可比性的数据资料加以对比，计算、研究它们的差异，并分析其中原因的一种分析方法。这是市场活动分析报告中使用得最多的一种方法。经常用来对比的资料有：实际完成指标和计划指标、分析期限内实际指标和以往指标、实际指标和国内外最高指标、部分指标和总体指标、其他互相关联的资料等。

2．因素分析法

因素分析法又被称为连锁替代法，是比较分析法的补充和发展。比较分析法注重数字的对比，寻找其中的差异，因素分析法注重分析、研究构成事物的各种因素之间的关系及其相互影响等内容，探究造成差异的原因，以期揭示问题的实质。运用因素分析法时，要善于抓住主要问题中的主要因素和带有倾向性的问题进行重点分析，要善于区分客观因素和主观因素。

3．动态分析法

动态分析法又被称为趋势分析法、预测分析法。它是根据大量的现时和过去的市场经济活动的现象分析研究其发展变化趋势，并对市场活动进行预测的一种分析方法。经常采用的方法有统计分析法、经验预测法、参照分析法等。统计分析法主要通过统计计算市场经济活动的动态趋势。经验预测法主要根据以往的经验教训对未来市场经济活动的发展趋势进行判断、推测。参照分析法主要将本企业的经济指标参照国家或上级计划的经济指标，从而判断、预测市场经济活动的发展。

五、市场活动分析报告的写作方法

（一）市场活动分析报告的结构形式

市场活动分析报告的结构形式主要有文章式和表格式。文章式报告资料翔实，分析比较透彻。表格式报告简洁明了，一目了然。目前，市场活动分析报告以文章式居多。

（二）文章式市场活动分析报告的写作格式

文章式市场活动分析报告主要由标题、前言、主体、落款构成。

1．标题

市场活动分析报告的标题通常为单行标题，一般有交代式、论点式两种形式。交代式标题一般包括单位名称、时限、分析对象和文种等内容。例如《××供电公司2001年第三季度供电情况分析》、《2001年财务决算说明》。论点式标题一般常用于专题分析报告中，直接以文章观点、建议、意见为标题。例如《从彩电价格战中吸取经验教训》、《把握市场脉搏，提高经济效益》。

2．前言

前言一般包括分析的背景、目的、对象等内容，但也可以没有前言。

3．主体

主体一般包括概述、分析、评价、建议等内容。概述部分主要介绍市场分析期限内的背景、基本情况、市场活动态势、各种经济指标，并对本企业、本部门的各类经济指标完成情况，与历史、同行业相对比等情况作详尽的叙述。这部分内容要能够提出问题、揭示矛盾，为分析提供材料、打好基础。分析部分是全文的关键、核心之所在。它要针对概述中提出的问题，运用适当的分析方法分析材料和数据，尤其要分析企业生存和发展的条件、产生问题的原因、解决问题的方法等内容。这部分内容要为评价、建议提供依据。评价是对分析的结果给出科学的结论，对主要成绩、存在的问题及其原因下一个客观的结论。

4．结尾

一般不要结尾。

5．落款

落款包括写作单位、写作日期等内容，以示负责。也可以没有落款。

(三) 文章式市场活动分析报告的写作要求

1．宏观微观相结合

宏观和微观是整体和局部的关系。撰写市场活动分析报告，要着眼于宏观，落实到微观。必须把微观置于宏观中去考察、分析，这样才能够把握规律，得出正确的结论。企业的市场经济活动要受党和国家的路线、方针、政策的制约，一个企业的市场经济活动也离不开整个行业、系统乃至国家的市场经济活动，所以要树立全局观念，既算大账又算小账，既注重近期利益又注重长远利益，从而写出符合实际情况和市场活动经济规律的市场活动分析报告。

2．抓住主要矛盾

市场经济活动涉及的内容很多，涉及的范围也很广泛，分析时不能面面俱到，要善于抓住主要矛盾。主要矛盾解决好了，次要矛盾也就迎刃而解。撰写者要善于从众多现象、众多材料中根据特定的目的、要求抓住关键性的问题，深入分析，这样才能在错综复杂的市场经济活动中把握住问题的实质。

3．全面占有资料

全面占有资料是准确分析的基础。资料准备得越充分，占有得越全面，分析研究的可靠性就越高。所以写作时既要掌握各种经济指标资料，还要掌握生产经营过程中的实际情况；既要掌握现时的经济资料，又要掌握过去的经济资料；既要掌握企业内部的经济资料，又要掌握企业外部的经济资料，等等。

例文：

顺德模具产业与家电产业分析

一

模具，虽然是一个自身不断发展的产业，但因长期只为相关产业提供配套产品，一直以来都没受到应有关注。

在人们印象中，模具产业仍是落后陈旧，不值一提。其实，"九五"期间，我国模具工业发展迅速，年均增速约为13%。产业结构也有较大改善，模具商业化程度更提高了近10%。中高档模具和塑料模具占模具总量的比例有了明显提高。模具进口减少，出口提前一年达到1亿美元的规划指标，进出口比例逐步趋向合理。

当然，就总体而言，我国模具工业由于起步晚，底子薄，因而，就总量而言，仍供不应求，特别是大型、精密、复杂、长寿命模具产需矛盾仍然十分突出。

二

顺德市作为一个拥有众多家电企业的工业城市，再加上长期以来迅猛的发展，有力地催生出众多充满活力且各具特色的模具企业。这些模具企业分布在顺德市各镇区，虽然规模大小不一，但都各具特色，长期以来为相关企业提供着优质产品，互相渗透，形成一个难以分割、兴衰共命的产业群。所以，可以这么说，看一个模具企业的情况，就可知道顺德市某种家电产业的走向。模具，可谓家电产业的晴雨表。

另外，顺德市不少模具企业因历史长久，不断推陈出新，逐渐形成一个完善而庞大的产业群，成为顺德市乃至周边城市家电企业指定的模具提供厂家，而散布在各村镇的众多小规模模具厂家，也加入这一产业行列之中，由于它们数目众多，产品五花八门，在一定程度上弥补了大规模厂家的不足，共同形成一个完善的模具市场体系。

另外，由于顺德市家电产业发达，需要大量相关配套模具厂家提供各种类型产品，再加上顺德市家电发展历史长，因此，众多模具企业在长期的运作中已形成产品完备而出货快捷的配套能力，这一成熟的家电产业配套能力，为顺德市的家电发展提供了有力的技术保证，同时，它们也在这一过程中不断成熟完善。近年来，不少模具企业脱颖而出，脱离了大企业的依附关系，成为单独的产业个体，为相关家电企业直接提供产品，成为引人注目的新型企业。

三

随着顺德市经济的不断发展，同时，由于国际经济环境的风云变幻，顺德市家电产业对模具的需求无论从数量还是质量上都发生着明显的变化。

据有关资料显示，虽然模具市场的总体趋势平稳向上，但各类模具的表现却不一致，冲模、塑料模、压铸模的总和一般占模具总量的80%左右。

在未来的模具市场中，塑料模具和压铸模的发展速度将高于冲模，它们在模具总量中的比例将逐步提高。

因此，随着顺德市企业向高精尖方向的不断挺进，对模具提出越来越高的要求也属顺理成章。越来越多的企业对模具的要求已不再停留在昔日模式，而是对精密、大型、复杂、长寿命模具的需求越来越多。

模具产业也随着家电产业的转型而面临着一个迫切的变更历程，它们将与家电产业融为一体，共同开拓新的产业空间。

一、顺德模具谋求规模化专业化

顺德制造有今天的辉煌，与顺德强大的模具制造能力密不可分，大到整机整件，小到一个茶杯，离开了模具就什么也不是了。顺德模具正在形成自己的产业，改变自己的附属地位，从散兵游勇向规模集约化进军。新的集团模具公司一位资深人士再三强调：模具其实含有相当高的科技成分，是一种高附加值产品，而不是简单的配套。

二、加工中心引发技术创新

顺德模具业在经历过几大阵痛后，开始由作坊式向规模化发展。一般来说，模具加工集中于制造商集中的地方,如北滘、大良、容桂等都是模具制造商淘金的宝地。在上述这些区域,都有相对集中的模具一条街或者模具公司。大良新的一家模具公司老板张先生是一位专门从事模具研究的高级人才,他和他公司的发展对于诠释顺德模具业的发展很有个案特性。在目前大部分模具公司并不十分景气的情况下,他的模具公司却是热闹非凡,据张先生自己介绍,他的公司之所以有如此景况,重要的原因就是专业性强。一般的模具公司不能做的模或都做得不到位的模,他们都能做得十分精致。很多客户在第一次签单时都磨破嘴皮,但第二次就十分爽快了,原因就是"用模具说法"。

规模大的模具公司都有自己的加工中心,如果模具公司要上档次,没有加工中心是很难的,但仅此一台机器,少说也要四五十万元,这就是模具公司投入上百万元根本看不出有什么家当的原因。在制造业十分发达的北滘镇,大公司一般都有自己的模具公司,并且具有相当的规模。

三、高级技术人才难得

模具业的兴盛使模具人才成为紧俏。从顺德市人才市场和各镇区的劳务市场反馈的信息中,有一个信息让模具公司感到紧张:高级模具专业人才紧缺。

一般来说,高级的模具专业人才一般要经过三五年的实践能力,而且要有相当的计算机水平,这也就是一些老模具工做了几十年还不抵现在"一个指头"的说法。由于加工中心的出现,模具加工由原来的人工控制改为电脑自动控制。人工控制主要由经验操作,电脑自动控制则通过程序自动操作,其精密度与人工操作自然不可同日而语。顺德模具业主要还在于机械制造模方面,而对于利润空间相对较大的玩具模,其开拓的力度并不大。据行家分析,玩具模所要求的精密度相当高,需求量相当大,现在,实力模具商正在谋求开发玩具模。

四、模具加工由分散走向规模

模具业开始家庭作坊式向集约化改变。在北滘镇百福公园旁,有一条颇具规模的模具一条街,在最兴旺的时候,仅模具加工店就有10多家,他们主要从事一些单件的模具加工,也就是说,一家操作模具的一个程式,是不合作式的流水式作业,几乎所有的程式都可以在这里做完。但由于各家是分散操作,无法统一协作,客户对模具更深层次的要求往往难以做到。现在,仅北滘就有加工中心10多家。加工中心的出现,从一定程度上冲击了作坊式的模具加工,迫使模具加工由分散的作坊式经营向集约化经营改变,不但降低了成本,同样也使效率大大提高。模具业从分散走向规模,是必然趋势。

在这篇市场活动分析报告中,前言简短,主体部分的概述与分析相糅合、评价与建议相糅合。能够将微观和宏观相结合,抓住主要矛盾,占有的资料也较为全面。

第四节 经济项目可行性研究报告

一、经济项目可行性研究报告的含义和作用

经济项目可行性研究报告又称可行性研究报告,它是反映经济项目可行性研究内容和结果的书面报告。

企业在开发或建设某一经济项目之前，必须全面、客观地分析、论证该项目实施的可行性、所能获得的经济效益，以避免建设的盲目性和不必要的经济损失。今天，撰写经济项目可行性报告，并上报审批已经成为开发或建设某一经济项目之前必不可少的一道程序。其作用主要表现在：

（1）为经济部门和企业的领导提供建设项目的决策依据，避免决策失误。
（2）为有关部门的审批提供重要依据。
（3）为企业筹措资金提供依据。
（4）为有关部门和企业签订协议提供依据。

二、经济项目可行性研究报告的特点

（一）真实性

经济项目可行性研究报告的用途决定其反映的情况必须真实。具体表现在其涉及的技术数据、背景资料、企业现状、资源情况、环境条件等都必须可靠，符合客观事实、符合经济规律，不能凭空想象。真实的、客观的情况是经济项目可行性报告进行科学分析、研究、论证的基础。

（二）论证性

经济项目可行性研究报告中建设项目的可行性是论证出来的。主要通过对建设项目的经济、技术、财务、市场销售、原材物料、人力资源配置、法律法规、环境保护、社会影响等方面科学的分析、论证，得出具有说服力的结论，使被论证的经济项目能够进入建设阶段。在该项报告中，论证性的文字占有相当大的篇幅。

（三）综合性

一个经济项目付诸实施，涉及的范围很广泛，涉及的因素很多，涉及的关系也错综复杂。所以经济项目可行性研究报告要围绕拟建经济项目的各种因素进行综合分析，力求系统、全面。同时，一个拟建项目的可行性研究需要综合各方面的人力、物力才能完成，需要综合集体的智慧。

三、经济项目可行性研究报告的类型

经济项目可行性研究报告可以从经济项目的规模、研究步骤、研究内容等角度进行划分，从经济项目的性质进行划分可以将其划分为三类：

（一）肯定性报告

这一类经济项目可行性研究报告对经济项目建设的必要性、可行性持肯定态度，绝大部分经济项目可行性研究报告都属于这一类。

（二）否定性报告

这一类经济项目可行性研究报告对经济项目建设的必要性、可行性持否定态度，不赞成所研究的经济项目上马，或意欲结束某一正在建设的经济项目。

（三）选择性报告

这一类经济项目可行性研究报告对经济项目建设的必要性、可行性持肯定、否定两种态度，分析得失、利弊，提供两种建议，供企业决策者选择。

四、经济项目可行性研究的内容、步骤和方法

（一）经济项目可行性研究的内容

经济项目可行性研究的内容主要有：经济项目的性质、目的、条件，投入的必要性、合理性，经济效益、社会效益，潜在问题等。国家计委曾在1983年颁发了《关于建设项目进行可行性研究的试行管理办法》，其中规定工业项目可行性研究一般要包括的内容有：总论，要求预测和拟建规模，资源、原材料、燃料及公用设施情况，建厂条件和厂址方案，设计方案，环境保护，企业组织、劳动定员和人员培训，实施进度的建议，投资估算和资金筹措，社会及经济效果评价等。企业或其他行业可根据自己的实际情况规定其可行性研究内容。

（二）经济项目可行性研究的步骤

1．最初筹划

这一阶段要了解项目提出的背景，确定目标和意图，搜集研究依据，探讨项目的范围、界限，明确内容，制订研究计划。

2．调查研究

这一阶段要进行实地调查，搜集相关数据、资料、信息，进行技术研究工作，对每一项调查情况都应该做出评价。

3．优化和选择方案

这一阶段非常重要。主要是对调查研究阶段进行整合，认真讨论，设计出多种可行性方案，并对方案进行优化、比较、分析，从中选择最佳方案。

4．详细研究

这一阶段主要是运用各种科学的研究方法，对所筛选出来的方案进行进一步的深入、细致的研究、分析、核查，确定项目的范围、投资、经营费用和收入，并对项目的经济、财务情况作一个总体评价。这一阶段的工作核心是说明该项目所选择的方案在设计和施工等方面是切实可行的或者是不可操作的，在经济、财务方面是有利的或者是无利的。此外，还要进行敏感性分析，分析出建设工期、成本、价格、销售量等不确定因素变化时对企业效益的影响。

5．拟写报告书

拟写并提交定稿的经济项目可行性研究报告。

（三）经济项目可行性研究的方法

经济项目可行性研究所采用的分析方法和市场活动分析所采用的方法基本一致，主要有：比较分析法、因素分析法、动态分析法。

五、经济项目可行性研究报告的写作方法

（一）经济项目可行性研究报告的写作格式

经济项目可行性研究报告主要由标题、首部、前言、主体、报告单位（报告人）和日期构成。

1．标题

标题一般用公文标题的写法。一般包括单位名称、经营项目和文种，有时只包括经营

项目和文种。例如《关于国家电力公司山东与华北电网联网工程可行性研究报告》、《呼和浩特绿色环保电站建设项目可行性研究报告》。

2．首部

首部包括项目名称、项目主办单位和负责人、可行性研究工作单位和负责人、参加人员、目录等。

3．前言

前言包括项目提出的背景、依据、条件、目的、意义及必要性；研究的范围、方法、依据及可信度等内容。

4．主体

主体安排的方式主要有条目式、提要式、论文式或专著式。条目式又被称为标题式，这是国内经常采用的一种可行性研究报告的编写方式，适合于内容较少的中小型项目的可行性研究报告。主要是将内容用小标题的方式加以编排，一级一级的标题形成条目式。提要式适合于内容繁多的大型项目的可行性研究报告，是国际比较通行的一种格式。主要是将各项结论性意见摘要出来，概括为只有结论，没有分析的简要报告。详细、具体的各项结论的分析以附件形式置于文后。论文式或专著式以篇、章、节、目组织内容，结构庞大，内容繁多，分析具有深广度，强调论证过程和文章的系统性。适用于决策具有相当难度的大中型可行性研究报告。

主体的内容一般包括基本情况、项目规模和发展规划分析、技术研究、资金来源分析、经济效益分析、社会效益分析、结论、附件。这一部分应该能够反映经济项目可行性研究的内容。对项目的前景、建设条件、实施方案等要做定性分析，对经济数据、财务状况等要做定量分析，对市场需求、生产能力、产品价格、主要原料、动力价格、建设工期、贷款利率等可变化因素要做不确定性分析。结论部分要对项目的被选方案进行评价、对比、选优，确定最佳方案，做出肯定或否定的判断。附件主要是可行性研究所涉及的重要资料、数据，可采用附图、附表的形式，以备查考。

5．落款

一般署上报告单位（报告人）和日期。也可以没有落款。

（二）经济项目可行性研究报告的写作要求

1．结构严谨

经济项目可行性研究报告的结构要层次清楚，严谨周密。结构是为内容服务的，国家对该报告的内容、格式做出明确规定，实际上也对结构做出了严格的要求。系统、行业或企业根据自身特点，一般也会对经济项目可行性研究报告的内容、格式做出要求。在该报告中各层次、各方面都要求清清楚楚，一目了然。先写哪一部分，后写哪一部分，一般都是固定的，而且要求不枝不蔓。严谨的结构，实际上是报告研究、分析、论证严谨的表现。

2．材料充分

要写好一篇经济项目可行性研究报告，必须充分占有资料。因为全面、客观的资料能够保证分析的正确性、评估的公正性，直接关系到项目投资的经济效益、社会效益的好坏。因而也是可行性研究报告质量的保证。

3．事理结合

经济项目可行性研究报告中有大量的资料、数据，还有精当的议论、评价。这两方面应该有机结合在一起。只有资料、数据，没有议论、评价，该报告就失去了意义；只有议论、评价，没有资料、数据，该报告就丧失了说服力。资料、数据是议论、评价的基础，议论、评价是资料、数据的概括、结论。

4．多拟预案

经济项目可行性研究报告主要通过给企业决策层提供预案发挥其作用。好的预案是深思熟虑的结果，更是反复选优的结果。在可行性研究阶段，报告撰写者必须多拟预案，以其最终能够汇总、选择最佳方案。

例文：

双层无立柱塑料大棚项目可行性研究报告

项目开发单位：××省××地区××公司

项目单位电话：××××——××××××××

邮编：××××××

目　　录

第一章　总论
第二章　市场预测
第三章　项目建设的条件
第四章　工程进度与劳动定员
第五章　产品成本分析
第六章　财务评价

第一章　总　　论

1.1　项目名称：双层无立柱塑料大棚生产线

1.2　项目研制开发单位：××公司

1.3　项目技术水平

农用塑料大棚主要用于蔬菜栽培、园艺育苗、畜牧饲养、水产品养殖等方面。随着世界人口的不断增长，耕地面积日益减少，自然资源的日渐枯竭，利用大棚覆盖技术来改善农业生产环境，进行水果、蔬菜、食用菌及养殖业的反季节生产，提高作物产量，已成为农业增产增收，发展区域经济的必然趋势。

目前，我国塑料大棚的发展规模及档次，与发达国家相比，存在着极大的差距，现在的塑料大棚主要有钢管类（或钢管喷塑、钢管防腐处理）、水泥类、竹林结构类、塑料大棚骨架设计只覆盖一层塑料薄膜；并且大棚中需立数个不等的立柱来支撑大棚骨架，不利于进行机械操作；再者是大棚整体不易拆卸，给来年的大田作业带来诸多不便，骨架长年暴露在田内，使其寿命大大缩短。

××公司在充分了解掌握国内外，塑料大棚现状及趋势基础上，结合我国国情，依据多年从事农业大棚生产和相关产品设计开发经验，成功地研制发明"双层无立柱塑料大棚"骨架，并获两项国家专利：ZL98206965.0和ZL98249800.4。采用这两项专利技术生产的"双层无立塑料大棚"，国内独家首创，与普通的单层大棚相比具有诸多突出优点，为用户的增产增收提供了可靠保障。

1.4 双层无立柱塑料大棚的特点

1.4.1 高保温效果

双层塑料薄膜覆盖，内层与外层覆盖膜中间形成12cm空气保温层，利用滞凝空气隔热原理，使棚内温度比单层覆膜提高5℃以上。有利于棚内作物的高产和提前上市。对越冬需要高保温的养殖业或高档精细蔬菜种植采用该项目专利技术，内层制成双层并可充分单元充气，从而进一步提高保温效果，达到养殖或高档蔬菜种植的要求。

1.4.2 有利于机械化作业

大棚内无立柱，有利于实现机械化和自动化操作，并且安装和拆卸方便，有利于大田作业，还可延长骨架使用寿命。

1.4.3 使用寿命长

大棚骨架采用UPVC为主要原料，经科学配方加工而成，它具有重量轻、强度高、韧性好、抗老化、耐腐蚀、使用寿命8～10年。

1.4.4 有利于发挥功能膜作用

双层无立柱塑料大棚与单层棚膜相比还具有突出的优越性：一是可将昂贵的功能性助剂（防雾滴、耐老化、增温、转光等）使用在合理层次中，减少了助剂用量，降低生产成本；二是由于功能助剂使用在不同层次中减少了相互间的干扰，可充分发挥助剂的性能；三是防雾滴剂使用在内层不但可有效防止棚膜吸灰，影响透光率，还可提高防雾滴性能使用时间，从而达到显著的增收效果。

1.4.5 骨架生产连续、稳定、可靠

骨架生产是由农丰公司设计生产的生产线加工而成，可连续、稳定生产、可靠筒强，批量大，生产成本低。可满足批量规模种植养殖区域对双层无立塑料大棚的要求。

第二章 市 场 预 测

随着改革开放的深入发展，人民群众的生活水平不断提高。党中央、国务院及各级地方政府非常重视菜篮子工程。广大农民种植精细蔬菜、水果、水产养殖在稳定市场、平抑物价、保障供应方面做出了很大贡献。塑料大棚的应用日益扩大，长江流域以北方地区尤为突出，公路、铁路沿线塑料大棚温室随处可见，并且越来越多，对塑料大棚的要求也越来越高，需求量越来越大，从农业部对塑料棚膜统计可看出，在1987年棚膜覆盖面积为115万亩，1995年400万亩，2000年将突破500万亩。我国目前塑料大棚的正常需求量每市、县至少要在600～800个以上（按每个大棚占地面积为400m^2），才能基本满足本地

的市场需求。而目前我国的塑料大棚平均每市、县还不足300个,远远满足不了需要。许多市、县今、明两年把发展塑料大棚作为重点考核工作,下大功夫发展塑料大棚。"今后15~20年,我国农村将发生巨大变化,将走向一条农业综合开发,乡镇企业发展和小城镇建设三位一体的农村经济全面发展的道路"。农业将不断提高生产率,为此对农用塑料大棚从数量、质量、功能等方面将提出更高的要求。双层无立柱塑料大棚具有许多突出优点,它的推广应用可充分利用资源,有效提高种植、养殖业产量,使农民增产增收,是推动农业技术进步的重大举措之一。

第三章 项目建设的条件

3.1 主要设备与辅助设备

本项目所需设备全部由××公司提供,该公司负责设备安装、调试、技术培训。达到大棚骨架的连续、稳定生产;并且指导大棚安装施工,生产出标准双层无立柱塑料大棚。

设备配置:

(1) 65型挤出机;(2) 高速捏合机;(3) 冷却定型装置;(4) 牵引辅机;(5) 气动切割工作台;(6) 翻转托料台。

3.2 生产工艺流程

全部生产工艺参数、配方、由××公司负责提供。

原料配制——高速捏全——挤出成型——冷却定型——牵引——自动切割——骨架成型——质量检验——骨架成品入库——骨架安装——内层扣膜——外层扣膜——封边、装门——双层无立柱塑料大棚成形。

3.3 原料与辅助材料

项目所用主要原料为聚氯乙烯树脂配合使用改性剂、稳定剂、抗氧剂、紫外线吸收剂等。我国均能大批量生产、质量稳定可靠,供应充足。

3.4 环境保护

本项目在生产过程中,无三废排放,边角料可再生利用,冷却用不循环使用,无噪声污染,符合国家环保要求。

3.5 基建与能源

本项目一条生产线所需厂房面积200m²,年产量300t。两条生产线所需厂房面积300m²,年产量600t。其中包括原料仓库、成品仓库、生产车间及办公室。

本项目一条生产线设备所需总装容量40kV·A(40kW),两条生产线所需总装容量80kV·A(80kW)。

第四章 工程进度与劳动定员

4.1 工程进度

(1) 基建工程1个月。

(2) 设备安装调试到稳定批量生产,并培训出较为熟练的操作工,塑料大棚安装人员,共需1个月。

合计 2 个月，如果现有厂房，一个月内可完成上述工作。

4.2 劳动定员（一条生产线）

（1）骨架生产线操作人员 6 人（三班生产）；

（2）检验、维修、车间管理 3 人；

（3）销售及厂部管理人员 3 人。

合计：12 人。

第五章 产品成本分析

5.1 单位产品成本：元/t

（1）原料 6000 元；

（2）能耗 400 元；

（3）工资与附加费 240 元；

（4）车间经费（企管费、设备折旧）100 元；

（5）工厂成本 6740 元；

（6）经销费用 100 元；

（7）销售成本 6840 元。

固定成本：(3)+(4)=340 元　可变成本：(1)+(2)+(6)=6500 元

5.2 产品成本估算的依据

（1）产品能耗参照现有企业消耗定额及同类厂家的统计加数平均。

（2）全部员工工资及附加费按每人每月 500 元计算，全年 7.2 万元。

注：原料按 1999 年元月市场价计算。

5.3 产品利税分析

大棚骨架每 1t 售价 9000 元，300t 年产值 270 万元。

税金估算：$(9000-6840)\times 17\% = 367.2$ 元

利润估算：$9000-6840-367.2 = 1792.8$ 元

年产 300t 税金为：11 万元

年产 300t 利润为：53.78 万元

一条生产线年产塑料大棚骨架 300t，可制作大棚约 750 个（大棚面积按 400m^2 计算，长 50m×宽 8m×高 3m），每个大棚需用骨架 400kg。

第六章 财务评价

6.1 项目投资（按一条生产线计算）

（1）设备、工艺、技术转让费共计 28 万元。

（2）基建 200m^2（现有厂房可节省）6 万元。

（3）增容 40kV·A，按 500 元每 kV·A 计算 2 万元。

总投资 36 万元。

6.2 年税利

(1) 年利润 53.78 万元，年税金 11 万元。

(2) 年销售额 270 万元。

6.3 投入产出比：××

6.4 投资利润率：××

6.5 投资利税率：××

6.6 投资回收期：××

6.7 不确定分析

根据正常年产品的产量、产品的固定成本、可变成本、产品的售价增值率计算盈亏平衡点。

从产品可能达到的生产能力测算盈亏平衡点。

计算表明生产能力达到生产能力的 16%。即每月生产 4.8t，可达到盈亏平衡。

从销售存格测算盈亏平衡点。

销售价格变化率：××

销售价格下降到 7029 元/t，企业不赔不赚。

从生产能力与销售价格为依据评价企业有较好的抗风险能力。

结论：双层无立柱塑料大棚项目总投资 36 万元，年销售收入 270 万元，税金 11 万元，利润 53.78 万元，投入产出比 1∶7∶5。并且具有突出的社会效益，可使农民增产增收，丰富城镇居民的菜篮子、投资少、建设期短、经济效益好，抗风险能力强。

这篇经济项目可行性研究报告的主体部分采用了条目式，层次清楚。全文从标题、首部一直到结论，结构严谨。文中事理结合，材料翔实，数据精确，结论明确。

第五节 招标书与投标书

一、招标书与投标书的含义和作用

招标和投标是现代企业经营管理的一种重要手段，是现代贸易成交活动中一种重要方式。本着公平竞争的原则，国家对此十分重视。1980 年 10 月《国务院关于开展和保护社会主义竞争的暂行规定》中明确指出："对于一些适宜承包的生产建设项目和经营项目，可以试行招标、投标的办法。"如今招标、投标发展迅猛，几乎遍及国内外经济活动的各个领域。招标书、投标书是招标、投标活动中一个重要的环节，要招标、投标，就要写招标书、投标书。

招标书与投标书合称标书。招标书又称招标公告，是招标人为了征召承包者或合作者而对招标的有关事项、要求做出具体说明和揭示，利用投标人之间的竞争而达到优选投标人的一种告知性文书。投标书是对招标要约的承诺文书，是投标人为了中标根据招标人的要求具体向招标人提出签订合同的建议而提供给招标人的备选方案。

招标书、投标书在现代经济活动中作用很大，主要体现在：

（一）招标书与投标书是现代贸易活动中的重要文书，是企业招标投标的前提和依据，

是招标者和中标者签订合同的依据

招标书与投标书是确认招标人和投标人进行招标、投标活动的凭证和依据。它们能清晰地表明招标人、投标人的关系,为双方日后签订合同奠定了基础。

(二) 为企业确保产品或工程质量、降低成本、提高经济效益提供了保障

招标书与投标书能促进经济活动中的公平竞争,有利于招标人在多位投标人中选择条件最优,报价最低的一方进行合作,从而保质增效。

二、招标书与投标书的特点

(一) 目的性

招标书、投标书的目的性十分明确。企业公布招标书,目的是吸引投标人前来投标,并告知投标人投标的方向;投标人递交投标书,目的是能够中标。

(二) 具体性

招标书、投标书的内容十分具体,所涉及的项目的名称、数量、质量要求、方法步骤、规定要求、地点期限等内容都十分具体、明确。这是招标、投标的需要。

(三) 真实性

招标书、投标书中所涉及的有关内容、数据、信息都应该是真实的,这样才能为下一步工作奠定良好的合作基础。公布招标书的企业是确有项目需要招标,填写投标书的企业是确有投标的意图。

(四) 手段性

招标书、投标书只是现代经济活动中的一个手段,只作为企业招标投标的前提和依据,以及招标者和中标者签订合同的依据。它们不是招标、投标的目的。

三、招标书与投标书的类型

(一) 招标书的类型

招标书的种类可以从招标的范围、招标的方式等角度进行划分,从招标内容的角度划分,主要有以下几种类型:建设工程项目招标、经营项目招标、劳务招标、科技开发招标等。

(二) 投标书的类型

投标书的种类可以从投标的范围、投标的方式等角度进行划分,从投标内容的角度划分,主要有以下几种类型:建设工程项目投标、经营项目投标、劳务投标、科技开发投标等。

四、招标投标的步骤

招标人公示招标书之后,投标人就会前来投标,具体步骤如下:

(一) 招标单位发布招标公告

招标单位在明确标的,完成标底的编制之后,就要拟写招标文件(邀请招标通知、投标书、投标企业资格审查表、投标须知、投标章程、投标项目说明书等),发布招标公告。

(二) 投标单位购买招标文件与投标

获得投标资格的企业在招标单位公示之后,要购买招标文件,组织投标,投送投标

书。

（三）开标、评标、决标

首先，招标者在招标书规定的时间、地点，在公证机关、有关部门、投标企业的共同参与、监督下，进行开标、登记。其次，评选者以标底为依据进行评标、选标。最后，由公证员宣读公证书、确认中标者。

（四）中标，签订合同

通过招标者和中标者的再次协商之后，双方签订合同。

五、招标书与投标书的写作方法

（一）招标书的写作格式

招标书主要由标题、前言、主体、结尾构成。

1．标题

标题一般包括招标单位名称、招标项目和文种。一般有两种形式：第一种完全式，由单位名称、招标项目、文种构成，例如《××电力公司供热二期工程招标书》。第二种省略式，或省略单位名称，或省略招标项目。例如《××工程招标书》、《××电力公司基建处招标书》、《招标书》。

2．前言

前言一般包括招标单位的项目名称、招标根据、招标目的和招标范围。

3．主体

主体一般包括招标的项目、方法、步骤。一般还会注明注意事项和要求。

4．结尾

结尾一般包括招标单位的名称、地址、传真、电话，制发日期，法人及法人代表姓名，加盖的公章。

（二）投标书的写作格式

投标书主要由封面、主体构成。

1．封面

封面一般包括送标单位、投标项目名称、投标单位名称、法人代表姓名、送出时间。

2．主体

主体一般包括投标者情况简介、实施招标标的的主要内容的具体措施，愿意承诺的合同条款等。

（三）招标书、投标书的写作要求

1．标准明确

投标者根据招标书中公示的标准进行投标，所以招标书中公示的招标标准一定要明确。招标者根据投标书中提供的投标标准进行选标，所以投标书中提供的投标标准也一定要准确。否则会影响招标、投标工作的顺利进行。

2．数据精确

在招标书、投标书中，项目标准和条件往往通过数据来表现。数据一定要精确，否则会引发招标、投标双方的纠纷，影响项目的工程质量。

3．文字准确

招标书、投标书是招标、投标双方日后签订合同的依据，涉及的经济责任重大，所以文字一定要准确，歧义越少越好，以免出现漏洞，产生误解，引起争议。

4．表述严谨

招标书、投标书在写作时要力求简洁、具体。避免模糊语言，实事求是，集中扼要。

例文一：

××供电公司修建办公大楼的招标书

××供电公司经上级主管部门批准，拟修建办公大楼，从2000年3月3日起进行建筑招标。具体事宜告知如下：

1．工程名称：××供电公司办公大楼

2．建筑面积：××××平方米

3．施工地址：××市××街×号

4．设计及要求：见附件（略）

5．材料中钢材、木材、水泥由招标单位供应，其余由投标人自行解决。所需材料详见附表（略）

6．交工日期：2001年12月

凡愿投标的国营、集体建筑企业，只要有主管部门和开户行认可，具有相应的建筑施工能力者均可投标。

投标人可来函来人索取投标说明书、建设银行经济咨询表、投标单及其他材料。

投标人请将报价单、施工能力说明书、原材料来源说明书及上级主管部门的有关签证等密封投寄或派人直送我公司基建处招标办公室。

招标至2000年4月3日止（信寄以邮戳为准）。4月15日于我公司5号楼小会议室在××市公证处公证下启封开标。

招标联系人：×××

地址：××市××街××号

电话：×××××××

传真：×××××××

××供电公司基建处（公章）

二〇〇〇年二月十日

这份招标书要素齐全，格式规范。语言简明正确，表述严谨。

例文二：

投 标 书

××供电公司基建处：

在认真研究了贵公司修建办公大楼工程的全部招标文件（包括图纸），参加了招标技术说明与招标答疑，并考察了工程现场后，我公司（××市第三建筑工程公司）愿意以人民币××万元的总价，按招标文件的要求，承担该工程的全部施工任务。现我公司正式授权签字人×××（一级项目经理）、×××（一级项目经理）、×××（施工员），代表我公司向贵方提交投标函正本壹份、副本壹份。

本投标函由下列文件组成：（略）

我公司宣布并同意下列各点：

一、如果贵方接受我方投标，我方保证在接到工程师开工令后，在招标文件规定的期限内开工，在投标文件规定的××日历天内完成并交付合同规定的全部工程。该日期从招标文件规定的开工期限的最后一天算起。

二、如果贵方接受我方投标，我方将按照招标文件规定的金额，在合同签订后××日历天内提交履行合同保证金保函。

三、我方同意在从规定的递交投标函之日起××日历天内遵守本投标。在该期限期满之前，本投标书对我方始终有约束力，可随时被贵方所接受。

四、如果贵方接受我方投标并将中标通知书送达我方，在正式合同签订之前，本投标函与中标通知书应成为约束贵我双方的合同。

五、我方随同本投标函缴纳投标保证金人民币×万×仟×佰元整。如果我方在规定的递交投标函之日起××日历天内撤回投标函，或接到中标通知书后××日历天内因我方原因贵我双方未签订合同，或贵我双方合同签订后××日历天内我方未向贵方提交履行合同保证金保函，贵方有权没收这笔投标保证金。

六、我方理解，贵方不一定接受最低标价的投标或其他任何可能收到的投标；同时我方也理解，贵方不负担我方的任何投标费用。

七、有关本投标的所有正式通讯应致：

地址：××市××路××号

邮政编码：××××××

电话：×××××

传真：×××××

代表：×××、×××、×××

投标单位：××市第三建筑工程公司（盖章）

法人代表：×××（盖章）

投标日期：×年×月×日

这份投标书能针对招标书的要求有的放矢地进行投标，主体部分要素齐全，语言简明准确，格式规范。

第六节 意 向 书

一、意向书的含义和作用

意向书又称"草约"，是指双方或多方就某一项目的合作问题在实质性谈判之前，经过初步接触而形成的具有原则性、导向性意见的书面材料。

意向书在市场经济活动中使用十分广泛，尤其在对外贸易、招商引资、企业之间双方或多方联营、联建等活动中使用得越来越多。其作用主要表现在：意向书是双方或多方进行下一步实质性接触和谈判的依据，它有助于相关企业之间进行联系，有助于进一步发展合作关系，为进一步签订正式合同奠定基础。

二、意向书的特点

意向书的特点主要表现在：

（一）条款具有原则性

意向书的各项条款只是对一些重要问题做出原则性的确定。不重细节，不求具体，这样才能求同存异，在进一步接触时留下商谈、回旋的余地。

（二）目标具有导向性

意向书只是草签的表示某项合作意愿的文书，所以它不具备明确性，只具有导向性。具体表现在：文书中有初步统一的意图，大体一致的合作意向。

（三）行文具有友好性

意向书的行文一般都不拘泥死板，这是由意向书的原则性、导向性决定的。其目的主要要在文中营造一种友好的气氛，从而显示双方或多方进一步接触、商谈的可能性、积极性。

（四）作用具有临时性

意向书只是经过初步接触而形成的具有原则性、导向性意见的书面材料，它一般只在合作双方或多方初步接触、草签意向到签订正式的合同之时起作用。所以它的作用往往是临时的。

三、意向书的类型

意向书的具体分类因划分标准不同而不同。从合作双方或多方所承担的义务、享有的权益的角度来划分，主要有以下两种：

（一）双方意向书或多方意向书

这一类意向书又被称为"双方契约"或"多方契约"，它使签约双方或多方共同承担义务、享有权益。

（二）单方意向书

这一类意向书又被称为"单方契约"，它只使签约的一方独自承担某种义务。

四、意向书的写作方法

（一）意向书的写作格式

意向书主要由标题、前言、主体、结尾构成。

1. 标题

标题主要有三种：第一种是文种式标题，只写"意向书"即可。第二种是简明式标题，只包括合作项目和文种，例如《关于合作兴办矿泉水厂的意向书》。第三种是全称式标题，一般包括合作双方名称、合作项目、文种三项内容，例如《××热电公司和××房地产公司关于合作经营××度假村的意向书》。

2. 前言

前言又被称为"导语"，一般包括签订意向书的单位，指导思想、政策依据，总体目标。通常采用承上启下的惯用语导出正文，如"双方达成如下意向"、"兹订立意向书如下"、"经双方协商同意，确定如下……"等语。

3. 主体

主体一般以条款形式表述意向、条件、目标、措施。语言精简，各项条款之间界限分明，眉目清楚，内容不重复、交叉、疏漏。主体结束部分通常采用惯用语，比如："未尽事宜，在正式签订合同或协议书时予以补充"等语。

4. 结尾

结尾一般包括签订意向书的名称、代表姓名、日期。代表签名要手签。一般还要加上公司名称，公司名称上要加盖公章。

（二）意向书的写作要求

1. 考虑周密

虽然意向书是临时性的文件，只表达初步的合作意向，但它对日后合作双方或多方签订合同具有导向作用，所以在拟写时要考虑周密，在文中要避免使用肯定语句，承诺要得当，为日后签订合同留有回旋余地。同时，意向书既要有说明原则性的条款，又要有对双方义务、权利进行详细说明的条款。两者不可偏废。在文中可不涉及我方对项目中关键问题的要求，对需要上级或其他部门才能解决的问题也不要写入文中。

2. 用词准确

意向书的用词要准确，表述要精确，要避免文中出现歧义，以免给日后的接触和签订合同带来麻烦。

例文：

合作经营塑料制品意向书

上海市××公司

上海市××华侨实业有限公司

香港××实业公司

上海市××公司（以下简称甲方），上海市××华侨实业有限公司（以下简称乙方），香港××实业公司（以下简称丙方），三方根据《中华人民共和国中外合资经营企业法》和中国的其他有关法规，本着平等互利的原则，通过友好协商，一致同意在上海市××县共同投资兴办合资企业，生产销售塑料制品。三方达成如下意向：

一、合资企业的名称为"上海××实业有限责任公司",厂址拟定在上海市××县××乡卫星城内。

二、生产经营的目的、范围和规模:

1．合资三方经营的目的:加强经济合作,利用国际先进设备和技术,扩大对外贸易,使合资者获得满意的经济利益。

2．合资企业经营的范围是从事各种塑料制品的生产和销售。

3．合资企业生产规模为年产660t塑料制品。项目达到生产能力后,年产值可达120万美元,折合450万元人民币。年利润18万美元,折合67.5万元人民币。

三、投资金额及分成比例:

合资企业由三方投资兴建。建厂总投资为35万美元,流动资金为20万美元。投资的比例甲方占60%,乙方占12.5%,丙方占27.5%。

按投资比例分享利润和分担风险及亏损。

四、原料和产品销售:

每年660t高、低压聚乙烯主要靠进口,由丙方负责采购。考虑到外汇平衡,合资企业可购买一部分国产高压聚乙烯,由甲、乙二方负责采购。产品外销70%,内销30%。外销、内销均提取销售额的2.5%为手续费。

五、生产设备、技术和质量:

合资三方一致同意,委托丙方提供从中国境外购买合资企业所需的主要生产设备、交通运输工具、设备部件和备件,以及提供合资企业所需的设计、指导安装、试车、正常生产操作、工艺条件、产品质量标准、检测方法和设备维修等技术资料。设备应是先进的,质量要可靠,价格要为国外的优惠价。考虑到外汇平衡,部分设备如再生造粒机、啤机、空压机、拌料机、印刷通风以及设备安装力量由国内解决。

六、生产场地和厂房租赁:

按照合资企业的生产规模、设备布局等实际需要,由甲方提供生产场地和厂房租赁。厂房1000m^2,每平方米每月3.5元租金。生产场地2500m^2,每平方米每月0.90元租金。租赁的厂房和生产场地只有使用权没有所有权。

七、合资企业的期限为15年。

八、筹建和建设:

合资企业三方抽调力量成立建厂筹备组。筹备组由5人组成:甲、乙、丙分别委派3名、1名、1名,负责经营生产前的全部工作。筹备费列入投资。筹备组在工厂经营生产之日起办理移交手续。

九、合资企业组织机构采用董事会领导制,具体协议另订。

十、为加快合资企业建成,委托上海市××县对外经济贸易公司承办可行性调查、议定合同书、协议书,项目审批,办理进出口手续等工作。

十一、本意向书一式十八份,分送有关部门及三方自留。

甲方:上海市××工业公司　　　　　　　　　　代表:(签字)

乙方:上海市××华侨实业有限公司　　　　　　代表:(签字)

丙方：香港××实业公司　　　　　　　　代表：（签字）
　　　　　　　　　　　　　　　　　　　××××年×月×日

这份意向书前言、主体部分的内容较为完备，合作意向明确，合作态度友好，书写规范，考虑周密，用词准确。

第七节　经济合同书

一、经济合同书的含义和作用

经济合同书是双方或多方当事人为了实现共同的经济目的，经过共同协商确定双方的权利、义务之后签订的一种具有经济关系、法律意义的书面协议。

《中华人民共和国合同法》第二条规定："本法所称合同是平等主体的自然人、法人、其他组织之间设立、变更、终止民事权利义务关系的协议。"随着我国市场经济活动的深入发展，经济合同书使用的范围越来越大，其作用也越来越大。它能够使签订合同的双方或多方互相协作、共同发展。但其作用主要体现在：它是维护合同当事人的合法权益和明确当事人的权利、义务的重要依据。

二、经济合同书的特点

（一）合法性

经济合同书是当事人双方或多方的法律行为，其合法性首先表现在合同的内容要符合《中华人民共和国合同法》。其次，签订经济合同书的双方或多方至少有一方应该是法人。

（二）一致性

经济合同书的签订应该立足于当事人双方或多方共同一致的经济利益，合同签订的过程也是双方或多方协商之后达成共识的过程。当事人双方或多方的目标、经济利益以及所要承担的风险应该是一致的。

（三）平等性

当事人双方或多方是在自愿的基础之上签订经济合同书的，他们在法律上地位平等，他们也只有在平等的基础之上才能确立真正的合同关系。他们彼此协商之后签订合同，根据合同平等地承担义务、风险，享有权益。所以合同中的条款对双方或多方而言都应该是平等的。

（四）严肃性

依法签订的经济合同书对当事人双方或多方都具有法律约束能力，所以拟写合同是一件十分严肃的事情。它必须以国家的法律为准则，考虑要周密，拟写时态度要认真、严肃，条款内容要明确，措辞要严谨。

三、经济合同书的类型

经济合同书因分类标准不同而有不同的类型。《中华人民共和国经济合同法》曾从内容上把其分为购销合同（包括供应、采购、预购、购销结合及协作、调剂等合同）、建设工程承包合同（包括勘察、设计、建筑、安装）、加工承揽合同、货物运输合同、供用电合同、仓储保管合同、财产租赁合同、借款合同、财产保险合同以及其他经济合同（包括科研、试制、成果推广、技术转让、技术咨询服务等）。从合同的有效期限可把其分为长期合同（有效期在一年以上）、短期合同（有效期在一年以下）。从合同的书面形式可以将其划分为条文式、表格式合同，等等。

四、经济合同书的写作方法

（一）经济合同书的写作格式

经济合同主要由开头、前言、主体、结尾构成。

1. 开头

开头部分由标题和合同当事人名称或姓名组成。标题中最关键的因素是合同的性质。例如《合作经营煤渣砖厂合同》、《技术转让合同》、《厂房租赁合同》等。合同当事人名称或姓名是指具有法人资格的签订合同的双方或多方的单位名称以及代表的姓名，可分别用甲方、乙方、丙方……代替。购销合同要称之为"供方"或"卖方"，"需方"或"买方"。

2. 前言

前言一般包括签订合同的目的或签订合同的依据。一般采用一些惯用语，例如用"经双方协商签订本合同，共同遵守以下条款"，或者"根据《××××》文件及有关实施条件，经双方协商一致，签订合同如下"，或者"为了……"，或者"鉴于……"等引出主体条款。

3. 主体

主体多采用条文法。包括主要条款、其他条款。

主要条款一般包括这样一些内容：

（1）标的

这是指签订合同双方或多方权利、义务共同指向的对象。比如工程项目、商品、货币、劳务、科研成果等。标的一定要明确。这部分内容也可采用表格式。

（2）数量和质量

这是标的的量化和具体化。数量要精确，计量单位要清楚。工程、产品及其他内在质量要求要明确，所采用的国际标准、国内标准或省部级标准应当注明，或者要明确签订合同双方或多方经过协商而定下来的标准以及检验方法。这部分内容也可采用表格式。

（3）价款和酬金

这是标的的代价。价款是指取得对方商品而支付的代价。酬金是指获得对方的劳务或智力成果所支付的代价。价款和酬金可以统称为"价金"。价金的数额要明确，必要时还应该列出计算公式，明确计算标准，规定支付方式。这部分内容也可采用表格式。

（4）履行期限、地点和方式

履行的期限是指交付标的和支付价金的时间，也就是一方当事人要求对方当事人履行义务的时间界限。日期采用公元纪年，具体到年月日。对方当事人履行义务超过期限就可以称之为违约。所以履行期限要明确。履行地点和方式涉及供方送货、需方自提或委托交通运输部门托运等细节,也要注明。

(5) 违约条款

违约条款又称为"罚则",也就是对不按合同规定履行义务的制裁措施。一般制裁方式是由违约方支付违约金、赔偿金。《中华人民共和国经济合同法》规定:违约金、赔偿金,企业应从企业基金、利润留成或盈亏包干分成中开支,不得计入成本;行政、事业单位应从预算包干的节余经费中开支。违约条款应该具体。

其他条款是指根据法律规定必须具备的条款和当事人一方提出而对方同意的特殊要求等。主要有:标的包装方法、标的的运输方式、标的的保管验收、标的的汇算方式、环保条款等等。合同的具体内容不同,其他条款的内容也就不同。

4．结尾

结尾一般包括合同的份数、有效期限和文本保存、落款。落款中当事人双方或多方的全称要加盖公章,代表姓名要求手签,同时要注明各方当事人开户银行及账号、签证机关或监督机关审证意见及其签字盖章、合同的签订日期等。

(二) 经济合同书的写作要求

1．目的明确

经济合同书的目的对签订合同的当事人双方或多方都十分重要,这是双方平等享有权益的根本之所在。目的明确了,双方或多方在承担义务、风险时就不会产生歧义。同时,在制定条款时也有了一个明确的导向。

2．考虑周详

经济合同书事关签订合同当事人双方或多方所享有的经济利益,承担的义务、风险和相应的法律责任,所以在拟写时要考虑其合法性、一致性、平等性、严肃性。考虑得越周详,签订合同的双方或多方在日后的纠纷就越少,也就越有利于当事人相互合作。

3．条款明确

经济合同书的条款有其合法性,能制约签订合同双方或多方的经济行动。条款越明确,当事人所享有的权益,所承担的义务、风险就越明确。

4．措辞严谨

经济合同书采用的语言要反复推敲,力求严谨。这样才能保证文中不发生歧义,避免签约双方或多方日后发生纠纷。

例文一(条文式合同):

科 技 协 作 合 同

科研单位:_____ (甲方)　　代表人_____
委托单位:_____ (乙方)　　代表人_____

经平等协商,签订本科技协作合同如下,双方共同履行合同条款。

1．乙方委托甲方研究的项目名称和主要内容:……

2．研究成果的技术经济要求:……

3．项目的试验方法、试验技术和工艺流程：……

4．项目的研究期限和进度：……

5．双方协作方式：……

6．经费和物资概算：……

7．酬金及付款方式：……

8．研究成果转让时间、地点和转让方式：……

9．违约责任：……

10．其他条款：……

11．本合同一式四份，甲、乙方及鉴证机关各执一份，送市科委一份。

12．本合同经双方签字盖章及鉴证机关盖章后生效。在甲、乙双方转让成果并结清费用后失效。

科研单位_____（甲方）盖章

代表人_____盖章（签字）

委托单位_____（乙方）盖章

代表人_____盖章（签字）

鉴证机关_____盖章

鉴证人_____盖章（签字）

××××年×月×日

这是一份规范的条文式经济合同书的样式，所列内容详尽、完备。

例文二（表格式）：

加 工 定 做 合 同

定做方：_____ 合同编号：×××××××

承做方：_____ 签订地点：×××××××

一、品名或项目、规格型号、数量、单价、金额、交货期限

签订时间：　　年　月　日

定做物品名或项目	规格型号	计量单位	数量	价款或酬金		交货数量及交货期限				
				单价	总金额	合计				

合计人民币金额（大写）

（注：空格如不够用，可以另接。）

二、定做方带料

材料名称	规格型号	计量单位	数量	质量	提供日期	消耗定额	单价	总金额

（注：空格如不够用，可以另接。）

三、质量要求、技术标准

四、承做方对质量负责的条件及期限

五、技术资料、图纸提供办法及保密要求

六、验收标准、方法和期限

七、包装要求及费用负担

八、交（提）货方式及地点

九、交付定金预付款数额及时间

十、结算方式及期限

十一、违约责任

十二、如需提供担保，另立合同担保书，作为本合同附件

十三、解决合同纠纷的方式

十四、双方协商的其他条款

定做方	承做方	鉴（公）证意见
单位名称（章）：	单位名称（章）：	
单位地址：	单位地址：	
法定代表人：	法定代表人：	
委托代理人：	委托代理人：	经办人：
电话：	电话：	鉴（公）证机关（章）
传真：	传真：	年　月　日
开户银行：	开户银行：	（注：除国家另有规定外，鉴（公）证实行自愿原则。）
账号：	账号：	
邮政编码：	邮政编码：	

　　　　　　　　　　　　　　　　　　　　有效期限：　年　月　日至　年　月　日

　　　　　　　　　　　　　　　　　　　　监制部门：　　　　　　印制单位：

这是一份规范的表格式经济合同书的样式，设计细致，内容设置齐全。

第八节　产　品　说　明　书

产品在投放市场时，要尽可能使消费者了解产品。这是企业指导消费，争取市场份额很重要的一个环节。消费者可以从广告及其他渠道了解产品，但是全面了解产品的各个方面，还要依靠产品说明书。

一、产品说明书的含义和作用

产品说明书是生产部门向消费者说明、介绍产品的书面材料。主要对产品的成分、性能、功用、构造、使用、保养等方面的情况加以介绍。

产品说明书是产品出售时不可缺少的书面材料。它的作用主要表现在：

（一）产品说明书有利于消费者了解产品的性能、使用方法、保管保养方法

当今社会，产品更新换代的速度非常快。一方面，旧产品不断推陈出新，使产品的型号不断翻新；另一方面，新产品不断被发明创造出来。很多时候，消费者不仔细阅读产品说明书，就不知道怎样使用产品，甚至还会造成误操作，致使消费者毁坏产品或者遭遇意外。而产品说明书用科学、严谨、客观、简朴的语言描述产品的成分、性能、功用、构造，详细介绍产品的使用方法和保管保养方法，使消费者充分了解产品，进而安全、正确地使用产品。

（二）能激发消费者的购买欲望，扩大产品销售

产品说明书中对产品新功能的介绍，或者对新产品的性能、功效等方面的介绍能够激发消费者的好奇心，或者能和消费者的需要相吻合，从而使消费者产生购买欲望，使产品得以畅销。

二、产品说明书的特点

（一）说明性

这是产品说明书最重要的特点。产品说明书为消费者提供的是解说服务，就像给消费者出示了一份介绍信，所以它在表达方式上主要以说明为主。它应该用明确、简朴的语言写明产品"是什么"、"怎么样"，以便消费者知道"怎么做"。

（二）知识性

因为产品说明书要对产品的成分、性能、功用、构造、使用、保养等方面的情况加以介绍，所以它的知识性很强。不同行业的产品就有不同的专业知识，比如电力产品、电子产品、网络产品、医学用品等都有自身的专业特点，在拟写产品说明书时就应该掌握相应的专业知识。从另一个角度来说，产品说明书传输给消费者的正是各种各样的产品在成分、性能、功用、使用、保养等方面的知识。

（三）功能性

产品说明书是一种功能性很强的应用文。它的写作目的就是为了供消费者阅读，帮助消费者了解产品、使用产品，进而指导该产品的消费。它是产品实现其使用价值的一个重要的手段。

（四）多样性

产品说明书使用十分广泛，从属于不同行业的企业生产的产品都有其产品说明书，所以它的内容是多方面的。同时，产品说明书在形式上也是多样的。可以是条款式的，可以是概述式的，可以是图表式的，也可以是综合式的。载体也可以是多样的。专用纸、包装盒、书册、电子光盘都可以印制或刻录说明书。

三、产品说明书的类型

产品说明书因分类标准不同而有不同的类型。从写作形式来划分，可将其划分为条款

式、概述式、图表式、综合式。从写作内容来划分，可将其划分为电力产品说明书、电子产品说明书、医药产品说明书、化工产品说明书、运输产品说明书等等。从载体来划分，可将其划分为专用说明书、包装盒说明书、手册说明书、电子光盘说明书等。

四、产品说明书的写作方法

(一) 产品说明书的写作格式

产品说明书主要由标题、主体、落款构成。

1．标题

标题有全称式、省略式。全称式一般包括品牌名、产品名、说明内容、文种。例如《海尔冰箱使用说明书》。省略式的写法比较灵活。可以省略品牌名，例如《工业锅炉安装说明》；可以保留说明内容和文种，例如《使用说明书》；可以只保留文种，例如《说明书》；可以只保留产品名，例如《鼻咽清毒颗粒》。

2．主体

主体一般包括产品性能、特点、功效、材料成分、最新技术、使用方法、保养、规格指标等内容。在形式上一般可采用如下几种写法：

(1) 条款式

这种写法是将主体中的各项内容逐项逐条加以说明，一目了然，便于读者阅读和理解。

(2) 概述式

这种写法是将主体中的各项内容用简短、明快的文字作概要式的说明，言简意赅，篇幅不长。

(3) 图表式

这种写法是将主体中各项内容用画图或者用表格的形式加以说明。直观性强，清楚易懂。

(4) 综合式

有的产品说明书需要包容的内容比较多，往往既用概述式、又用条款式、图表式加以说明，目的是使消费者能够更好地、更多地了解产品。这种写法就叫综合式。

3．落款

一般写明生产单位或经销单位名称、地址、电话、传真、邮政编码、联系人等内容，以便消费者联系。

(二) 产品说明书的写作要求

1．突出重点

一种产品涉及的内容是多方面的，产品说明书的写作者应该站在消费者的立场，将消费者最想了解的有关内容着重加以说明、介绍，以便消费者尽快打消心中疑虑，了解产品。

2．实事求是

产品说明书是消费者了解产品的重要渠道，直接引导消费者认识产品、使用产品、保养产品，所以一定要客观介绍，实事求是。任何夸大其词、不负责任的语言都会使消费者蒙受损失，也会使产品生产厂家或企业蒙受信誉上的损失，不利于产品市场的进一步开拓。

3．表述准确

产品说明书是实用性很强的一种应用文，它的主要目的就是要指导消费者去掌握一种产品的使用方法。文中有关产品性能、特点、功效、材料成分、最新技术、使用方法、保养、规格指标等内容一定会涉及具体的数据、材料，产品说明书在这些内容的表述上一定要做到准确。模棱两可的语言只会对消费者进行误导，从而影响消费者对产品的正确了解、使用和保养。

4．语言通俗

产品面临的消费者是各种各样的，他们的购买能力、购买心理、审美趣味，尤其是文化水平都不可能一样，所以产品说明书的语言一定要通俗易懂，用最简单、最常见的文字把产品的各项内容说清楚，只有这样才能保证和消费者进行良好的沟通。

例文：

WCS-Ⅰ型微机测速装置说明书

一、概述

WCS-Ⅰ型微机测速装置以800196单片机为核心，可同时以电气信号（发电机PT或永磁机电压）和机械信号（光电编码器）为测量依据，从而实现了以两种不同原理测量发电机的转速，也可选择只接其中一路。

WCS-Ⅰ型微机测速装置使用了光电编码直接测量发电机的机械转速，不受发电机残压和永磁机电压等电气量的影响，真正实现转速全范围变化情况下的准确测量和发出信号。

WCS-Ⅰ型微机测速装置的所有定值（8路转速定值，机组转速及运行方式的选择）均可以由用户现场任意整定和修改。该定值有掉电记忆功能，不受装置掉电的影响。

WCS-Ⅰ型微机测速装置除了有8路继电器型出口外，还有一路4~20mA的模拟量输出，可方便地在其他设备借口。

WCS-Ⅰ型微机测速装置另一个最大特点是可以测量水轮发电机组的潜动。当机组稍微潜动时，WCS-Ⅰ型微机测速装置相应的出口继电器动作发出信号。

二、用途

WCS-Ⅰ型微机测速装置适用于：

1．水轮发电机组的转速测量及信号输出。

2．水轮发电机组的潜动检测及信号输出。

3．汽轮发电机组的转速测量及信号输出。

4．各种电动机及具有轴伸的各种旋转机械的转速测量及信号输出。

三、技术指标

1．工作电源：AC 220 V/DC 220 V。

2. 测速范围：$0\sim200\%P_e$。

3. 潜动测量范围：$\geqslant 1r/25s$。

4. 测速输出：8路。

5. 故障报警输出：1路。

6. 模拟量输出：1路 $4\sim20mA$ 对应 $0\sim200\%P_e$ 负载，电阻 $0\sim750\Omega$，模出电压 $15\sim30V$，精度 0.5%。

7. 输出接点量：AC 220V 3A/DC 220V 1A。

8. 测量精度：$0.01Hz$。

9. 动作定义形式：大于、小于动作值，返回值任意设定。

10. 装置尺寸：$260mm\times100mm\times40mm$。

四、装置特点

1. 电气量测量和机械量测量方式可同时运行，也可选择其中一路单独运行。

2. 除8路以继电器方式输出外，还有一路 $4\sim20mA$ 的模拟量输出。

3. 能测量超低转速，真正实现发电机组的潜动检测。

4. 能自动记忆 $>110\%P_e$ 的转速最大值。

5. 每路输出的动作值和返回值可分别任意设定和修改，并有掉电记忆功能。

6. 转速、频率或转速的百分数三种显示方式可任意选定。

7. 装置具有自诊、自恢复、故障报警功能。

8. 抗干扰能力强，对掉电、换电及PT断线等故障有闭锁出口功能。

研制单位：×××××××公司
地　　址：××省××市××路×号
邮政编码：×××××××
电　　话：×××××××
传　　真：×××××××
E-mail：×××××××
联 系 人：×××、×××

这是一份详尽的产品说明书。主体部分内容较多，但安排得有条不紊。文中数据精确、翔实，语言简明扼要，格式规范。

第九节　商　品　广　告

一、商品广告的含义和作用

企业要想使其品牌、生产的产品为更多的消费者知晓，打开产品的销售渠道，就要制作广告，借助媒体传播扩大产品的影响。商品广告已经成为现代贸易活动中一个十分重要的手段。

英文"广告"一词，来源于拉丁语的"Advertere"，有"注意"、"诱导"之意。汉语中"广告"一词，更多的是广而告之的意思。商品广告是指商品经营者或服务提供者承担费用，通过一定媒介和形式，为直接或间接地介绍、宣传自己所推销的商品或所提供的服务而形成的文字、图案或音像制品等。

商品广告是企业打开产品销路的一个重要武器。其作用主要是宣传商品，促销商品。它一般借助各种各样的媒体来实现对商品的宣传，比如传单、报纸、期刊、图书、广播、电视、电影、录像、电子光盘、幻灯、车船飞机电梯招贴、路牌、霓虹灯、电子显示器、橱窗、包装等。可以说，如今的广告已经深入消费者的生活，无处不在。在这样的情况下，消费者在日常生活中能够接触到大量的广告。一种商品登上了广告，时刻出现在消费者的眼前，就加深了消费者对该商品的印象。优秀广告的图案、文案极具艺术性，令人赏心悦目，又善于激发消费者的情感，就能刺激消费者的购买欲望，从而就打开了该商品的销售渠道，扩大了该商品的市场份额。在国内外，很多知名企业在创业初始阶段都是借助广告宣传、促销商品的。同时，他们也往往借助广告树立自身良好的形象。

二、商品广告的特点

（一）引导性

商品广告可以凭借精美的外观、图案，优美的、富有感情的说明文字吸引消费者，引导消费者选择自己满意的商品；也可以新颖别致地介绍商品所具有的新功能，引导消费者进行消费。

（二）艺术性

商品广告为了吸引消费者阅读，或者为了一下子就能打动消费者，往往注重其艺术性。这种艺术性既表现在广告的图案（甚至音乐）以及整体设计上，也表现在文字上。广告文案创作往往采用文学语言就说明了这一点。今天的广告制作越来越精美，广告人运用各种先进的手段来包装广告，也使广告的艺术性越来越强。

（三）创造性

广告制作切忌雷同。雷同的广告不能引起消费者的注意，也不能激发消费者的购买兴趣，所以创造性是广告的生命。广告的制作形式、文案的写作形式要有创造性，广告的写作内容也要有创造性。只有具有创造性的广告，才是具有影响力、吸引力的广告。

三、商品广告的类型

商品广告按内容划分，可以有生活商品广告、生产商品广告、技术商品广告等；按载体划分，可以有报纸广告、广播广告、期刊广告、图书广告、电视广告、橱窗广告、招贴广告、包装广告等；按文字表达方式划分，可以有陈述式广告、论证式广告、抒情式广告、问答式广告、书信式广告等；按形式来划分，可以有文字广告、图像广告、文字图像广告等。

四、商品广告的写作方法

这里所说的商品广告的写作方法是针对文字广告中的文章式广告而言。

（一）商品广告的写作格式

商品广告主要由标题、主体、结尾、落款构成。

1. 标题

标题有直接式、间接式、复合式。直接式在标题中直接揭示广告的主要内容及其意义。例如:《国家电力,为您提供洁净能源》、《海尔电器,真诚到永远》。间接式主要展开想象,语言讲求趣味性、哲理性,不在标题中揭示广告的主要内容。例如:《挑战梦想极限,伴您走向未来》是一款电脑的广告标题。复合式标题由正题和副题组成,正题虚写,副题实写。例如《让您心动的日子——IBM笔记本全线优惠》、《娱乐至尊宝——诺基亚5510手机》。

2. 主体

主体一般提供商品或服务的信息。写作形式灵活多样,完全根据商品的具体情况而定。可以采用陈述式、论证式、抒情式、问答式、书信式等方式表达主旨。可以长,也可以短。**一般要突出商品的主要特色,具体涉及商品的效能、工艺、类型、价格乃至售后服务等方面的内容。**

3. 结尾

结尾可有可无。如果要写结尾,语言要简短、富有诱导性。

4. 落款

落款一般包括生产厂家或经销商名称、地址、电话、传真、E-mail、联系人等内容。也可以没有落款。

(二) 商品广告的写作要求

1. 实事求是

写作广告固然要重视其艺术性,可以适当地采用一些修辞手法,但也不可夸大其词,脱离商品的实际情况。否则会使消费者有上当受骗之感,从而影响商品的信誉。

2. 针对性强

商品广告要针对消费者进行写作。国外广告界认为成功广告的基本要求是"AIDAS",即要能引起消费者注意(Attention)、使消费者产生兴趣(Interest)、激发消费者的购买欲望(Desire)、促成消费者的购买行为(Action)、使消费者感到买后的满足(Satisfaction)。其中,引起注意是广告成功的基础。广告文字要先声夺人,抓住消费者的心态,吸引消费者的眼光。不针对消费者制作的商品广告,很难发挥其宣传商品、促售商品的作用。

3. 新颖别致

新颖别致的广告文字能吸引消费者的注意,激发消费者的购买欲望,也是广告创造性的一种表现。写作广告时,可以通过立意,语言的精练、独特,文案形式的创新达到新颖别致的要求。

例文(说明式):

水力发电与电力行业专用检测仪表、自动化装置

四川省高新自动化设备厂是经四川省高科技管理部门专门批准建立的高科技企业。本厂在同行业中率先取得了 ISO9002 国际质量体系认证，并且取得四川省环境污染治理丙级证书。

四川省高新自动化设备厂长期致力于水力发电、引水工程、火力发电、变供电等电力行业的专用仪表与自动化装置、微机系统的制造、设计、安装、改造。七年来，引进与研制生产了大量的电力行业专用仪表，其中"TDS5331 专用双上限检测发讯仪表"、"TKY200 低量程油位测控仪表"、"TKY100 型 15MPa 高压罐液位测控仪表"等填补了国内的空白，产品覆盖了全国电力行业，还向多个国家出口。

四川省高新自动化设备厂已经成为国内生产电力行业专用仪表品种最齐全的高科技工厂，四川省高新自动化设备厂除向电力行业用户及成套商提供先进与最新型的优质专用仪表、自动化装置之外，还向电力行业企业提供安装调试、设计改造、参加检修、不停产改造等现场技术服务，根据电厂（站）的实际情况制定先进与合理的改造方案，提供制造厂级水平的现场技术服务，使许多老电厂（站）的检测水平恢复到新装设备水平，提高了老电厂（站）的运行安全性与效益。

四川省高新自动化设备厂目前生产的主要产品如下：

★TDS5331 高可靠型专用双上限无扰动数字显示温度仪表

技术特点：

(1) 在各种干扰与开路等非常情况下都不会误发讯；

(2) 精度：0.5 级（内控精度 0.2 级）；

(3) Cu50、Cu53、Pt100 等各种传感器均可在同一台表上由用户修改参数设定；

(4) 可以同时远传信号：4－20mA·DC、0－10 mA·DC、RS232、RS485 等多种远传方式；

(5) 无任何电位器等可动元件，使用面板功能键调整仪表；

(6) 开孔尺寸为：152mm（宽）×76mm（高）（特殊尺寸仪表共有 7 种，需单独订货）。

★TCM100 系列 100 点位巡检/打印仪表

每台仪表或仪表的各点可选择输入任何目前标准分度号和报警方式，各点报警值可单独或统一设定，同时带打印及 RS-485 或 RS-232 串口输出。

★LPB（原 FSX）型系列投入式水位仪表

分为投入水中的传感器、远传线路、显示/报警/控制仪表三大部分组成，连续监测水位变化，可分为几个不同地点显示/报警，还可设定海拔高度。

★TZF 系列各种"安全日、事故钟、综合参数"显示仪、显示屏类仪器

(1) TZF1002 一体化安全日、日历时钟显示仪（控制屏安装带自动停机锁定）；

(2) TZF1102 一体化事故钟显示仪（控制屏开孔安装）；

(3) TZF1005 动态汉字显示屏；

(4) 非标准大型安全日及日历时钟显示屏（按用户要求现场尺寸订做）；

(5) 非标准大型综合数据显示/发布屏；

(6) TZF2000 系列智能动态自动模拟屏（主接线图屏）。

★DSZ系列电量显示仪表

用于电流、电压、双向功率、双向电能、工频频率、相位角等电量的数字显示，其中功率仪表与电能仪表合为一体，实用、准确。

★TEF200系列频率、转速监测、报警、控制仪表

★SCDM-64T集中曲线与数据记录管理系统

对0～64路不同信号实现集中二根线（RS485）的远距离采集、记录、显示、分析、控制型系统同时进行小规模数字控制（DCS）。

★YS-100系列闸门开度仪及闸门开度变送器

用于电站各类闸门开度的测量、控制，是适合平板闸门、弧形闸、人字闸等各种闸门开度及电机、吊车等的吊起高度的智能自动测控仪器仪表，是集光电编码技术、总线通信技术、精密机械加工技术于一体的高科技产品。

联系方法：
四川省高新自动化设备厂
厂址：四川省成都市望平街一号
邮编：610061
电话：(028) 4442432、4456216、4471246、9035795，139-8189325
传真：(028) 4442432、4456216、4471246
E-mail:autoequi@mail.sc.cninfo.net
四川省高新自动化设备厂西南技术服务中心
地址：云南省昆明市东风东路12号，市电信局招待所二楼
电话：1368864705
传呼：128、129-0162040（中文）；126、127-6810253（数字）
邮编：650051

这篇广告先概述公司情况，后分述产品情况，实事求是，针对性强，数据精确，语言朴实，专业色彩浓厚。

第三章 礼仪类文章写作

自古以来，中国就是礼仪之邦。在中国最早出现的甲骨卜辞中，就有了关于"礼"的活动记载。礼仪是礼节和仪式的总称，它是为表示敬意或纪念而形成的须共同理解、遵循和举行的仪式。适用于礼仪活动中使用的文体，我们称之为礼仪文书。它是沟通人际关系的桥梁，是增强人与人之间团结、友情的纽带，包括迎送词、答谢词、请柬、开幕词、闭幕词、悼词等。从写作目的看，感谢信、慰问信、演讲稿等也属于这个范畴。礼仪文书具有礼节性、交际性、情感性、程式性、实效性特点。礼仪文书不像一般文章那样可以随意而为，它总是针对交往中的具体事情而作的。所以，讲求及时、迅速。

第一节 感 谢 信

一、感谢信的含义和作用

感谢信是对集体或个人的支持、帮助、关心表示感谢的一种专用书信。

感谢信不仅是个人对帮助者的鸣谢，而且是对社会生活中人们助人为乐的崇高品质的肯定和赞美。因此，感谢信有利于感谢者吐露心声，示敬扬善，增进双方感情；有利于弘扬社会公德，提高人们的思想道德素质，从而推动社会主义精神文明建设。

二、感谢信的特点

（一）针对性

感谢信是写给对本人或本单位给予支持、帮助或关心的个人或单位的，对象确定，针对性强。

（二）具体性

感谢别人或其他单位，要通过具体事实加以表达，写明感谢原因，这样才便于他人学习。

（三）感情性

感谢信抒发感谢之情，具有鲜明而强烈的感情色彩，使知晓者能够受到感染和教育。

三、感谢信的类型

感谢信因分类标准不同而有不同的类型。

（一）根据感谢信的存在形式分类

1. 公开张贴的感谢信

这类感谢信包括登报、电台播送或电视台播发等形式，是一种公开的感谢信。

2. 寄往单位或个人的感谢信

这类感谢信通常直接寄给单位或个人。

（二）根据感谢对象分类

1. 致集体的感谢信

这一类感谢信，通常是个人在困难时，由于受到了集体的帮助，使自己走出了困境，渡过了难关，因此用感谢信的方式表达自己对该集体的感激。

2. 致个人的感谢信

这一类感谢信，可以是单位集体也可以是个人为了表达某个人曾给予的帮助和照顾而写作的。

四、感谢信的写作方法

（一）感谢信的写作格式

感谢信主要由标题、称呼、正文、结尾和落款五部分构成。

1. 标题

感谢信的标题有三种形式。文种式，即标题直接为"感谢信"三个字。被感谢者加文种式，"致×××的感谢信"。感谢者、被感谢者加文种式，"×××致×××的感谢信"。

2. 称呼

顶格写被感谢对象的单位名称或个人姓名。个人姓名后应加上"同志"、"先生"、"女士"等相应的称呼。称呼后加冒号。

3. 正文

感谢信的正文部分通常由感谢事由、意义点评和感谢语构成。感谢事由是按照叙述要素，叙述所感谢事件的前因后果。意义点评是在叙事的基础上特别指出受文者的关心、支持、帮助对整个事件成功的重要性以及他们所体现的可贵精神，所产生的深远影响。感谢语用来诚恳表示向对方致谢、向对方学习等意思。

4. 结尾

一般是表示敬意、感激的话，如"此致，敬礼"、"致以最诚挚的敬礼"等等。

5. 落款

落款签上单位名称或个人姓名，并在单位名称（姓名）下方写上写信的日期。

（二）感谢信的写作要求

1. 感情真挚

感谢信的叙述和议论要倾注作者真诚、朴素的情感，这样才能真正打动人，令人信服，从而起到感染人、教育人的作用。

2. 实事求是

感谢信要把被感谢的人物、事件准确、精当地叙述清楚，使对方能够回忆起来，组织或公众也能具体地了解什么人、在什么时间、什么地点做了什么好事，有什么好的影响。表示感谢的话要符合双方的身份、年龄、性别、职业、境遇等，特别要根据对方的具体情况表示感谢。表达谢意的行为，要符合实际情况，说到做到，切实可行。

3. 述评精当

文字要精练，评价要恰当。

4. 篇幅短小

感谢信的篇幅一般都不长，字数最好控制在一页纸内。

例文：

感 谢 信

国家电力公司及各子公司：

  今年，我国部分地区遭受了严重的洪涝灾害，人民生命财产遭受严重损失。值此危难之际，国家电力公司及各子公司伸出援助之手，慷慨捐赠3000万元人民币，帮助灾民渡过难关。这笔捐款我们将及时、如数转交灾区人民。在此，谨代表灾区人民向您表示衷心的感谢。

  附收据一张，请查收。
  致崇高敬意！

民政部办公厅（公章）
一九九八年九月二日

  1998年夏天，我国长江、松花江和嫩江流域爆发了特大洪水，灾区人民生活十分困苦，为了帮助灾区人民渡过难关，国家电力公司及各子公司捐款3000万元人民币。这是一封民政部办公厅为了感谢国家电力公司及各子公司慷慨捐赠而写的感谢信。感谢理由具体，叙述清楚、明白，表达感情真挚，语言精练，是一篇较为规范的感谢信。

第二节　慰　问　信

一、慰问信的含义和作用

  慰问信是指集体或个人向被慰问者表示慰问所用的一种礼仪书信。

  慰问信主要用于行政机关、企事业单位、社会团体或个人对工作中做出巨大贡献、取得突出成绩或生活中遭遇巨大灾难、损失惨重的集体或个人表示关切、慰问和问候。不论目的是什么，慰问信都给人以发扬成绩、继续前进的信心，不畏困难的决心，努力工作的动力。慰问信可以使被慰问者坚定信念，增强斗志，激励勇气；另一方面还有利于慰问双方联络感情。

二、慰问信的特点

（一）指向性

  慰问信的受文对象非常明确，他们或是作出突出贡献的或是遭受重大损失的或是节假日坚持工作的单位、集体或个人。

（二）具体性

  慰问信的事由具体。一般都因慰问对象成绩卓著、贡献突出，或遭受挫折、损失，或节假日坚持工作等原因，才写慰问信以示慰问。

（三）情感性

  慰问信是向慰问对象表示鼓励、慰劳和问候的书信，信中要表达亲切、热烈的关怀之情,字里行间充满感情。

三、慰问信的类型

（一）鼓励型

这类慰问信向作出贡献的集体或个人表示慰问,鼓励他们戒骄戒躁,继续前进。

（二）安慰型

这类慰问信向由于某种原因而遭受重大损失、遇到巨大困难或挫折的个人或集体表示同情和安慰,鼓励他们战胜暂时的困难,加倍努力,迅速改变现状。

（三）节日型

此类慰问信通常是在某一重大节日对某些人或某位人表示慰问。

四、慰问信的写作方法

（一）慰问信的写作格式

慰问信主要由标题、称呼、正文和落款构成。

1．标题

慰问信的标题一般有三种形式。文种式,即标题直接为《慰问信》。被慰问者加文种式,例如《致台湾地震受灾同胞的慰问函》。慰问者、被慰问者加文种式,例如《上海市政府致驻沪三军的慰问信》。

2．称呼

这是指被慰问对象,即被慰问的单位名称或个人姓名、称呼。

3．正文

慰问信的正文部分包括以下几方面的内容:

开头首先交代慰问的背景、原因,如"值此新春佳节即将来临之际……"、"今年入汛以来,我国一些地方遭受严重洪涝灾害……"等,接着写表示深切慰问的话。如"向……表示深切的慰问和崇高的敬意"。

主体部分根据事情和慰问对象的不同有所区别。鼓励型的慰问信,应重点赞扬被慰问者作出的杰出贡献,慰问对方在工作中的辛劳,并提出希望；安慰型的慰问信则应重点写灾害发生后慰问者一方的同情与采取的支援行动,如有捐赠的物品、资金等也要在里面写清楚,并赞扬对方与灾害作斗争的精神,鼓励对方再接再厉,战胜困难；节日型的慰问信,则应根据被慰问者的工作性质,简要讲述这种工作的意义,赞扬他们辛勤劳动、忠于职守或无私奉献的精神。

结尾可写祝愿语,如"祝大家节日愉快,阖家幸福"等,也可无结尾。

4．落款

落款包括署名、日期,在结尾右下方署发信的单位名称或个人姓名,另起一行写行文的年月日。

（二）慰问信的写作要求

1．感情真挚

慰问信要向被慰问者表示无限亲切、关怀的真挚感情,使对方感到慰问者的深厚情感,从中得到抚慰。

2．语气恳切

慰问信要较全面地概括慰问对象的可贵精神,并对其提出希望和祝愿,以勉励他们继续努力工作和奋斗,从而取得更大的成绩。表达语气应热情、诚恳,不能盛气凌人、傲慢无礼。

3．篇幅短小

慰问信的语言要简洁、朴实、精练,篇幅要短小。

例文一(鼓励型):

慰 问 信

安徽省电力局：

欣悉贵省于6月8日实现了全省村村通电。这是继京津沪辽吉鲁宁苏后又一个实现村村通电的省份。在此谨向你们并通过你们向全省电力系统全体电业职工表示热烈的祝贺和亲切的慰问。

你局在贵省人民政府的领导和各级地方政府的重视和支持下,通过对实施村村通电工程的精心组织、安排,以及全体电业职工努力拼搏,无私奉献,用自己的实际行动,取得了这一成绩。同时,为全国"电力扶贫共富工程"目标的实现,为电力"三为"的进一步深化和提高,为全省人民奔小康奠定了坚实的基础。

希望你们再接再厉,发扬拼搏精神,为全省经济的发展和农村经济的繁荣做出更大贡献。

电力工业部办公厅
一九九六年六月二十六日

这封慰问信的开头首先交代了慰问的原因,接着表示"热烈祝贺和亲切慰问"。信的主体部分赞颂了电业职工的高贵品质,肯定了他们的成绩,并对以后的工作提出希望。此封慰问信主题明确、结构完整,意思表达清晰;语言简练、朴实,表达情感真挚,使人读后备受鼓舞。

例文二(安慰型):

慰 问 信

武汉水利电力大学全体师生员工：

近日武汉市突降特大暴雨,造成武汉水利电力大学学生、职工宿舍、教学楼等多处被淹。学校领导带领全体师生员工采取果断措施,防汛救灾,有效地减少了灾情带来的损失。国家电力公司的领导谨向你们及家属表示最亲切的慰问和最诚挚的感谢。

希望你们继续做好迎战洪峰的准备,严密注视灾情发展情况,制定有效措施,保证师生员工的正常生活，并及时与当地政府有关部门联系和汇报，共同做好防汛救灾工作，努力把灾情控制到最低限度。

国家电力公司
一九九八年七月二十三日

这封慰问信写明了慰问的原因，肯定了面对灾情武汉水利电力大学全体师生员工所做的努力，并对以后的工作提出希望和要求。言简意赅，篇幅短小，条理清晰，意思表达完整，感情真挚。通过这封慰问信，我们可以感受到国家电力公司对武汉水利电力大学全体师生员工无限的关切之情。

例文三（节日型）：

上海市政府致驻沪三军的慰问信

亲爱的同志们：

值此新春佳节即将来临之际，上海市人民政府和全市1600万人民满怀深情地向大家致以亲切的慰问和崇高的敬意。

2001年是跨入新世纪的第一年。在以江泽民同志为核心的党中央领导下，全国人民团结奋斗，实现了国民经济持续、快速、健康发展，取得了精神文明建设、民主法制建设的辉煌业绩。北京申奥成功，我国正式入世，APEC会议在上海顺利举行，充分展示了我国改革开放的新形象。与此同时，上海人民齐心协力，实现了"十五"计划良好开局，谱写了社会主义现代化建设的新篇章。

在过去的一年里，驻沪三军和武警部队按照江泽民总书记提出的"政治合格、军事过硬、作风优良、纪律严明、保障有力"的要求，圆满地完成了党和人民赋予的各项任务，部队建设跃上了一个新台阶。广大官兵坚持全心全意为人民服务的宗旨，大力支持地方两个文明建设，积极参与重点工程建设、抢险救灾、维护社会治安等工作，并为APEC会议、六国元首会晤等重大国际性会议、活动提供了安全保障和优质服务，表现了新时期中国军人"特别能吃苦、特别能战斗"的顽强作风，赢得了上海人民的爱戴和赞誉。广大烈军属、革命伤残军人、转业复员退伍军人和军队离退休干部保持光荣本色，自觉地服从和服务于改革、发展、稳定的大局，为上海的两个文明建设作出了很大贡献。在此，谨向大家表示衷心的感谢！

2002年是党和国家历史上具有重要意义的一年，也是上海乘势而上、把两个文明建设继续推向前进的一年。新的形势令人鼓舞，新的任务催人奋进。我们要在以江泽民同志为核心的党中央领导下，高举邓小平理论伟大旗帜，继续实践"三个代表"的重要思想，深入贯彻党的十五大、十五届六中全会精神，保持经济发展的良好势头和心齐劲足的良好局面。

拥军优属、拥政爱民是我党我军的优良传统和政治优势。做好双拥工作，对于促进军队和国防后备力量建设,发展新型的军政军民关系,推动社会主义现代化建设,具有十分重要的意义。新的一年里,上海各级政府和全市人民将按照江泽民同志关于加强国防和军队建设的论述,牢固树立经济建设和国防建设协调发展的思想,更加广泛、深入、持久地开展创建双拥模范城(县)活动,继续做好新时期拥军优属和优抚安置工作,进一步加强基层基础建设,密切军民关系,努力提高拥军优属工作的水平。

让我们以奋发有为的精神状态,脚踏实地的工作作风,开拓进取,与时俱进,再创优异成绩,迎接党的十六大和市第八次党代会的胜利召开。

祝大家节日愉快,阖家幸福!

上海市人民政府

二〇〇二年二月八日

这封慰问信开头部分交代了致信的背景,"新春佳节即将来临"。正文部分首先回顾了我国及上海市2001年所取得的成就,肯定了驻沪三军的工作,表扬了他们所做的贡献,赞颂了他们的优良作风,然后就2002年的工作提出希望、要求,发出号召。结尾部分表达了对驻沪三军的节日祝福。结构严谨,层次清晰。语言简洁、朴实,语气热情、诚恳,具有鼓舞性。

第三节 请 柬

一、请柬的含义和作用

请柬是单位、团体、个人邀请有关人员参加或出席某些重要活动或会议的一种告知性礼仪文书。

用请柬邀请客人可以表示隆重,以及对被邀请者的尊重,同时请柬也是被邀请者参加活动、出席会议的凭证。

二、请柬的特点

1. 礼节性

请柬具有书信的属性,但是和一般书信有许多差别。一般书信大都是因路途遥远、不便启齿或不便直接交谈而采用的一种交际方式。而请柬则与之不同,即使被邀请者近在咫尺,只要有必要,都可以郑重其事地发出请柬,以表示对被邀请者的敬重、礼貌和热情,以及对有关活动的郑重态度。

2. 精美性

请柬大都用于正式的社交场合,因此在款式和装帧设计上比较讲究艺术性,注重外表的美观、精致、庄重、大方。

3. 公开性

请柬作为公关礼仪的媒介,与书信不同,一般情况下无保密性,可公开发送。

三、请柬的类型

按制作材质不同，请柬可分为卡片式和电子式。随着网络的兴起，电子请柬因其制作方便，传递迅速、快捷，越来越多地得到人们的青睐。

四、请柬的写作方法

（一）请柬的写作格式

请柬主要由标题、称呼、主体、结尾、落款、附言构成。

1. 标题

用大字书写"请柬"二字。写在第一行中间，也可占用一页，当作封面。如果单独做封面时，一般要做一些艺术加工，如图案装饰、文字用美术体、手写体，有条件时还可以烫金等。

2. 称呼

包括被邀请单位名称或个人的姓名。姓名之后要加职务、职称等称谓，或用"同志"、"先生"、"女士"等称呼。

3. 主体

包括时间、地点、活动或会议的内容。如有要求，也可简要提出，以便被邀请者事先准备，如"请准备节目"、"请准备发言"等。

4. 结尾

包括有关邀请的礼貌用语，如"敬请参加"、"敬请光临"、"敬请光临指导"、"敬请届时出席"、"敬请莅临"等。

5. 落款

署明邀请者（个人、单位）的名称和发出请柬的时间。

6. 附言

如果是邀请客人观看演出或参加舞会等需要附送门票或入场券的，可在落款后左侧另起一行空两格写上"附××券×张"。

（二）请柬的写作要求

1. 表达准确

正文内容如时间、地点、活动的具体事项必须写清楚、完整，不可疏忽遗漏。从写作上讲，请柬的正文一般多为一个完整的句子，因此，措辞要凝练、严密。

2. 措辞典雅

请柬是礼仪交往的媒介。一般正式请柬，多用文言，既精练又文雅，不但被邀请者看了赏心悦目，平添一种喜气，同时也反映了邀请者的修养水平。

3. 语气谦恭

请柬的语言要热情、友好，讲究文明礼貌，但不可热情过分，带有媚态，而是要恭谦大方。

例文一：

请　　柬

×××先生：

谨定于 2001 年 12 月 27 日下午 2 时 30 分在××大厦三楼西大厅举行元旦联欢会。
敬请光临

××电力公司
二〇〇一年十二月二十二日

这份请柬措辞凝练、严密，内容表达清楚、完整，语气恭谦大方。

例文二：

封面［背景为华北电力大学（北京）的校徽］

请　柬

封三

兹定于二〇〇二年五月十日（星期五）上午八点三十分在华北电力大学（北京）体育场举行中国电力体育协会体育训练基地揭牌仪式，届时

恭请

×××先生

光临

华北电力大学（北京）
二〇〇二年五月九日

这是一双页折叠请柬，制作讲究。内容表述清晰，意义完整。语言精练、文雅，是一张规范的请柬。

第四节　欢迎词和欢送词

一、欢迎词、欢送词的含义和作用

欢迎词是指为欢迎团体、个人而写作的书面文字或发表的口头讲话，常用在设宴洗尘、隆重典礼、喜庆仪式、公众集会上。

欢送词是指为欢送团体、个人而写作的书面文字或发表的口头讲话，用于宾客工作或访问结束即将离开时，主人出面表示送别。

欢迎词、欢送词有利于交流感情，协调关系，传递信息。

二、欢迎词、欢送词的特点

（一）多用口语

欢迎词和欢送词大多是在欢迎或欢送现场当面向来宾口头表达的，所以遣词造句要注意运用口头语言。

（二）感情真挚

不管是欢迎词表达"有朋自远方来，不亦乐乎"的愉悦心情，还是欢送词表达亲朋远行的依依惜别之情，都要言辞诚恳，感情真挚。

三、欢迎词、欢送词的类型

欢迎词、欢送词因分类标准不同而有不同的类型。

（一）根据表达方式分类

1．现场讲演的欢迎词、欢送词

通常是欢迎人（或欢送人）在被欢迎人（或被欢送人）到达时（或离开时）在现场以口头形式发表的欢迎（或欢送）讲话。

2．报刊发表的欢迎词、欢送词

这类欢迎词（或欢送词）发表在报刊或公开刊物上，它往往在客人到达（或离开）前后发表。

（二）根据社交的公关性质分类

1．私人交往的欢迎词、欢送词

通常在主人举行大型的聚会、宴会、舞会、茶会、讨论会等非官方的场合下使用。这类欢迎词通常在正式活动开始前进行，欢送词在活动即将结束时进行，具有较强的即时性、现场性。

2．公事往来的欢迎词、欢送词

这类欢迎词、欢送词通常在较庄重的公共事务中使用。一般要有事先准备好的得体的书面稿。在措辞上较私人交往的欢迎词和欢送词要正式和严格。

四、欢迎词、欢送词的写作方法

（一）欢迎词、欢送词的写作格式

欢迎词和欢送词主要由标题、称谓、正文构成。

1．标题

欢迎词和欢送词的标题有直接式、全称式和地点式三种类型。直接式，即标题直接以《欢迎词》、《欢送词》为标题。全称式，由致词人、致词场合、致词文种构成。例如《胡锦涛副主席在美国总统布什演讲前的致辞》。地点式，由致词场合和文种构成。例如《在元旦联欢晚会上的致辞》。

2．称谓

写明欢迎或欢送对象的称呼。

3．正文

欢迎词和欢送词的正文由前言、主体、结尾三部分构成。

（1）欢迎词正文的写作

欢迎词的前言要写致词人在什么时候、以什么身份、代表谁向来宾表示欢迎和问候。

欢迎词的主体部分或说明来访或召开此次会议的意义、作用；或回顾宾主双方之间的友谊、交往；或阐述宾主双方在某些问题上的共同立场、观点；或分析来宾此次来访对增进双方的友谊与合作的现实意义和历史意义；或表达进一步发展友好合作关系的意愿等等。

欢迎词的结尾要再次对来宾表示欢迎，祝愿宾客来访或会议取得圆满成功，祝愿宾客在访问期间过得愉快等。

（2）欢送词正文的写作

欢送词的前言要写致词人在什么时候、以什么身份、代表谁向来宾表示欢送。

欢送词的主体要简述双方在访问或合作期间在哪些问题、哪些项目上达成共同的立场、观点、原则等内容，回述双方的交往和友谊、陈述本次访问或合作的意义、对被欢送者表示祝福、勉励等等。

欢送词的结尾要再次表示欢送和惜别之情。

（二）欢迎词、欢送词的写作要求

1．开门见山

欢迎词和欢送词的开头应开门见山，说明在什么样的场合、代表谁欢迎或欢送谁。

2．感情真挚

欢迎词、欢送词要注意来宾身份，致词恰到好处。同是欢迎词或欢送词，一些私人喜庆场合不妨多用一些民族传统的祈福吉祥词汇和其他溢美之词。一些国际外交场合的致词要热情隆重，礼节要周全得体。在感情表达上要诚恳、真挚。

3．语言亲切

欢迎词、欢送词语言要亲切、自然，合乎礼节。

4．短小精悍

一般情况下欢迎词或欢送词都是一种礼节性的外交或公关辞令，宜言简意赅、短小精悍，不必长篇大论。

例文一（欢迎词）：

欢 迎 词

（××××年×月×日）

各位来宾、专家、领导、同志们、朋友们：

大家好！

首先，让我代表公司班子和全体员工，对档案工作目标管理国家一级认定组各位专家的到来表示热情的欢迎。

10年来，我们×××发电有限责任公司档案工作在上级领导部门的关怀和指导下，从零起步，逐步发展。特别在近二三年取得了实质性的进展，主要是规范和完善了组织机构、管理制度、设施设备和基础业务等各项工作，形成了档案电子化服务和突出档案开发利用的工作特色，档案工作在公司生产经营、精神文明建设和创国内一流企业中发挥了积极作用。1999年，我公司通过了省部级档案工作目标管理验收，2000年，通过了国家二级档案工作目标管理验收。在此基础上，我们又得到了××电力集团公司档案馆的大力支持和帮助，积极开展了档案工作目标管理创国家一级水平的工作。我们深刻体会到，我公司档案工作水平的不断提高，得益于先进档案工作目标管理工作的开展；得益于档案专家的指导和帮助；得益于先进单位的经验等。在此，我深表感谢，并希望在座的各位专家多提宝贵意见，促使我们在不断地改进中把公司的档案工作做得更好。在这次检查中，我们将积极配合各位专家工作，努力提供优质服务。

最后，预祝各位专家在紧张的工作期间，休息好、身体好、心情愉快，工作顺利！

谢谢。

这篇欢迎词开门见山对各位专家的到来表示欢迎。然后回顾了10年来，×××发电有限责任公司在档案工作方面所取得的成绩，对给予帮助的各位专家表示感谢，并希望在座的各位专家多提宝贵意见。最后祝愿各位专家心情愉快，工作顺利。此文言简意赅，表达了对档案工作目标管理国家一级认定组各位专家的热烈欢迎。语气亲切、自然，合乎礼节。

例文二（欢送词）：

周恩来总理在尼克松总统的答谢宴会上的欢送词

总统先生，尼克松夫人，

女士们，先生们，

同志们，朋友们：

首先，我愿以所有在座的中国同事们和我本人的名义，感谢尼克松总统和夫人邀请我们参加宴会。总统先生一行明天就要离开北京，前往中国南方参观访问。在过去几天里，总统先生会见了毛泽东主席，我们双方举行了多次会谈，就中美两国关系正常化和关心的问题交换了意见。我们双方之间有着巨大的原则分歧，经过认真、坦率的讨论，使彼此的立场和主张有了更清楚的了解，这对双方都是有益的。

时代在前进，世界在变化。我们深信，人民的力量是强大的，不管历史的发展会有什么曲折反复，世界的总的趋势肯定是走向光明而不是走向黑暗。

增进中美两国人民之间的了解和友谊，促进中美两国关系的正常化，这是中美两国人民的共同愿望。中国政府和中国人民将坚持不渝地为实现这一目标而努力。现在，我提议：

为伟大的美国人民，

为伟大的中国人民，

为中美两国人民的友谊，

为尼克松总统和夫人的健康，

为在座的其他美国客人们的健康，

干杯！

这篇欢送词回顾了尼克松总统在中国参观访问以及会谈的情况,陈述了此次访问的意义,表达了共同的美好愿望。最后表示深切的祝福。短小精悍,热情隆重,礼节周全得体。

第五节 演 讲 稿

一、演讲稿的含义和作用

演讲稿是指演讲者为演讲而准备的文稿。它是演讲者在积极准备的基础上形成的文字底稿。它是演讲的依据,决定着演讲的成败。它可以帮助演讲者确定目的、内容、选择材料和组织结构,还可以帮助演讲者选词炼句,提高语言表达能力。只有在充分准备的基础上写好演讲稿,演讲时才能做到有的放矢,达到预期的目的。

具体来讲,演讲稿的作用有:

(一)策划演讲内容,明确演讲思路

在演讲之前,通过动笔写演讲稿,可以将纷乱的思绪整理出一条思路来。演讲的主题是什么?立论的依据是什么?猜测听众可能会有什么想法,怎样针对这些想法对症下药?先讲什么?后讲什么?哪些详细讲?哪些粗略讲?这一系列的问题,可以在写演讲稿时进行通盘考虑,也可以进行局部推敲。这样经过周密思考的演讲稿思路清楚,结构紧凑完整,能给听众留下深刻印象。

(二)组织安排演讲的语言,提高讲演技巧

在演讲过程中,演讲者主要通过有声语言的传声性、辅助态势语言的表情性来传达自己的观点及内心感受。但有声语言也有其弱点,它的形成过程短,演讲者没有足够的时间来考虑它的句子的组织安排,也不能很好地斟词酌句。这样一来,讲出来的话往往重复、啰唆、凌乱,逻辑性不强,感染力也不够。就连美国著名作家和演讲家杰克·伦敦也承认:"我在上台演说时,最感困难的就是平时没有做准备的习惯。"写演讲稿,就能克服这些毛病。通过动笔写,就能在讲之前找到适当的词句,把语言推敲得更准确、严密。另外,通过写演讲稿还可以琢磨演讲的技巧。比如某个意思,是直接说出来好,还是采用暗示好?是用陈述句好还是用设问或反问好?这样,就可以提高有声语言的表现力,增强有声语言的感染力,使语言更加规范,更富有逻辑性,从而提高演讲的效果。

(三)解除紧张心理,有备无患

手中有了一份精心准备的演讲稿,那么,站在台上,即使不看,心中也会镇定自若,不再担心自己会忘了词或重要的观点、见解。哪怕忘了词,也比较容易回忆。心理上有了优势,自信心和勇气也就油然而生。这对于一个成功的演讲来说,极为重要。

二、演讲稿的特点

(一)受众广泛

演讲一般都是在群众集会或会议上进行的,因此受众广泛。不同的受众来自不同的社会阶层,其口味、爱好、心理等也不尽相同。因此在写演讲稿时,应充分考虑受众的特点。

(二)口头传播

演讲稿不同于其他文章，它是进行演讲的依据。演讲是采用口头语言表达思想感情，采用有声语言传情达意的，因此要注意把语言转化成日常口语，使演讲稿"上口"、"入耳"，便于演讲。

（三）富有情感

演讲不仅要进行冷静的分析，即晓之以理；更需要诚挚热烈的感情，即动之以情。情理结合，才能既有说服力，又有鼓动性。演讲者面对听众，要态度明确，自然流露真情，不能装腔作势，矫揉造作。

（四）号召力强

演讲是演讲者与听众通过面对面的交流来达到宣传教育的目的的，所以演讲稿本身应能打动听众、具有较强的号召力。古人说过，"一人之辩，重于九鼎之宝；三寸之舌，强于百万之师"，就是强调演讲内容的号召力和鼓动性。出色的演讲能激发听众情绪，赢得听众感情的共鸣。

三、演讲稿的类型

按不同的分类标准可以把演讲稿分为不同的类型。按内容不同，可以将演讲稿分为政治宣传演讲稿、学术演讲稿、动员演讲稿、就职演讲稿等。按文章的体裁不同，可分为叙事性演讲稿和说理性演讲稿。按演讲的方式不同，可分为命题演讲、即兴演讲稿和论辩演讲稿。按演讲的社会功能分，可分为实用性演讲稿（如政治宣传、学术报告、就职演说、述职报告等），游戏式演讲稿（这类演讲稿主要目的是锻炼培养演讲者的有关技巧，如各类演讲比赛）。

四、演讲稿的写作方法

（一）演讲稿的写作格式

演讲稿主要由标题、开头、主体、结尾构成。

1．标题

演讲稿就其表达形式来说，是用口头语言表达思想和感情的。演讲稿的标题是听众最先听到的，对于整个演讲来说显得尤为重要。好的标题如一个人长着一双动人、会说话、能表现出其精神面貌的眼睛，它不但能引起听众的注意，吸引听众听讲，而且能传达、反映出整篇演讲稿的主题精神、表明演讲的主旨。因此，写演讲稿时，必须千方百计地拟制一个简洁、贴切、醒目悦耳、鲜明生动、富有吸引力、启发性的演讲标题，使演讲一开始就以新奇取胜，以美妙夺人。演讲稿的标题形式多样，写法也较灵活。从语言表述风格上来讲，主要有五种类型：

（1）文学式标题

即在拟制演讲稿标题时，采用诗歌、小说等艺术作品的语言风格和语言运用方法。这种语体以形象性、表情性为重要特征。其主要表现是：多用描绘性语句和具有表情色彩的词语以及大量的修辞手法。例如：《天使，请不要吝啬你的微笑》、《我以我心写凌霄》、《心底无私天地宽》、《面对商潮，我们该如何修正人生坐标?》、《衣带渐宽终不悔 为伊消得人憔悴》、《龙须与蓝图》等。

（2）政论式标题

即采用政论、时事评论、杂文等文体的语言风格，其主要特点是紧密联系时事、政治和政府的方针、政策。例如：《计划生育不能"纸上谈兵"》（反映计划生育这项基本国策）、《"商品经济"不姓"资"》（源自《邓小平讲话》）、《政府工作人员姓"贫"》（反映国家公务员应反腐倡廉）等。

（3）新闻语式标题

这是指演讲稿标题写作吸取新闻体裁的语言风格，其特点是常用叙事语言，反映出演讲的时间、地点、主题。例如：《在鲁迅逝世九周年纪念会上的演讲》、《爸爸，您是我们永远的骄傲——刘晓东在父亲刘郁瑞追悼会上的讲话》、《把握机遇，迎接挑战，促进我国互联网事业的健康发展——闻库副局长在纪念第33届世界电信日会议上的讲话》等。

（4）公文式标题

即运用公文的标题形式作为演讲稿的标题，简明、庄重、严肃。例如：《追击拿破仑军队时的战斗号令》（库图佐夫）、《向战士们发布的动员令》（华盛顿）、《向国会的报告》（丘吉尔）等。

（5）科学式标题

即采用社会科学论文和科技文章的标题写作方式，其最大特点是广泛地运用数字、符号、公式、定理、术语。例如《"0.313"与"960万"》（前者指解放军战士守卫的一个小岛面积，后者指整个祖国国土面积）、《八千万与十二亿》（指我国贫困人口八千万和我国总人口十二亿）、《一"."也马虎不得》（指财会人员在工作时一个小数点都不能马虎）、《多几个"四分之一"》（指我国人口占世界总人口的四分之一）等。

2．开头

演讲稿的开头，也叫开场白。它在演讲稿的结构中处于显要的地位，具有重要的作用。瑞士作家温克勒说："开场白有两项任务：一是建立说者与听者的同感；二是如字义所释，打开场面，引入正题。"好的演讲稿，一开头就应该用最简洁的语言、最经济的时间把听众的注意力和兴奋点吸引过来，这样，才能达到出奇制胜的效果。

处理开场白的技巧主要有：

（1）楔子。用几句诚恳的话同听众建立个人间的关系，获得听众的好感和信任。

（2）衔接。直接反映出一种形势，或是把要论及的问题用某一件小事、一个比喻、个人经历、逸事传闻、出人意料的提问等与主要演讲内容衔接起来。

（3）激发。可以提出一些激发听众思维活动的问题，把听众的注意力集中到演讲中来。

（4）触题。一开始就告诉听众自己将要讲些什么。世界上许多著名的政治家、作家和国家领导人的演讲经常采用这样的方法。

演讲稿的开头有多种方法，通常用的主要有：

（1）开门见山，揭示主题。这种开头一开讲，就进入正题，直接提示演讲的中心内容。运用这种方法，必须先明晰地把握演讲的中心，把要向听众提示的论点摆出来，使听众一听就知道讲的中心是什么，从而集中注意力。

（2）讲述典型事例，为论题的提出作铺垫。这种开头可以迅速缩短与听众的距离，激发听众的兴趣。

（3）提出问题，引起关注。这种方法是根据听众的特点和演讲的内容，提出一些激发听众思考的问题，以引起听众的注意。

除了以上三种方法，还有释题式、悬念式、警策式、幽默式、双关式、抒情式等。在这里不一一详述。

3．主体

主体一般围绕演讲的主旨进行充分论证，阐明观点。用有限的篇幅，把问题谈清楚，谈透彻，说服、教育听众。在行文的过程中，要处理好层次、节奏和衔接等几个问题。使演讲稿条理清楚、意思明白、合乎情理，既有严密的逻辑性，又变化有序，生动感人。

（1）层次

层次是演讲稿思想内容的表现次序，它体现演讲者思路展开的步骤，也反映演讲者对客观事物的认识过程。演讲稿结构的层次是根据演讲的时空特点对演讲材料加以选取和组合而形成的。由于演讲是直接面对听众的活动，所以演讲稿的结构层次是听众无法凭借视觉加以把握的，而听觉对层次的把握又要受限于演讲的时间。它不比读书，若不明白可以翻过来回味一下。有声语言是转瞬即逝的，一篇演讲稿若不注意条理层次，口头表达出来就会使听众难以把握要领。听众理解不了演讲者所表达的意思，也就失去了听下去的兴趣。因此，必须重视演讲稿的层次。

那么，怎样才能使演讲稿结构的层次清晰明了呢？根据听众以听觉把握层次的特点，显示演讲稿结构层次的基本方法就是在演讲中树立明显的有声语言标志，以此适时诉诸听众的听觉，从而获得层次清晰的效果。演讲者可在演讲中反复设问，并根据设问来阐述自己的观点，这样可使整个演讲环环相扣，层层深入。此外，在演讲稿中恰当地运用过渡句，或用"首先"、"其次"、"然后"等语词来区别层次，也是使层次清晰的有效方法。

（2）节奏

节奏，是指演讲内容在结构安排上表现出的张弛起伏。"文似看山不喜平"，写演讲稿如同写文章，最忌讳平铺直叙。演讲稿结构的节奏，主要是通过演讲内容的变换来实现的。演讲内容的变换，是在一个主题思想所统领的内容中，适当地插入幽默、诗文、逸事等内容，以便听众的注意力既保持高度集中而又不因为高度集中而产生兴奋性抑制。优秀的演说家几乎都长于此道。

演讲稿结构的节奏既要鲜明，又要适度。平铺直叙，呆板沉滞，固然会使听众紧张疲劳，而内容变换过于频繁，也会造成听众注意力涣散。所以，插入的内容应该为实现演讲意图服务，而节奏的频率也应该根据听众的心理特征来确定。

（3）衔接

衔接是指把演讲中的各个内容层次联结起来，使之具有浑然一体的整体感。由于演讲的节奏需要适时地变换演讲内容，因而也就容易使演讲稿的结构显得零散。衔接是对结构松紧、疏密的一种弥补，它使各个内容层次的变换更为巧妙和自然，使演讲稿富于整体感，有助于演讲主题的深入人心。演讲稿结构衔接的方法主要是运用同两段内容、两个层次有联系的过渡段或过渡句。

4．结尾

演讲稿的结尾必不可少，结尾一定要简洁有力，余音绕梁。结尾是演讲内容的自然收束。言简意赅、余音绕梁的结尾能够使听众精神振奋，并促使听众不断地思考和回味；而松散疲沓、枯燥无味的结尾则只能使听众感到厌倦，并随着事过境迁而被遗忘。怎样才能给听众留下深刻的印象呢？美国作家约翰·沃尔夫说："演讲最好在听众兴趣到高潮时果断收束，未尽时戛然而止。"这是演讲稿结尾最为有效的方法。在演讲处于高潮的时候，听众大脑皮层高度兴奋，注意力和情绪都由此而达到最佳状态，如果在这种状态中突然收束演讲，那么保留在听众大脑中的最后印象就特别深刻。

好的结尾多种多样，但从风格上来讲主要有两种：一是刚劲有力，慷慨激昂式的结尾，语言应斩钉截铁，言已尽而威力无穷；二是发人深思，回味无穷式结尾，语言应深沉含蓄，言已尽而意犹未尽。

常见的结尾方式有如下几种：

（1）总结要点，小结全篇内容，对演讲的观点加以强调。

（2）表示个人的希望和愿望，或表示决心和警告。

（3）向听众发出号召，用充满激情的言语鼓舞人心。

（4）用名言警句收束全文。

（5）用发人深思，耐人回味的问句结尾。

（二）演讲稿的写作要求

1．有的放矢

演讲稿是讲给人听的，因此，写演讲稿首先要了解听众，了解他们的思想状况、文化程度、职业状况，了解他们所关心和迫切需要解决的问题是什么，等等。否则，演讲稿写得再花功夫，说得再天花乱坠，听众也会无动于衷，感到索然无味。这样演讲也就达不到宣传、鼓动、教育等目的。

2．主旨明确

演讲稿主旨明确是指演讲者应明确提出其赞成什么，反对什么。它反映演讲者对一种理性认识的肯定，表达演讲者对客观事物见解的精辟程度。主旨鲜明的演讲稿能给人以可信性和可靠感。如果主旨不明确、不鲜明，演讲稿就缺乏说服力，从而失去应有的作用。

3．论证充分

演讲稿的主旨确定后，就要围绕这个主旨组织材料，进行论证。通过分析、比较、例证等方法论证中心论点。只有论证充分，才能使演讲具有说服力。

4．感情强烈

演讲稿要用真挚、强烈的感情来打动人、感染人，这样才会有鼓动性和教育性。因此，它要求在表达上重视感情色彩，把说理和抒情结合起来。既有冷静的分析，又有热情的鼓动；既有所怒，又有所喜；既有所憎，又有所爱。当然这种深厚动人的感情不应是"挤"出来的，而要发自肺腑，就像泉水自然喷涌而出。

5．语言有感染力

好的演讲稿，语言一定要生动。如果只是思想内容好，而语言干巴无味，那就算不上是一篇好的演讲稿。要使语言富有感染力，需注意以下三点：一是用形象化的语言，运用比喻、比拟、夸张等手法增强语言的形象色彩，把抽象化为具体，深奥化为浅显，枯燥变成有趣。二是运用幽默、风趣的语言，增强演讲稿的表现力。这样，既能深化主题，又能使演讲的气氛轻松和谐；既可调整演讲的节奏，又可使听众消除疲劳。三是发挥语言音乐性的特点，注意声调的和谐和节奏的变化。

例文一：

愿生生世世为矮人

（菲律宾）罗慕洛

有一次，在巴黎举行的联合国会议席间我和苏联代表团团长维辛斯基激辩。我讥讽他提出的建议是"开玩笑"。突然之间，维辛斯基把他所有轻蔑别人的天赋都向我发挥出来。他说："你不过是小国家的小人罢了。"

在他看来，这就是辩论了。我的国家和他的相比，不过是地图上的一点而已。我自己穿了鞋子，身高只有1.63米。

即使在我家中，我也是矮子。我的四个儿子全比我高七八厘米。就是我的太太穿了高跟鞋的时候，也要比我高寸把。我们婚后，有一次她接受访问，她曾谦虚地说："我情愿躲在我丈夫的影子里，沾他的光。"一个熟朋友就打趣地说，这样的话，就没有多少地方好躲了。我身材矮小，和大名鼎鼎的人物在一起，常常特别惹人注意。第二次世界大战期间，我是麦克阿瑟将军的副官，他比我高20厘米。那次，我们一同上岸，新闻报道说："麦克阿瑟将军在身及腰部的水中走上了岸，罗慕洛将军和他在一起。"一位专栏作家立即拍电报调查真相。他认为如果水深到麦克阿瑟将军的腰部，我就要淹死了。

我一生当中，常常想到高矮的问题。我但愿生生世世都做矮子。

这句话可能会使你诧异。许多矮子都因为身材而自惭形秽。我得承认，年轻的时候也穿过高底鞋。但用这个法子把身材加高实在不舒服。并不是身体上的，而是精神上的不舒服。这种鞋子使我感到，我在自欺欺人，于是我再也不穿了。

其实这种鞋子剥夺了我天赋的一大便宜。因为：矮小的人起初总被人轻视；后来，他有了表现，别人就觉得出乎意料，不由得不佩服起来，在他们心目中，他的成就就格外出色。有一年我在哥伦比亚大学参加辩论小组，初次明白了这个道理。我因为矮小，所以样子不像大学生，就像小学生。一开始，听众就为我鼓掌助威。在他们看来，我已经居于下风，大多数人都喜欢看居于下风的人得胜。我一生的遭遇都是如此。平平常常的事经我一做，往往就成了惊天动地之举，因为大家对我毫不寄以希望。

1945年，联合国创立会议在旧金山举行，我以无足轻重的菲律宾代表团团长身份，应邀发表演说。讲台差不多和我一样高。等到大家静下来，我庄严地说出这一句话："我们就把这个会场当做最后的战场吧。"全场登时寂然，接着爆发出一阵掌声。我放弃了预先准备好的演讲稿，畅所欲言，思如泉涌。后来我在报上看到当时我说了这样一段话："维护尊严，言辞和思想比枪炮更有力量……唯一牢不可破的防线是互助互谅的防线！"

这些话如果是大个子说的，听众可能客客气气地鼓一下掌。但菲律宾那时离独立还有一年，我又是矮子，由我来说，就有意想不到的效果。从那天起，小小的菲律宾在联合国大会中就被各国当做资格十足的国家了。

矮子还占一种便宜：通常都特别会交朋友。人家总想卫护我们，容易对我们推心置腹。大多数的矮子早年就都懂得：友谊和筋骨健硕，力量一样强大。

早在1935年，大多数的美国人还不知道我这个人，那时我应邀到圣母大学接受荣誉学位，并且发表演说。那天罗斯福总统也是演讲人。事后他笑吟吟地怪我"抢了美国总统的风头"。

我相信，身材矮小的人往往比高大的人富有"人情味"而平易近人。他们从小就知道自视绝不可太高。身材魁梧的人态度矜持，别人会说他有"威仪"。但是矮小的人摆出这种架子来，人家就要说他"自大"了。

矮子如果有自知之明，很早就会明白脾气是不好随便乱发的。大个子发脾气，可能气势汹汹，矮子就只像在乱吵乱闹了。

一个人有没有用，和个子大小无关。反之，身材矮小可能真有好处。历史上许多伟大的人物都是矮子。贝多芬和纳尔逊都只有1.63米高，但是他们和只有1.52米高的英国诗人济慈及哲学大师康德相比，已经算高大的了。

当然，还有一位最著名的矮子是拿破仑。好些心理学家说，历史上之所以有拿破仑时代，完全是拿破仑的身材作祟。他们说，他因为矮小，所以要世人承认他真正是非常伟大的人物，失之东隅，借此收之桑榆。

演讲一开始，我就提到苏联代表维辛斯基因为我胆敢批评他的国家而出言相讥的事。我不喜欢别人以为我任凭他侮辱矮子，而不加反驳。他一说完，我就跳起身来，告诉联合国大会的代表说，维辛斯基对我的形容是正确的。但是我又说：

"此时此地，把真理之石向狂妄的巨人眉心掷去——使他们的行为有些检点，是矮子的责任！"

维辛斯基凶狠地瞪着眼，但是没有再说什么。

(罗慕洛1963年在菲律宾大学的演讲——原载《演讲与口才》2002年第5期)

这篇演讲稿可分为三个部分：阐述矮人的弱势，论述矮人的优势，评述矮人自身的品性。演讲版块分明、层次清晰、节奏明快、结构严谨。演讲的语言极富特色：娓娓而谈、轻松幽默、语气诚挚。

例文二：

中国电信，你准备好了吗？

（湖南　陈一鸣）

各位朋友：

大家好!

美国著名摇滚歌星迈克尔·杰克逊每一次演出时，跳上舞台说的第一句话是："Are you ready?"译成中文的意思是"你准备好了吗？"他是在提醒每一位观众，他那充满狂野激情的歌舞将震撼你的身心，使你的心灵战栗，心跳加速，如果没有充分的心理准备，你将无法承受那一份激情的洗礼。

今天，我走上演讲台，也想发出同样的提问："Are you ready?"你准备好了吗？

当新世纪的曙光在地平线上出现，当机遇和挑战在你面前并存时，你准备好了吗？

当中国电信的老大地位不复存在，世界电信市场风云莫测的时候，中国电信，你准备好了吗？

当15年的入世谈判画上一个句号，世贸组织的大门已经打开，与狼共舞已经开始，中国，你准备好了吗？

15年的谈判，15年的等待，中国入世了，人们在欢呼雀跃，在激动难耐，人们在期待入世能圆中国一个梦，一个强国之梦。可入世就一定能强国吗？答案是不确定的。

我是一名来自湖南电信的员工，面对严峻挑战，我们电信人的理想和信念是：将中国变成一个电信强国。因为电信的强弱，是衡量一个国家是否强大的标准之一。国外电信巨头已经在虎视眈眈地盯着中国这个世界上最大的电信市场，它如一个彪形大汉冲入国门，挥舞着拳头开始瓜分着我们的市场，一场异常残酷甚至残忍的市场争夺战正在上演。怎样才能打赢那"彪形大汉"，怎样才能擒住这条狼？

电信人在思索，电信人在奋斗。

现在，我站在演讲台上可以自豪地告诉大家："我准备好了！我们已经准备好了！"

因为，我们湖南电信，不！我们中国电信在不断攀高，不断创新，不断制造电信事业上的珠穆朗玛。

面对"入世"的挑战，中国电信开始了狂飙突进式的腾飞。以湖南电信长沙为例，从1999年10月开始的8个月时间内，掀起了轰轰烈烈的"百万电话大行动"，实现装机36万部，创造了8个月完成新中国成立后40年业务发展总和的奇迹。

回首来时路，辉煌无数，艰辛无数。在工作中，我了解到，在电信市场这个风云变幻的战场上，每一位电信人都曾不屈拼搏过，无私付出过，无畏前行过。他们饱含艰难挫折，饱含雨雪风霜，吹响了进军国际电信市场的嘹亮号角。

在湖南"百万电话大行动"中，李亚来吹响了其中一支响亮的号角。在我的想象中，他应该是一个身材高大、健步如飞的汉子。可是，当我用景仰的目光看着他的时候，才知道他是一位40多岁的残疾人。作为电信员工，为抢占市场，他决定在一个村重新立杆放线，但是当地的农民极力反对。"你是活得不耐烦了吧！老子一锄头挖死你！"有人对他这样吼着。李亚来不屈不挠，得理不让："你们就是把我剁成18块，我也要维护企业的正当权益！"他在那里整整守了18天，也整整干了18天。有一天，李亚来的单车坏了，他只好扛着单车，深一脚浅一脚一步一挪。天下起雨来了，路过一座浮桥时，他脚下一滑，连车带人摔进了水沟。他想爬起来，可几次都没有成功，那一瞬间，他突然感觉到自己再也爬不起来了。大雨如注，大风咆哮，他想叫想喊，但四周没有一个人。后来，李亚来的妻子发现了无助的丈夫。她跑过去一把抱住李亚来，痛哭流涕："你这是何苦呢？"18天后，那个村的电话一下子装了50部。山沟沟终于架起了致富的信息金桥。李亚来胜利了！

李亚来是胜利者，他的胜利就是全体电信人理想信念的闪光！正是因为电信人有着"将中国变成一个电信强国"的理想和信念，才能对电信事业有如此深深的爱，有如此深深的情。有了这种爱，这份情，才有了对事业的忠诚，才有了奋斗的意志，也才有了对电信改革的信心。

有多少电信人，就有多少个理想和信念凝聚成的伟大精神；有多少中国人，就有多少个强国的梦想化作永恒的动力。朋友们，面对新世纪的挑战，我可以站在这里大声地告诉你们：中国电信，准备好了！

我们中国，准备好了！

（摘自《演讲与口才》2003年第1期）

此篇演讲稿针对入世后中国电信面临的严峻挑战，提出论点：建设电信强国，"我准备好了。我们已经准备好了！"并通过典型事例进行论证。此文主旨明确，论证充分，语言简短有力，富有激情，极具感召力。此演讲曾获"香格里拉杯"全国演讲大赛一等奖。

第六节　开幕词和闭幕词

一、开幕词和闭幕词的含义和作用

开幕词是指主办隆重会议的单位邀请的人员或主要领导人在开会之初对与会者发表的讲话。开幕词是会议的序曲，它宣告大会的开始，为会议定下总的基调，体现会议的中心内容，是开好大会的第一步。

闭幕词是指主办隆重会议的单位邀请的人员或主要领导人在会议结束之际对与会者发表的讲话。闭幕词是会议的尾声，它宣告大会的结束，是大会闭幕的标志。

二、开幕词和闭幕词的特点

（一）宣告性

开幕词首先要宣布会议开幕，它是会议正式开始的宣告；闭幕词末段要宣告会议结束，它是会议正式结束的宣告。

（二）号召性

开幕词要向会议发出号召、提出希望，确保会议顺利召开、圆满结束；闭幕词要号召与会人员以及非与会的相关人员为完成会议提出的任务而努力奋斗。

（三）导向性

开幕词确定会议的基调，要求与会者遵守会议的要求，围绕开幕词所确定的中心议题开展活动，闭幕词要为今后的工作确定方向。

三、开幕词和闭幕词的写作方法

（一）开幕词和闭幕词的写作格式

开幕词和闭幕词主要由标题、称呼、正文三部分构成。

1．标题

开幕词和闭幕词的标题有全称式、省略式和新闻式三种类型。全称式标题由致词人姓名、会议名称及文种构成。例如《×××副总经理在公司总审计师培训班上的讲话（开幕词）》。省略式是在全称式标题的基础上省略了致词人姓名，由会议名称和文种构成的。例如：《在江苏电力数字化档案馆项目专家论证会上的讲话（闭幕词）》。新闻式一般采用双标题的形式，正题直接揭示会议的主旨，副题标明会议名称和文种。例如《锐意进取，开创新纪元——××代表大会闭幕词》。

2．称呼

顶格称呼与会者，如"女士们"、"先生们"、"同志们"、"朋友们"、"各位代表"、"各位来宾"等。

3．正文

开幕词和闭幕词的正文由前言、主体和结尾构成。

（1）开幕词

前言一般宣布大会开幕。如"××××会议现在开幕"。此句有时可省略。在开幕词的前言部分有时还要交代会议筹备工作或说明参会人员的情况，或介绍出席会议的领导和来宾姓名，或对参会人员表示欢迎和感谢等。

主体部分是开幕词的中心所在，要求篇幅短小，但容量较大，涉及会议的有关问题。为了表达清楚，一般分层表述。首先，概括说明召开会议的历史背景，简要回顾过去；或者是概括当前形势，讲明召开会议的意义所在。其次，交代会议的中心议题，宣布大会的议程，即会议的主要任务。最后，阐明会议的指导思想，提出今后的奋斗目标。

上述三项内容，是开幕词写作的一般要求，可以根据会议的需要进行必要的取舍，突出其中的一部分或两部分，也可调整顺序，按不同的结构层次书写。

开幕词结尾一般发出号召、提出希望，并对会议完成议程之后作出预示性的评价。最后常以惯用语"预祝大会圆满成功"、"谢谢大家"作结束语。

（2）闭幕词

闭幕词前言一般说明会议已经完成预定的任务，宣布大会即将结束。在此部分也可对为大会圆满成功做出贡献的单位或个人表示诚挚的谢意。把此部分内容放在结尾处也可。

闭幕词主体一般要简要回顾会议的过程，概括会议的主要内容，对会议过程中提出的重要问题表明态度，肯定会议的成果，评价会议的意义，向与会人员提出贯彻会议精神的要求，明确今后的任务。

闭幕词结尾通常用简短有力的坚定语气提出希望、发出号召，表示祝愿，使与会者在激动与振奋中离席。最后，用一句话郑重宣布大会正式闭幕。

（二）开幕词和闭幕词的写作要求

1．热情庄重

开幕词和闭幕词行文要热情庄重。词句要带有肯定性、鼓舞性。

2．富有激情

开幕词富有激情，可激发与会人员的热情，为会议圆满成功地结束打下良好的基础。闭幕词富有激情，可以调动与会者完成大会提出的任务的积极性、主动性，把会议推向高潮。

3. 语言简洁

不管是开幕词还是闭幕词，篇幅都比较短小，容量都比较大，所以行文时要集中概括，详略得当；语言要简洁，以达到言简意赅的效果。

例文一（开幕词）：

×××副总经理在公司总审计师培训班上的讲话（开幕词）

（××××年×月×日）

各位来宾、同志们、朋友们：

大家好！

今天能在这里和大家相聚很高兴。首先，我代表公司党组对总审计师培训班的顺利开班表示热烈祝贺；对关心和支持本次培训班的审计署领导、监事会领导和中国内审学会领导及各有关院校的专家、教授们表示衷心的感谢。

国家电力公司成立以来，公司审计工作在公司党组及××总经理的领导下，在审计署等有关部门的指导下，公司系统各级审计人员积极服务于公司的改革与发展，扎实而富有成效地开展工作，取得了显著成绩。一是加强了审计组织体系。公司本部设立了6个审计派出机构，公司系统各单位也都设立了独立的审计机构，配备了相应的审计人员。公司推行了总审计制度，首次在黑龙江、河南、福建三省设立了副局级总审计师，从组织上进一步加强了对审计工作的领导；二是加强了审计制度建设，提出了创建国际一流电力公司审计的目标；三是创造性地开展各项审计工作。公司系统各级审计部门紧紧围绕公司"两型两化、国际一流"的经营战略目标，按照"三不放过"的要求，针对焦点、热点问题，有效开展了各类审计项目（干部经济责任审计、资产经营责任审计、基建工程竣工决算审计等等），进一步完善了公司自我约束机制，提高了公司依法经营意识，促进了党风廉政建设；四是努力推进设计成果运用。按照"审而要改、审而要究、审而要用"的要求，实行了审计意见反馈制度，加强了后续审计，促进了审计成果的转化，进而加强了企业经营管理、提高了企业经济效益、维护了企业合法权益。在充分肯定审计工作取得成绩的同时，我们也应该看到审计工作还存在一些问题和不足：如审计工作发展不平衡；审计队伍的整体素质还不能适应公司改革与发展的需要；审计制度体系建设还有待进一步加强和完善；审计成果的运用还需要进一步推进和落实等等。

审计实践告诉我们，经济越发展，改革越深入，就越要加强审计工作。目前，国家电力公司正在按照《国务院关于印发电力体制改革方案的通知》（国发〔2002〕5号）精神，进一步深化电力体制改革。在电力体制改革过程中，要按照建立现代企业制度的要求，健全决策、执行和监督体系，完善企业自我约束机制。要研究内部审计作为企业内部控制重要组成部分如何加强和完善的问题；研究如何建立健全与公司经营战略、管理体制和管理方式相适应的内部审计体制和机制的问题。同时，在电力体制改革过程中，审计队伍要稳定，审计工作要加强，审计力度要加大，审计成果要巩固。

公司系统现有审计师是根据《审计署关于内部审计工作的规定》设立的。早在1994、1995年，陕西、黑龙江和江西省电力公司就在探索总审计师制度，分别在所属基层单位设立了副总审计师。1996年网省公司层面上原西北电力集团、天津和湖北电力公司也设立了副总审计师。在此基础上，1997年公司第一次审计工作会议上明确提出了"创造条件设立总审计师，促进领导力量到位"的要求。先后为宁夏、广西、重庆、四川、湖南、贵州、河南、新疆、黑龙江、吉林、甘肃省（区、市）电力公司以及葛洲坝集团公司等15个单位配备了副总审计师。经过近五年的探索，2001年，公司第三次审计工作会议和财务工作会议提出："结合建立现代企业制度、研究推行总审计师制度"，"设置总审计师工作，今年试点，明年总结推广"。截至2001年底，公司聘任的首批三位总审计师（副局级，属行政领导班子成员）先后在黑龙江、河南、福建省电力公司到位。推行总审计师制度取得了长足的进步。截至2001年底，公司系统各单位配备了副总审计师62名。这标志着公司系统实行总审计师制度试点工作有了一个新的飞跃。

设立总审计师是建立现代企业制度的需要，是加强公司监督体系的重要举措。总审计师的作用主要是在经济监督体系中发挥作用，对企业主要负责人负责，在经济上保一方平安。设立总审计师有利于加强审计的领导力量；有利于审计在更高的层次上为企业服务；有利于加大审计力度；有利于促进企业领导与审计部门的沟通，增加企业领导对审计工作的了解与关注；有利于推进审计成果的运用，真正做到"审而要改、审而要究、审而要用"。这次举办的总审计师培训班，是列入公司人才培训计划的，是公司推行总审计师制度的重要举措，这也说明公司领导对总审计师制度的重视。我们要抓好总审计师试点工作，进一步明确总审计师的职业道德、工作职责和管理权限，切实做到人员到位、职责到位和工作到位。我们要认真总结总审计师试点的经验，进一步推行总审计师制度。

同志们，企业的竞争，关键是人才和技术的竞争。公司要创建国际一流电力公司审计，需要有一支高水平的审计队伍，这是搞好审计工作的基础。今天我们在这里举办总审计师培训班，就是要加强审计人才的培养，全面提升总审计师队伍的政治素质和业务素质，提高总审计师组织领导能力和管理水平。

下面，我提出几点要求和希望：

一、认真贯彻"三个代表"重要思想，努力提高政策、业务水平

作为一名合格的总审计师，一是要以"三个代表"的重要思想为指导，始终与以江泽民同志为核心的党中央保持高度一致，准确把握和正确执行党的路线、方针和政策，遵守国家法律、法规及公司各项规章制度。当前，要认真学习江泽民同志"5.31"重要讲话，深刻领会江总书记提出的"四个必须"和"四个新"的精神实质，把"三个代表"的重要思想落实到审计工作实际中去。二是要具有良好的职业道德，坚持原则、实事求是、廉洁奉公，有强烈的责任感和使命感。三是要具有较高的政策理论水平和现代企业审计经验，熟练掌握现代化管理的有关知识和技能，注重现代科学技术在审计工作中的应用。因此，各位学员要通过这次培训，理论结合实际，努力提高审计政策理论水平和实际工作能力。

二、要理论联系实际，与时俱进、开拓进取、学以致用

这次总审计师培训班是国家电力公司年度培训计划的一部分，培训班的课程设置是经过公司有关部门和审计学会共同研究和安排的，对总审计师应该具备怎样的知识结构进行了有益的探索。这次培训的总体内容：一是结合当前形势，注重研讨审计、会计理论的发展趋势，如"安然"事件的冲击、加入WTO后对我国会计和内部审计工作的影响等等；二是从内部审计作为公司内部控制重要组成部分这个角度，研究健全公司法人治理结构，防范企业经营风险的重要性，如内部审计与公司治理关系、审计风险的控制与防范等等；三是研究内部审计如何利用计算机及借鉴国外审计经验来提高审计工作水平的问题。因此，这次总审计师培训班的培训内容很丰富，且理论联系实际，是一次绝好的学习和提高水平的机会。这次培训班聘请的专家、教授都是一流的专家、一流的教授，来自国内一流的学校，相信他们讲的课也是一流的。在座的各位都是搞审计工作的，能够有这个机会聆听国内一流的审计专家和学者集中讲课，机会难得，可遇不可求。希望大家能够潜下心来，认认真真地把课上好。希望大家珍惜这次学习机会，边学习、边实践、学以致用，积极探索和研究总审计师在企业中应如何发挥作用。

三、遵守纪律，刻苦学习，做好表率

目前正是电力体制改革的重要关头。在这样的情况下，培训班采用集中脱产培训的方式。就是要让大家在百忙之中抽出时间，先把手头工作放下，静下心来，利用这两个星期时间，总结一下审计实践中的经验，同国内审计方面的学者多切磋、多探讨，多读几本书，多思考一些问题。大家都是各个单位的领导，应为审计队伍做好表率。大家是否能学习好，是否能有良好的收获，也是对审计干部素质的检验。四川电力疗养院的环境十分幽静，也很优美，是好好学习的理想场所。在此，我强调一下，学习期间，大家务必要严明纪律、勤于思考，刻苦学习，原则上不许请假。上课认真听老师讲课，尊重老师劳动成果，做好笔记，下课要充分利用时间，消化课堂知识。同时，要注意劳逸结合。希望通过这次培训使大家都能学有所获。

最后，祝大家在培训期间学习进步，生活愉快！

预祝本次培训班取得圆满成功！

这篇开幕词开头对总审计师培训班的顺利开办表示祝贺，并对专家、领导表示衷心感谢。正文重点回顾了电力公司开办总审计师培训班的历史背景及其意义。然后重点对学员提出要求和希望，阐明了今后的奋斗目标。最后做出预示性的评价。此文层次清晰，行文自然流畅，通俗易懂。词句具有较强的肯定性、鼓舞性。

例文二（闭幕词）：

在江苏电力数字化档案馆项目专家论证会上的讲话（闭幕词）

国家电力公司办公厅×××

(××××年×月×日)

各位领导、各位专家、同志们：

今天，我们召开了一个非常成功的会议。这是国家电力公司系统档案发展史上的一件大事。首先感谢国家档案局多年来对电力档案工作的关心和支持，感谢国家档案局、中国人民大学档案学院、清华大学、国家科技部等有关部门的领导、专家在百忙之中出席江苏省电力公司数字档案馆项目可行性研究论证会，并让我们对专家们认真负责的精神和高效率的工作表示钦佩和感谢。

在今天的会议上，各位专家对江苏省电力公司数字档案馆项目的可行性作了精辟的发言，对数字档案馆项目建设思路给予了充分的肯定和很高的评价，同时也对档案馆的建设提出了非常好的意见和建议。我们很受启发，也坚定了信心。我们相信，通过这一项目的研究和实施，一定会为电力系统档案管理现代化开辟新的途径，一定会为推进电力企业信息化建设和企业管理水平的提高作出积极贡献。国家电力公司将给予支持。

建设数字化档案馆是一个全新的课题，是一个高含量的技术课题，更是一个复杂的管理课题。不仅对档案工作，而且对企业管理工作都提出了很高的要求。希望江苏电力公司以这次论证会为工作动力，认真接受和落实专家组提出的意见和建议，进一步深化项目研究。把总体目标与阶段性目标结合起来，把进取精神与科学态度结合起来，积极研究，稳步推进。总体目标和设想有了，但要真正实现这个目标还有很多具体的工作要做，还有很多的困难要去克服。要切实加强调研工作，密切关注和及时了解掌握国内外、行业内外最新发展水平和动态，避免走弯路。随着科学技术的发展，新知识、新技术、新问题会不断涌现，这项工作也不可能一步到位。但是有了好的基础和框架，也便于今后不断地升级、改进和完善。

希望各位领导、专家今后继续关注这项工作的进展，使这项工作始终能够在国家档案局和各位专家的指导帮助下顺利地进行，为进一步提高电力系统档案的现代化管理水平和我国档案事业的发展做出积极贡献。

这篇闭幕词开头肯定了会议的成果，对为大会圆满成功做出贡献的单位和个人表示诚挚的感谢。主体部分回顾了会议的过程，概括了会议的主要内容，评价了会议的意义，提出了日后的任务。结尾部分发出号召，提出希望。此文言简意赅，行文热情洋溢，富有鼓舞性。

第四章 事务类文章写作

事务文书是机关、团体、企事业单位、个人处理日常事务时所经常使用的一种应用文体，如计划、总结等，这类应用文源远流长，种类多，涉及范围广，使用频率高，在人们的日常工作、学习中有非常重要的意义。写好事务文书，从某种意义上说，直接关系到人们的工作效率和社会交往的好坏。

事务文书所要处理的事务十分具体，需要解决的问题也非常实际。在时间上要求及时、紧迫，内容上要求实事求是，表达上要求直陈其事。通常使用惯用格式，简单明了，一目了然。事实上，任何文章，在写作时都要求做到：思想正确，内容具体；结构恰当，条理清楚；文字准确，语言流畅。然而，作为应用文总类中的一个分支，事务文书又有其自身的特点：内容方面要密切联系实际，正确体现党和国家的路线方针政策，具有很强的实用性、政策性和实效性；在形式方面虽然不像公文那样具有严格的规范和程式，但也有比较固定的格式；在表达方式上有事实的叙述说明，也有理论的议论阐发；在语言的运用上不仅要求简明概括，而且要生动，富有表现力。

第一节 申 请 书

一、申请书的含义和作用

申请书是单位或个人因为要表达某种愿望，解决某种问题，要求某种权利，向上级组织或领导提出请求时所用的一种书信文体。

申请书的使用范围比较广泛，无论是个人向组织表达某种愿望，还是组织向组织提出某种要求，往往都要写书面申请，如入党、入团、入会、入学、申请住房、开业、贷款、补助等。它是个人或组织向领导或上级组织提出请求的凭证，有利于问题的解决。

申请书是一种专用书信，它与一般书信一样，是表情达意的工具；但是，它与一般书信又有区别。一般书信大部分是个人之间互通情况、交流信息、交流感情、研究工作、商讨问题时使用的，内容比较广泛，公事、私事均可谈论，一事、多事没有限制；而申请书则是个人或下级对上级组织、机关团体、单位有所请求时才使用。一般是一事一书，内容比较单纯。

二、申请书的特点

(一) 主动性

申请书是单位或个人根据自己的需求和愿望主动向上级组织或领导提出请求的专用文书。当个人或组织萌生某种愿望并且实现这种愿望的条件达到成熟时，就可以递交申请书的方式向上级组织或部门提出自己的要求，表达强烈的愿望。

(二) 主观性

申请书的作者一般都要根据申请的事项，对申请书的接受者提出自己的主观愿望和要求，表明态度和决心，并根据实际情况，真诚、恳切地陈述自身令人信服的理由。申请书的写作不是听命式写作，而是作者自身愿望的流露，有极强的主观性。

（三）真实性

申请书是申请书作者根据自己的实际情况、真实情感、真实愿望向上级提出的请求，容不得半点虚假。一分好的申请书，它的申请理由必定如实客观，不能掺杂虚假的成分。不真实的申请书可能导致相反的结果。

三、申请书的写作方法

（一）申请书的写作格式

申请书主要由标题、称呼、主体、结尾、署名、日期构成。

1. 标题

申请书的标题有两种写法。一是直接在申请书的首行正中写上"申请书"即可；另一种根据申请的事项和目的，标明具体的名称，在申请书的首行正中写上"××申请书"字样，例如"入党申请书"、"专利申请书"等。

2. 称呼

写接受申请者的名称，既可以写机关、组织的名称，也可以写有关领导人的姓名，例如"××党支部"、"××校长"等。

3. 主体

主体一般包括申请事项、申请理由、申请人态度等内容。

申请事项是写作申请书的目的，也是全文的纲领。如果不先写明申请事项，申请就会目标不明，而申请书接受者也会抓不住要领，无法"对症下药"。所以，这一部分的写作要开门见山、清楚明白。

申请理由是申请书的接受者研究答复和批准申请的根据，也是全文的重点。写作时要根据所请事项的不同，灵活掌握，提出令人信服的申请理由。或谈自己的思想认识过程，或摆自己的实际情况，或列出自己的主客观条件，等等。这一部分的写作，应注意以下几个问题：一要避免含糊其词，理由要提得充分肯定；二要避免面面俱到，主次不清，要突出主要理由；三要避免条理不明，应通过分条列项或分段说明，将理由写得眉目清晰。总之，申请理由要写得令人信服，使申请书的接受者能够透彻理解申请者的主客观情况，以便使所请事项得到及时解决。

申请人态度即申请者根据申请的事项，向所申请的组织或领导表明态度或提出希望和要求。这一部分对全文具有收束作用。写作时，态度要明确，语气要诚恳。

主体部分一般要在最后加上"特此申请"等惯用语。

4. 结尾

结尾视具体情况而定。一般写表示敬意、祝愿或感谢的话。如"此致敬礼"、"请接受我衷心的感谢""敬请批准为盼"等。也可以没有结尾。

5. 署名、日期

申请书必须有署名和日期。在结尾的右下方写申请人姓名或单位名称，另起一行写提出申请的具体日期。

(二) 申请书的写作要求

1. 实事求是

申请书的写作目的,是使申请书的接受者批准自己的申请。为此,只有推心置腹,毫不隐瞒地将自己的真实情况、真实思想表述出来,才能沟通申请者与接受者之间的感情,加深理解和信任。所以,作者必须端正态度,抱有诚意,从自己的实际情况出发提出申请。写作时要讲真话,不讲假话、大话、空话、套话。

2. 表述清楚

为了使申请书的接受者对申请者的具体情况、申请事项、申请理由有一个具体、明确的了解,申请书要写得简明扼要,文字要明白晓畅,不要拖泥带水,言不及义。

3. 有针对性

申请书是书信,但又有别于一般书信。它不像一般书信那样可以自由述写,而要注意内容的选择及接受对象的特点,有很强的针对性。写作前,要认真了解接受者的职责范围、业务范围、心理、知识层次等有关情况,做到有的放矢。写作时,内容必须局限于所请求的事项之内,围绕请求事项说明理由、介绍情况、表达愿望、谋篇布局。

例文一:

入 党 申 请 书

敬爱的党组织:

我是电力公司财务处的一名普通职员。今天,我怀着无比激动的心情,郑重地向党组织提出申请:我要求加入中国共产党。

我生长在一个党员干部家庭,对党的认识从小时候就开始了。在党组织的帮助教育下,我逐步认识到中国共产党是中国工人阶级的、有共产主义觉悟的、全心全意为人民服务的、不惜牺牲个人一切的、为实现共产主义奋斗终身的先锋队。中国共产党是一个光荣而伟大的政党。中国共产党是中国各族人民利益的忠实代表,是中国特色社会主义事业的领导核心。党的最终奋斗目标是实现共产主义。

在新民主主义革命时期,党领导全国人民进行了艰苦卓绝的斗争,推翻了压在中国人民头上的"三座大山",建立了社会主义新中国。在社会主义现代化建设时期,我党又高举邓小平理论伟大旗帜,坚持党在社会主义初级阶段的基本路线和基本纲领,率领全国人民自力更生,艰苦奋斗,使我国社会主义现代化建设事业取得了巨大的成就。事实证明,中国共产党不愧为伟大的党、光荣的党、正确的党。

多年来的学习和生活使我认识到,要想成为一名光荣的中国共产党党员,必须确立坚定的共产主义信念,把最终实现共产主义社会制度作为自己的最高理想;把树立全心全意为人民服务的思想,自觉地以个人利益服从党和人民的利益,吃苦在前、享受在后,在一切困难和危险的时刻挺身而出作为自己的人生观、价值观;把努力学习财务知识,掌握科学技术,为社会主义现代化建设作出贡献作为实现理想的具体行动。因此,我的入党目的是，在党的教育帮助和指导下，全心全意为人民服务，为共产主义奋斗终身。

我是一名普普通通的国家公务人员，平时能够做到热爱祖国，热爱党，热爱人民，遵守各种法律和规章制度，服从领导，团结同志，忠于职守，克己奉公，关心集体。但我还存在以下缺点：有时脾气暴躁，讲话冲动，不但容易得罪人，而且还会耽误工作；有时由于晚上睡觉较晚，第二天上班不能准点，等等。今后要努力改正。

既然我有了加入党组织的决心，今后就一定要在保持原有的优点的基础上对自己提出更高的要求：要更加认真勤奋地工作，爱岗如家；积极学习和领会党的方针政策和基本知识，不断提高自己的思想认识水平；和气待人，与同事和睦相处；上班不迟到、不旷工。

前段时间我因为怕自己达不到申请入党的要求而迟疑过，现在我发现犹豫不决不是个好办法，我应该自觉地向党组织靠拢，让党组织帮助自己查找缺点和不足，并且坚持自我批评，虚心听取领导和同事的意见，让自己更快地成长。

我的入党申请，无论组织是否予以考虑，或对我长时间的考验和审查，我都将一如既往地坚定自己入党的信心和决心。

我的个人简历是……。

家庭成员和主要社会关系情况是……。

请组织考验我吧。

申请人：×××

××××年×月×日

这份入党申请书写明了申请人入党的动机、原因、对党的认识以及自己的决心和行动；并简要介绍了个人实际情况以及个人经历、家庭成员及社会关系等等。写作时注意到把重点放在入党动机、对党的认识以及自己的决心和行动上。语气诚恳，格式规范。

例文二

开 业 申 请 书

××市工商局：

自去年从××电子工业学校（高职部）毕业后，我一直在××电器行工作。在校期间我学的是移动通信设备原理与维修专业。毕业前获得劳动和社会保障部颁发的电子仪器仪表装配工（中级技能）职业资格证书。一年多的工作也使我在维修移动电话、BP机等民用移动通信设备方面的实践技能得以进一步提高。我已经具备独立开业的能力，并已筹备×万元。因此，我申请开办一个移动通信设备维修部。恳请考核我的技术，审查开业条件，批准我的请求，发给营业执照。

开业后，我保证遵守国家的一切政策、法律、法规，维护市场秩序，做到价格合理，照章纳税，热情为群众服务。

此致

敬礼

申请人：×××
××××年×月×日

这是一份写得很规范的开业申请。作者将申请理由放在前面，简要介绍了自己的专业、专业资格、工作经历、个人能力、经济基础，紧接着提出开业申请，最后恳切地提出请求并向上级作出保证，表明态度，以期得到上级的认可。

第二节 计 划

一、计划的含义和作用

计划是集体或个人对一定时期内的任务预先设想、部署、安排的一种应用文体。

计划的写作频率不是很高，但使用范围却非常广泛。机关、团体、企事业单位及个人，对一定时期的工作预先作出安排和打算时，都要用到计划。它是行动的蓝图，是完成任务的基础。它的制订，使人们在工作中有法可循，有据可依，避免了盲目性，从而使任务得以顺利完成。计划又是人们工作的凭依和准绳。工作成绩如何，成效怎样，都要依照事先制订的计划来检验、评估，所以计划又具有保证监督作用。

二、计划的特点

（一）预见性

古人云："凡事预则立，不预则废。""预"，就是事先安排，事前计划。预见性是写计划前对该项计划在数量、质量、时间、步骤、措施、内部与外部的工作条件等诸方面作出成功与不成功因素的分析，对发展趋势和所能达到的目标、可能出现的问题作出科学的预测，以保证计划的科学性和成功率。只有根据社会实际，对未来工作作出的科学预见，才能制订出周密可行的计划。

（二）目的性

机关、单位或个人，对于未来某段时间或未来某段时间的某个方面，都有一个理想的发展目标。计划可以使这个目标具体化。计划中的每一项内容都为保证实现目标而服务，为这个既定的目标谋划最全面、最优化的策略和步骤，落实具体的措施和方案等。没有明确的目的，就谈不上计划。

（三）可行性

制订计划要坚持实事求是的原则，要在深入细致的调查研究的基础上进行。要杜绝单凭理想和愿望定目标，提要求。确定的任务、目标、措施，应该是经过努力就能做到、达到的。既不盲目，也不保守，切实可行。为了方便实施，计划通常采用表格或条文形式，简明扼要地表达计划内容，使何人、何时、何事、如何做等实施要素一目了然。计划的语言简洁明快。

（四）规范性

没有固定格式的计划，内容写什么虽无明文规定，但几乎是约定俗成的。一份完整的计划都要包括制订计划的指导思想、依据、目标任务、措施办法、步骤、注意事项等。

三、计划的类型

计划这个概念有广义和狭义之分。广义的计划是一个总的名称，实际上它还有许多不同的种类。这些种类有时间长短、范围大小、内容详细与否等区别。例如：

规划，是计划中最宏大的一种。时间长，一般都要在三五年以上；范围广，大都是全局性工作或涉及面较广的重要工作项目；在内容和写法上，往往是粗线条的，比较概括。例如《××市社会发展十年规划》、《××省成人教育"八五"规划》等。

设想，是计划中较粗略的一种。内容上，是初步的、不太成熟的想法；写法上，是概括地、粗线条的勾勒。但时间不一定久远，范围不一定宏大。一般说来，时间长远些的称为"设想"；范围较广泛的称为"构想"；时间不太长、范围也不太大的则称为"思路"或"打算"。

狭义的计划是广义计划中最为适中的一种：时间一般在一年、半年左右；范围一般都是一个单位的工作或某一大项重要工作；内容和写法要比规划具体深入，要比设想正规细致，要比方案简明集中，要比安排拓展、概要。例如：

要点，实际就是计划的摘要，即经过整理，把主要内容摘出来的计划。一般以文件下发的计划都采用"要点"的形式。

方案，是计划中最为繁复的一种。由于其工作比较复杂，不作全面部署不足以说明问题，其内容构成就必然要繁复一些。一般有指导思想、主要目标、工作重点、实施步骤、政策措施、具体要求等项目。

安排，是计划中最为具体的一种。由于其工作比较单一，不作具体安排就不能达到目的，其内容自然要写得详细一些，这样才使人容易把握。

以上众多的计划又可以按不同的标准进行分类：

（1）按性质分：综合计划、专题计划。

（2）按内容分：工作计划、生产计划、学习计划、科研计划。

（3）按对象分：国家计划、部门计划、单位计划、班组计划、个人计划。

（4）按时间分：十年计划、五年计划、年度计划、月份计划。

（5）按形式分：条文与图表计划、条文计划、图表计划。

总之，计划因分类标准不同而有不同的类型。

四、计划的写作方法

（一）计划的写作格式

计划没有固定的写作格式。主要由标题、前言、主体和结尾构成。

1．标题

标题，一般包括单位、时限、内容和文种四项内容。具体说来，可有三种写法：四项式，例如《国家电力公司2001年财务工作计划》。三项式，例如《国家电力公司财务工作计划》。二项式，例如《财务工作计划》（作者名称和时间写在落款处）。

如果是未正式确定的计划，应该在标题后面用括号注明"草案"、"讨论稿"等。

2. 前言

前言是计划的总纲。这一部分要简要写明的是：制订计划的依据，指导思想，包括党和国家的方针政策、上级的指示精神等；本单位的实际情况，包括当前的形势、特点和分析得出的有利因素和不利因素；计划的总目标或总任务。其中，指导方针和目标要求，是计划的原则性内容，既要写得鼓舞人心，又要写得坚定有力，要用精练的语言，概要地阐述。这部分内容在一份具体的计划中可根据不同的范围和对象酌情取舍。

计划的前言部分常用的表达方式有以下三种：

(1) 阐述依据。如"按照区委、区政府的要求，借鉴市区分税制财政体制，拟定我区街乡财政管理体制改革思路如下……"

(2) 目的、任务。如"2001年统计工作的指导思想和总体要求是：以邓小平理论和党的基本路线为指导，围绕我省'十五'计划的奋斗目标和全省中心工作，进一步落实江泽民总书记和国务院领导同志关于反对弄虚作假的重要指示，以提高统计数据质量为中心，加强管理，重点抓好省属企业下放的统计工作、建立区域经济发展的指标体系、精品服务、统计制度改革等各项统计工作，提高统计工作的整体水平，力争在新世纪开创我省统计事业的新局面。为实现上述目标，特制订计划如下……"

(3) 概述情况，提出问题。"随着经济全球化的加速发展，世界贸易和投资规模的不断扩大，各国经济相互融合程度的日益加深，外经贸发展面临着比较有利的国内外形势。同时与国际接轨和国与国间的激烈竞争导致原有的政府职能、管理方式、管理水平的不适应，又使我们面临着很大的心理压力和困难。为了更好地利用外资，扩大外贸出口，特制订计划如下……"

前言与后面的主体之间，常常用"为此，特制订本计划如下"或"为此，要抓好以下几方面的工作"等承上启下的习惯语过渡。

3. 主体

主体，是计划的重点，一般包括以下几个方面：

(1) 任务和目标。应写出一定时间内要完成的工作任务，要达到的目标。这一部分要写得主次分明，重点突出，具体明确，让人一看就知道应该"做什么"。

(2) 措施和办法。写明采取什么办法，利用什么条件。措施和办法要具有科学性、具体性，使人明白"怎么做"。

(3) 步骤和注意事项。写明实现计划分哪几个步骤、计划的进展程度及完成期限和实施计划应该注意的问题，使人明了"做到何种程度"。这一部分内容较多，要写得周全、简明、条理，便于执行、检查。

(4) 分工。明确哪些任务和目标由哪些单位或部门负责，彼此之间如何协调配合等。

主体通常有三种常用的写作方法：

(1) 分列式结构：把计划的主体内容分成任务和目标、措施和办法、步骤和注意事项、分工四部分编写，这种结构适用于专题计划或内容较单一的计划。

(2) 并列式结构：把计划的主体内容按任务划分为若干项，目标、措施、办法、步骤、注意事项、分工等在任务之后分别提出。对于全面计划或任务项目较多的计划，因其各项任务比较独立,即没有多少共同的完成措施,一般都采用以任务为主线的"并列式结构"。

(3)表格式:把主体内容列成表格表示。内容单一、时间短的计划往往采用表格式。有时条文式与表格式配合使用,效果也较好。

4．结尾

内容少而单一的计划一般不写结尾,大型计划有时要写结尾,但内容上又有所侧重。主要有这样几种写法:

(1)突出计划中的重点任务和实施过程中的关键环节,指导人们分清轻重缓急,有重点地落实计划。

(2)说明可能出现的问题,提出预防措施。

(3)分析主客观条件,激励人们树立完成任务的信心。

结尾的语言要力求少而精。

5．署名和日期

写在正文右下方。标题上已经写明作者和日期的,此部分即可省略。

(二)计划的写作要求

1．实事求是

制订计划要从本地区、本部门或本人的实际情况出发,在充分调查研究的基础上,制订出先进稳妥,既不因循守旧,又不盲目冒进的计划。计划应该是经过相当的努力才能达到的行动纲领或行为目标。再好的计划,如果与实际脱离,只能是纸上谈兵。

2．集思广益

制订计划要深入调查研究,广泛听取群众意见,博采众长,反对主观主义。由领导个人凭着良好愿望杜撰出来的计划只能是无源之水,无本之木,令人无法执行。

3．表述准确

计划在时间、数量、质量上要力求准确,目的、任务、要求、方法、措施、步骤、分工都要具体写明,以便于执行检查。例如在任务要求中,不能含糊、笼统地写"力争提高产品数量和质量,降低成本",而要具体说明产量要达到多少、质量要达到什么标准、成本要降低多少等。

4．留有余地

制订计划要留有余地,保持一定的弹性。计划是对未来的规定,难免有预测不到的地方。如果在制订时留有一定的余地,就可以在遇到新情况、新问题时及时进行修正、补充、调整。

例文一:

国家电力公司1998年档案工作计划

1998年是全面落实十五大提出的各项任务的第一年,也是继续深化改革,推进两个根本性转变,实施"九五"计划的重要一年。为了认真贯彻十五大精神,落实今年全国电力工作会议提出的要求,各级档案部门要以十五大精神为指导,围绕电力工业改革和发展的中心,扎扎实实搞好各项业务建设,全面提高档案工作管理水平,更好地为电力工业的改革发展服务。为此,根据国家档案局《全国档案事业'九五'计划》和"1998年全国档案工作的主要任务",结合电力系统实际情况,特制订计划如下:

1. 认真学习、深刻理解江泽民同志十五大报告的精神,进一步解放思想,调整思路,树立起以经济效益为中心的观念,保证档案工作有效地为实现社会主义初级阶段党的基本纲领和电力工业的持续、稳定发展服务。

2. 为完成十五大和全国电力工作会议提出的各项任务提供全面优质的服务。各电力集团公司、省公司,电规总院,水规总院,水电工程总公司,华能、葛洲坝集团公司及各归口管理单位的档案部门,要根据《中华人民共和国档案法》的要求,继续履行好档案监督指导和保管利用两种职能,加强对所属单位档案工作的规范化管理,按照社会主义市场经济的理论指导电力系统档案工作的理论与实践,加强档案法制建设和依法治档,修改过去制定的一些与社会主义市场经济理论不符的档案工作规定,逐步建立起规范的现代企业档案制度管理体系。

今年拟由国家电力公司组织制定、修改、完善的档案管理制度有:

(1)火电机组移交生产达标《工程档案管理项目考核实施细则》;
(2)《电力建设项目(工程)竣工档案验收办法》;
(3)《电力建设项目(工程)档案检查办法》;
(4)《电力系统科研单位档案目标管理评分细则》;
(5)《电力系统电子计算机档案管理规范》;
(6)《电力企业档案管理制度》;
(7)《电力工业企业档案分类表6-9类》(水电、火电、供电、电力施工企业)。

3. 做好电力工业管理体制改革中的档案工作。今年电力工业体制将进一步深化改革,各单位要紧紧围绕电力企业的改革开展一系列的服务。

(1)积极主动地向领导提供过去有关机构改革方面的档案,供领导决策时参考,切实注意加强机构改革中的档案工作。

(2)做好撤并单位或职能转变单位档案移交、清理工作,保证机构改革中档案的有序移动和得到合理处置。

(3)对国有企业改革中产权有所变动的企业,按照《国有企业资产产权变动档案处置暂行办法》(国家档案局国档发[1998]6号文)的要求,加强对这些企业档案的组织协调与监督指导,积极协助有关部门做好改组企业的档案处置工作,维护国家安全和企业的正当权益,保守国家机密和企业商业秘密,使企业档案工作真正与企业改革合拍,为企业改革服务。

4. 为企业双文明达标创造条件。党的十五大明确指出,国有企业改革方向是建立现代企业制度,现代企业制度的一项基本要求就是管理科学。档案管理是企业管理的一项基础工作,档案工作的管理水平,直接反映了企业的管理水平。目前在电力系统中广泛开展的安全文明生产双达标、创一流和基建达标投产工作,已将档案工作目标管理等纳入了考核评分标准，各单位应在前几年开展这项工作的基础上，认真总结经验，继续抓好。并在认定工作中坚持原则，严格标准，防止流于形式。通过考评和认定，促进档案部门在保管条件、人员素质、基础业务建设、信息开发、科学管理和现代化水平等各方面都得到显著提高，为企业双达标创一流创造条件。

5. 进一步抓好重点建设项目（工程）的档案工作。各档案工作业务主管部门，要认真贯彻执行《国家重点项目档案管理登记办法》和《城市建设档案归属与流向暂行办法》，配合国家档案局搞好对这两个行政规章执行情况的检查。同时进一步与本单位基建部门协作，认真做好所属单位火电机组和输变电工程移交生产工程档案管理项目达标考核工作，并根据国家计委下达的电力项目竣工验收计划，组织、安排好重点建设项目竣工档案的验收。

6. 拟举办、委托举办档案部门负责人及业务指导人员有关档案管理达标考核实施办法、基建项目竣工验收、计算机文档一体化管理程序等培训班3—4期。

7. 继续与文秘联合进行一体化管理程序的推广、普及工作，开展档案信息全息存储、利用，电子文件管理等情况的调研。

8. 召开集团公司、省公司、科研单位、电力高校档案工作协作组、电力档案学会（分会）会议，研讨档案工作如何更好地为企业的改革与发展服务和现代企业制度及市场经济体制给档案工作带来的新问题，交流档案目标管理工作，火电机组和输变电工程移交生产工程档案管理达标考核，基建项目竣工档案验收，档案现代化管理等方面的经验、体会。

9. 继续充分发挥电力档案学会（分会）和各档案协作组的作用，积极开展学会和协作组活动，协助主管部门做好档案工作新技术、新方法的研究和推广工作。1998年拟筹备召开电力档案学会第二届理事会暨会员代表会，进行档案学会理事会的换届选举，并组织档案工作优秀论文评选。

10. 进一步提高《电力档案》期刊的办刊质量，加强期刊管理。各业务主管部门要努力发掘所属单位档案管理工作中的先进经验，为《电力档案》多提供高质量的稿件。认真组织好《电力档案》的订阅工作，努力办好《电力档案》，使《电力档案》真正成为电力系统广大档案工作者的良师益友。

一九九八年三月十八日

这是一份电力公司制订的档案工作计划。开头概括说明制订计划的依据、目的，用一习惯语"为此，特制订计划如下"过渡到主体部分，接着分条布置工作并提出要求、措施，具体、明确，便于执行。

例文二：

2002年工作思路

国家电力公司总经理工作部

2002年，总经理工作部的工作要按照"三个代表"的要求，认真贯彻中央五中、六中全会和经济工作会议精神，落实公司党组的各项决策和部署，突出抓好协调和服务，以"三个转变"（转变思想观念、转变工作作风、转变工作方式）带动"三个服务"，促进"三个提高"（提高工作质量、提高工作效率、提高服务水平），更好地发挥总经理工作部的职能作用，为实现公司"两型两化、国际一流"的战略目标服务。基本思路如下：

一、重点抓好五项工作

1. 健全公司决策服务体系，落实公司党组的各项决策和部署

完善公司决策服务机制。认真执行公司工作规则，重大问题严格履行公司党组会议、总经理会议、总经理办公会议等决策程序。加强决策前的组织协调，统筹协调公司改革发展稳定等方面的决策议题，对重大问题提请有关方面加强研究论证，实行科学、民主决策。加强各项决策的组织实施，加强决策的跟踪落实，建立督办和信息反馈机制，及时向有关单位传递决策结果，向公司领导反馈执行情况，提出完善决策的建议。

建立公司决策信息服务系统。建立决策信息支持系统，形成3个为公司领导决策服务的信息快速通道：充分发挥公司系统和中国电力报的信息网络优势，形成快速反映公司动态的信息通道；加强与国家有关部门、机构的联系，充分发挥信息中心的信息网络优势，形成快速反映国家宏观经济动态的信息通道；加强公司和公司各部门的办公信息网络优势，形成快速反映公司重大事件的信息通道。继续办好《国电信息》、《综合资讯》和《内部情况通报》，清理公司本部各种简报，充分发挥主渠道作用，加强上通下达。

加强对重大问题进行调查研究。按照中央六中全会精神，贯彻公司本部《关于加强和改进作风建设的实施意见》，结合实施转变作风年和调查研究年，对涉及公司改革发展稳定全局的重大问题，组织进行调查研究，为公司领导决策提供依据。为促进机关作风转变，建议公司组织制订调查研究计划，对关系公司改革发展稳定全局的重大问题，保证人员力量，提供经费支持，各部门加强组织实施，形成调研报告向公司领导汇报。

2. 加强组织协调，改进机关作风，提高工作效率

完善公司月度工作计划制度，加强公司重要会议、重要活动的组织协调和安排，确保公司党组确定工作重点和中心任务的完成。继续认真执行公司办公纪律的规定，保持机关正常的工作秩序。

精简会议和文件，促进机关工作作风转变。完善会议管理制度，对各种会议实行计划管理，对公司召开的全局性重要会议和各部门召开的专业会议实行分类管理，严格控制会议规模、层次和预算，严格控制计划外会议。公司发文和各部门发文也要实行控制，力争比去年减少10%。

加强和改进公司接待、会议服务工作，规范服务程序。加强保密工作，重视对公司商业秘密的保护。继续做好文字、收发、值班、公文运转、档案图书等各项工作。

充分利用西单大楼现代化的办公条件，完善现有的办公自动化系统，加快公司办公信息化、无纸化进程，提升公司管理水平。使用、完善新的OA系统，加强公司机关局域网建设，充分发挥公司机关局域网在加快传递办公信息、加强信息共享、提高工作效率等方面的作用。研究开通公司本部的文件收发电子邮箱，与公司系统实现电子文件交换。

3. 按照党中央、国务院的部署，推进电力体制改革

2002年是深化电力体制改革十分关键的一年。朱总理在中央经济工作会议上要求"抓紧制定电力、铁路体制改革方案"。公司体制改革工作要认真贯彻党中央、国务院的决策和部署,认真落实公司党组的要求,继续贯彻公司党组明确的5条原则,抓好相关工作。

继续深化电力体制改革研究,积极配合国家有关部门制定电力体制改革方案。加强与国家有关部门的联系和交流,及时跟踪改革进展情况,加强对改革中有关问题的汇报沟通。加强对改革中有关重大问题的深入研究,以积极认真的态度和高度负责的精神,实事求是地反映公司的意见和建议。

贯彻公司"两型两化、国际一流"的改革发展战略,积极推动公司系统的战略性重组。适应我国加入WTO的形势。继续深化对公司"两型两化、国际一流"改革发展战略的认识,加快推进公司集团化、国际化、多元化、股份化改革战略的实施。要进一步完善公司控股型特征,在子公司加快建立现代企业制度,充分发挥法人治理结构的作用。按《公司法》规范对子公司的管理。要继续增强公司经营型特征,完善分公司体制和运作模式,理顺公司本部、分公司、省公司的关系,理顺公司本部电网管理体制。适应电信体制改革的形势,加强研究电力通信的改革发展战略,制定电力通信体制改革方案。

认真实施国家已经批准的各项改革措施。继续推进政企分开改革,全面完成撤销省电力局和大区电管局的工作;加强对地市县级政企分开工作的指导;健全和完善省级行业协会组织,更好地发挥行业协会的自律、服务作用;对公司本部受托行使的政府职能、行业管理职能和行政性审批事项进行清理和规范。认真总结6省(市)厂网分开、竞价上网试点的经验,按照"开放省内市场、发展区域市场、培育全国市场"的基本思路,深入研究电力市场结构和竞争性市场的发展规律,为下一步深化厂网分开、竞价上网改革创造条件。认真总结农电"两改一同价"改革经验,加强农电改革发展规律的研究,研究新形势下深化农电体制改革的目标和措施。

4. 继续加强新闻宣传,树立公司的良好形象

主动适应形势变化,调整宣传工作策略,把握舆论导向。贯彻中央经济工作会议精神,明年公司宣传工作要紧紧围绕中央提出的"稳定、安全、灵活、多元"的工作方针,**着力宣传公司系统迎接党的十六大召开,服务国民经济全局、服务国家稳定大局的举措和效果,宣传公司系统安全稳定的形势**,为公司改革发展稳定营造较为宽松的舆论环境。

把实现好的社会影响作为宣传工作的主要目标。提高策划和运作意识,增强新闻宣传的计划性、整体性、针对性、目的性,变被动为主动,使每一次新闻宣传都收到较好的社会效果。

要继续加强与中央主要新闻媒体的沟通和协调。继续将《人民日报》、《经济日报》和中央电视台等媒体作为重要宣传阵地,带动影响其他媒体。努力在长篇系列报道、报纸重要版面、重要栏目、理论性文章上下功夫。

继续发挥中国电力报和公司系统各级宣传力量的作用,向公司系统人大代表、政协委员多汇报和沟通情况。

加强公司的形象策划和宣传。有计划地在公司系统推广公司标识系统。有策略地向国

内外投资者、金融机构、电力公司推介公司形象和发展战略。加强公司在电力服务、安全用电、节能、环保、扶贫等方面的公益性宣传。要在社会公众中突出树立国家电力公司改革、开放、服务、自律的形象，增强公司的亲和力。

5. 进一步加强信访和安全保卫工作，确保安全稳定

认真贯彻中央、国务院关于"信访工作只能加强，不能削弱"的精神，按照公司党组的要求，进一步加强信访工作，确保公司系统职工队伍稳定。

加强对信访工作的领导，落实信访和稳定工作责任制，坚持"分级负责、归口办理"和"谁主管、谁负责"的信访工作原则，实行所在单位和主要领导负责制。建议将稳定工作列入公司三项责任制考核中去。加强对重点、热点问题和地区的跟踪，及时排除和解决各种可能引发不稳定的因素，把问题解决在当地。妥善解决群众集体上访和进京上访问题。健全信访工作制度，严格执行重大信访事项报告制度。建立一支高素质、强有力的信访干部队伍。继续加强与有关部门的联系和沟通，依靠当地政府和有关部门的支持做好工作。

国家电力调度中心已入住西单大楼，作为全国电力生产指挥调度中心，必须确保安全。加强公司安全保卫机构，实行安全保卫统一指挥，严格安全保卫责任制，加强消防管理和应急处理，确保大楼安全。

6. 积极推进后勤管理社会化、市场化

继续坚持机关后勤管理社会化、市场化的改革方向。公司本部入住西单大楼后，中兴物业公司在服务方面进行了积极的探索，基本保证了公司正常的工作环境。但中兴公司作为机关后勤改革的产物，在人员素质和管理水平方面，与现代化大楼的硬件和公司员工的愿望相比，还存在一定的差距。要积极支持中兴公司的发展，也需要加快推动中兴公司的改革，促使其尽快提高服务水平。

明年物业管理的重点是提高服务质量和水平。要研究制订公司机关服务中心运作方案，加强机关服务工作的总体策划、切、调和监督。抓紧对中兴公司的人员培训、重组和调整工作。制定服务标准，规范服务程序，制定考核办法，落实责任制。考察学习国内先进的物业管理经验。加强机关职工民主管理，加强对物业服务工作的监督。

机关后勤工作要缩短战线，能够社会化的尽可能推向社会；界定划归在京单位的工作，并促使其尽快分离；尽快实现按企业管理方式运作，把主要精力放在为公司机关员工服务上。进一步加强合同管理、经费管理、小型基建管理以及职工住房管理，努力减少不必要的开支。抓紧落实国家房改政策，尽快为职工办妥购房产权证。按国家规定认真解决好新调入职工的住房问题。

加强机关财务管理，按时完成2001年本部机关财务决算，编制和控制好2002年本部机关经费预算。

二、工作思路

为确保上述工作完成，拟采取如下措施：

1. 进一步解放思想，转变观念。强化开放意识、服务意识、创新意识，准确把握工作定位，实现从政府"办公厅"到企业"总经理工作部"的转变。

2. 转变工作作风，开展创建文明服务窗口活动。总经理工作部建设 10 个文明服务窗口（文件、档案、文印、值班、接待、信息、财务、后勤、保卫、宣传），制定服务规范和程序，欢迎公司各部门监督。

3. 转变工作方式。加强关键环节，强化为决策服务的能力，充分发挥协调和服务功能。加强岗位责任制，确定每一位员工的具体工作目标和要求，加强工作计划和考核。

4. 加强队伍建设。加强理论学习，认真抓好支部建设、党风廉政建设、精神文明建设。加强业务培训，提高员工的政治、业务素质，增强凝聚力和战斗力。

二〇〇一年十二月

这是国家电力公司总经理工作部对 2002 年工作的初步打算，写作规范。内容上，开头部分简要叙述指导思想、基本情况、总的目标要求；主体部分分项来写，涉及基本任务（公司决策、组织协调、电力体制、新闻宣传、信访保卫、后勤管理）、主要措施等，条理清晰。写法上，比较粗略、概括；语言通俗、简明。

第三节 总 结

一、总结的含义和作用

总结是总结者（单位或个人）对以往一段时间内的工作或活动进行全面回顾，分析、研究、评价得失，探求规律性认识的一种应用文体。

总结同计划密不可分。二者不但在内容范围上基本一致，即都包含"做什么"、"怎么做"和"做到何种程度"三大项，而且二者互相依赖、互相制约、互相促进：总结是在计划的基础上形成的，并能检验计划的执行情况，检验计划的科学性和准确程度，因而也就为制订下段计划奠定了基础，即为提高下段计划的质量提供了依据和可能。也就是说，计划和总结实际上就是"计划——实践——总结——再计划——再实践——再总结"这样一个辩证的过程。

计划和总结的区别也很明显：一是写作时间不同，计划在事前，总结在事后；二是具体内容不同，计划是有根据的合理设想，即"应做什么"、"怎么去做"和"应做到何种程度"，总结则是确实发生过的实践，即"做了什么"、"怎么做的"和"做到了何种程度"。

总结同计划一样，是一种十分重要的工作方法，其作用可以概括如下：

总结者可以通过总结获得经验，吸取教训，为开展下一步工作打好基础；主管部门可以通过总结了解下级部门的工作；平级部门可以通过总结沟通信息，交流经验。

二、总结的特点

总结通常是本人或本单位撰写的，一般用第一人称的口气，它必须反映实践的全过程，在文笔上叙议并重，并且语气较谦虚。与其他应用文体相比较，它具有以下特点：

（一）客观性

总结离不开客观实际，任何一篇总结都是实践的产物。它的内容完全来自实践，观点和结论也是从实践中概括提炼出来的，反过来它对实践又有直接的指导作用。因此，客观性是总结的最基本特点。

（二）理论性

总结不能停留在事实的叙述上，必须对客观事物本质和内在规律进行概括；也不能就事论事，而应就事论理，将感性认识提高到理性认识。总结在行文中要进行较多的分析，从实践中找出规律性的经验教训。所以，理论性较强。

（三）时效性

人们通过总结能认识工作成败的原因，提高认识水平，增强前进的信心；领导机关从总结中能及时发现典型，推广经验，发现问题及时指导，防止错误和失败。所以总结特别讲究时效。

（四）简明性

面面俱到、冗长空泛的总结在一定意义上会削弱总结的作用。一份好的总结往往材料典型、重点明确、语言简明。

三、总结的分类

总结的种类很多，其分类方法与计划相同。

(1) 按内容分：有生产总结、工作总结、学习总结、科研总结等。

(2) 按时间分：有月份总结、季度总结、年度总结等。

(3) 按对象分：有个人总结、班组总结、单位总结、科室总结等。

(4) 按性质分：有综合总结、专题总结。

所谓"综合性总结"，关键在于全面。要全面地总结某单位、某部门、某个人在一定时期内的整个工作。一般年度总结属于此类。

所谓"专题总结"，是对一定时期内某项工作或工作的某个侧面进行专门总结，往往偏重于总结成绩和经验。同综合总结相比，内容较具体、细致、集中、单纯，针对性强。

有人把工作回顾和工作总结混为一谈，这是不恰当的。工作回顾是用事实概括叙述进行了哪些工作，取得了哪些成绩，还存在哪些问题等。工作总结则重在总结经验教训，寻找规律，指导今后工作。

四、总结的写作方法

（一）总结的写作格式

总结的结构包括标题、正文、署名和日期三部分：

1．标题

标题一般包括总结的作者、内容、时间及名称。例如《××省乡镇企业局1998年工作总结》。综合性总结多采用这种标题。专题总结中最常见的是经验总结，其标题有两种写法：一种是单标题式，突出总结的中心。例如：《抓住机遇，发挥优势，促进电力事业的发展》。一种是双标题式，正题写总结的中心或范围，副题写总结的内容、名称等。例如：《抓精神文明建设，促经营作风好转——××乡××厂廉政教育工作小结》。

2．正文

正文应包括基本情况（或前言）、成绩和体会、存在问题或教训、今后努力方向四部分。

(1) 基本情况

用简明概括的语言，说明在什么时间、什么条件下，做了什么工作、取得什么成绩等。要写得实实在在，有针对性，有实际行动，实际效果。一般采用"××××年，我们在×××的领导下，认真贯彻……关于……的精神，开展了……工作，恢复了……，充实了……，推行了……"这种导语式的开头，它对全文的展开，能起到提纲挈领的作用。

一般大型总结，特别是领导机关的综合性总结，开头写得较概括、全面，而一般的专题总结开头较简单。

(2) 成绩和体会

这部分的重点是在回顾工作的基础上总结出取得成功的规律、经验。常用的写法有两种：

1) 先提出经验（体会），再用具体的例证、数据、措施进行印证。

2) 先从回顾工作、成绩入手，然后再归纳出经验、体会，并进行简要阐述。

(3) 存在问题或教训

存在问题是指在工作实践中应该解决而暂时没有解决或无条件、无办法解决的问题。教训则是指由于认识错误、方法不当或其他原因造成工作失误或损失而得出的反面经验。写作时要注意区别。这一部分一般只要摆出存在问题的关键及产生的原因，不必具体分析、阐述。如果问题的性质严重，或者重点就在于总结失败的教训，就要像写经验总结那样有根有据地分析归纳。在写法上可以用一个层次笼统地提，也可以分条陈述。

(4) 今后努力方向

这是总结的结尾部分，根据不同的内容，这一部分也有多种写法，常见的有：

1) 根据已经取得的经验，针对存在的问题，具体而明确地指出今后的努力方向、具体任务、要求和措施。这样写既可以鼓舞士气，又可以为下一步制订计划打下基础。

2) 不写具体目标、任务和要求，只是一般性地表明态度和决心。

3) 有的总结，特别是专题总结，写完成绩经验即结束，也不写今后努力方向。

总结正文通常运用以下结构形式：

一是板块式。这是总结最常用的结构形式。把全篇分为若干板块，即基本情况、主要成绩和经验、存在问题和教训、今后努力方向等。为使层次清楚，每个板块可用小标题、段首句、序号等。这种结构形式，整体性较强，容量较大。

二是条文式。即在开头部分简略地概述情况，然后把总结的主要内容按其性质和主次，分成若干部分，使用一、二、三、……的序号逐条排列，边叙述，边分析，边归纳出经验教训。采用这种结构方式，各条之间逻辑关系清楚，层次分明。这种结构形式适用于专题性总结。

三是小标题式。即围绕主旨，把正文分为若干部分，分别列出小标题，每个小标题都是对每个部分中心内容的概括。这些小标题鲜明醒目地显示出总结各部分的主要内容，使人一目了然。这种结构方式灵活自由、概括性强、中心突出、脉络清楚，适用于综合性总结。

四是全文贯通式。一些内容简单、篇幅短小的总结，从开头到结尾，既不用小标题，也不用分条列项，而是围绕主旨，叙述情况，总结经验，找出差距。全文结构紧凑严谨，一气呵成。内容简单的专题性总结、个人总结等，宜采用这种形式。不论采用哪一种结构形式，都要以有利于全面、深入地表现总结内容为根本原则。

3．落款

总结的落款，一般在正文右下方写明总结的单位名称或个人姓名以及总结日期；也可在标题下正中或偏右处署名。

（二）总结的写作要求

1．实事求是

实事求是是写好总结的重要原则，因此，一定要从实际出发，如实反映工作中的成绩缺点，正确评价工作中的经验教训，不夸大，不溢美，不隐恶，避免绝对化、片面性。

2．材料充分

总结就是对实际情况的调查和分析，它的基本内容就是反映实践过程的各式各样的材料。因此，撰写总结要全面掌握情况，充分占有材料，对本单位历史的、现实的、点上的、面上的、直接的、间接的、静态的、动态的材料都要了解。至于作者平时的观察、调查和工作实践，也是重要的材料线索，也要认真掌握。这些都是写作的基础，是得出结论、寻找规律的依据。

3．突出重点

无论是综合性总结还是专题总结，如果面面俱到地罗列现象，就不能说明问题，更不能提供规律性的借鉴。应该在全面分析的基础上突出最能说明问题的重点，摆出最有代表性的例证。而那些非重点的观点和材料，即使不写，也能反映问题的基本情况。因为观点越集中，事例越典型，说明问题就越深刻，也就越能收到以少胜多的效果。如果把非重点的观点、非典型的材料堆砌在总结中，势必淹没重点内容，使人读后不得要领。

4．语言要简明

总结的语言要简洁概括，不能追求华丽，也不要重复啰唆。适当地运用成语典故、群众语言，能增强总结的可读性。要摒弃含糊笼统、毫无生气的空话、套话。对工作的得失要有确切的评估，不应使用"大体上"、"一定程度"等模棱两可的词语和"大方向是正确的，成绩是主要的，缺点是难免的"等套话。

例文一：

2000年工作总结

国家电力公司法律部

（二〇〇〇年十二月十日）

2000年是管理年，国家电力公司跻身世界500强，"两型两化国际一流"的各项工作又迈出新步伐，跨上新台阶，法律部在公司党组的正确领导下，围绕依法保障改革与发展，继续开展依法治电、依法治企、维护公司合法权益等工作，取得了一定成效，全面完成了香山会议确定的今年工作计划。现简要总结如下：

一、取得的成绩

1. 认真贯彻落实公司上海座谈会、广州工作会、济南会议、武汉会议、哈尔滨会议、福州会议、新疆企业管理会等一系列会议精神和部署要求，指导和推进法律事务工作。

2. 积极参与和推动电力立法，巩固改革成果，依法引导、保障和促进电力改革。参与立法方面的第一项工作是根据十五届四中全会精神，遵照××批示，在国务院法制办、经贸委的指导下，经公司领导同意，成立由11人组成的《电力法》修改研究小组，××亲自挂帅担任组长，先后召开三次工作会议，比较系统、深入、扎实全面地开展研究工作，两次在公司系统大范围征求意见，两下两上，集思广益，发扬民主，征集到470条意见，归并为130大项，研究吸收。在坚实的群众基础上，修改研究工作已经完成，形成两个法律修改建议方案，一个是在原法框架基础之上，对内容作了符合形势需要的简要概括的小《电力法》草案；另一个是细致具体的有一定操作力度的大《电力法》建议草案。我们本着新法应当是一部电力改革法，是一部电力竞争法，是一部规范电力市场行为法，并对电力实际工作有规范作用的法的精神，作出了积极的努力。

小《电力法》草案于9月份形成，删去6条，新增13条，对46条作了不同程度的修改，删除、新增、修改条文共计65条，修改幅度占原条文75条的87%，即十分之九，力度较大。修改后，小《电力法》草案增加到82条，内容更加充实完善，电力改革的基本原则和方向上升为法律条文。

大《电力法》建议草案是五中全会以后，法律部主动根据"十五"计划建议和吴邦国副总理在电力体制改革调研时提出的关于修改《电力法》能不能突破现行框架结构，借鉴国外立法模式，搞一个"电力法典"，要具体细致，要有可操作性的指示要求，迅速组织力量进行整理的，共计347条，内容较为丰富和具体。上述两个方案待公司领导审定后进一步完善。

参与立法方面的第二项工作是配合国务院立法工作部门，对列为国务院立法审议计划的《农业与农村用电管理条例》，开展立法调研，依法推进农电"两改一同价"。同时，还按照国家立法机关的要求，对26件法律法规草案进行研究，提出国家电力公司的意见和建议，较好地反映和维护了公司利益。

参与立法方面的第三项工作是针对当前社会存在的触电事故和窃电问题比较突出的情况，积极促进和协助省电力公司开展地方性电力法规的制定出台工作，如浙江省高级法院出台了处理触电事故的十八条会议纪要，对公正处理触电事故起到了很好的审判指导作用，再如江西人大、四川省政府颁发了《反窃电办法》，《云南省反窃电条例》已经提交省人大常委会于最近审议通过，山东、湖北、黑龙江、湖南、四川等省公、检、法机关和电力部门相继联合颁发《办理窃电案件的意见》，对维护供用电秩序，打击窃电违法犯罪起到有力的法治保障作用，上海、湖北、黑龙江、山东、陕西等省、市在今年的反窃电集中整治活动当中，追回的电费损失均超过1000万元。

3. 认真落实和完成规章制度建设工作。"建章建制"是国家电力公司"三讲"整改措施之一,是公司党组确定的法治重点工作之一。为此,法律部会同总经理工作部等业务部门,专门拟订了建章立制工作规划、计划,今年已经按照计划进度,整理编辑了《国家电力公司业务管理规章制度汇编》和《国家电力公司本部规章制度汇编》,得到"三讲办"、监事会、公司领导和各部门的肯定。在公司党组的高度关注下,建章立制步伐不断加快。今年出台各项规章制度62件,截至目前,公司制定企业经营管理和工作规范制度共215件,促进了各项工作的规范化、程序化、制度化,增强经营管理决策和运作过程的民主性、透明性、科学性,推进公司系统的企务公开和厂务公开,提高全体员工的自我约束意识和水平,适应建立现代企业制度的需要。

4. 积极参与公司改革,及时为改革实践当中出现和遇到的新情况、新问题,提供法律服务和支持,依法调整和理顺改革后法律主体变更、权利义务变化产生的利益关系,分清三个界面的职责,充分保护、调动和发挥母公司、分公司、子公司以及投资者的积极性。例如在实体化改革当中的授权委托书,完善法人治理结构,电力业务重组等,法律部能够与相关部门一道为公司领导决策提出参考意见和建议,当好法律参谋。

5. 发挥法律协调职能作用,努力维护公司经济利益,成效显著。法律部直接参与处理的比较有代表性的两起纠纷,都是民告官官司,起因是辽宁省和内蒙古自治区实行二氧化硫排放零起点收费试点当中,违反《大气污染防治法》规定的超标收费原则,辽宁省电力公司、元宝山电厂在向国家环保总局申请行政复议无效的情况下,被迫走上法庭,与辽宁省、内蒙古自治区环保部门对簿公堂,最后经最高人民法院函复认定,两起官司双双胜诉,挽回直接经济损失2800多万元。经工作统计,公司系统法律顾问年内办理行政、民事、刑事诉讼案件和行政复议案件大约1500余起,涉案标的额将近6亿元,结案980余起,挽回直接经济损失2亿多元。其中,法律部今年共协助基层电力企业处理电力诉讼纠纷74件,涉案标的金额达1.24亿,触电官司约占一半以上,接待和答复电力法规咨询535件次,应国家经贸委电力司要求出具电力法规解释意见8件。从今年法律纠纷处理的情况来看,以抵制环境保护、林业、土地使用和水事、人防等行政收费为代表的行政诉讼比较突出,以触电事故索赔和追索拖欠电费为代表的民事诉讼仍占有较大比例,以打击和严惩窃电和破坏电力设施违法犯罪为代表的刑事案件处理力度逐渐加大,以电网经营企业与发电企业之间,从事竞争性业务的电力企业之间,主业与辅业之间,电力企业与职工之间利益冲突为代表的电力系统内部法律纠纷呈上升趋势,法律协调工作量日益繁重和艰巨。

6. 忠实履行公司赋予的合同审查职能,初步建立本部合同台账,授权委托书统一管理和合同统一编号工作制度已经拟就,合同签订程序日趋规范。通过举办《合同法》讲座,公司本部各部门及管理人员的契约意识明显增强,合同的合法性审查和法律风险预防得到各部门的大力支持。年内提交法律部审查的各类合同、协议、章程、标书等法律文件共89件。法律工作在合同谈判、条款完善、法言法语表述、违约责任设置、仲裁事项约定、权利义务一致等方面发挥了积极的作用,及时排除了隐患,提高了合同质量。合同审查工作深度、工作价值、工作效果得到相关部门的肯定,法定代表人授权、合同承办部门、会签部门、法律审查、财务拨付等环节既分工负责又相互制约和约束的运作、运转机制正在初步形成,为保障公司本部实体化运作起到了积极的作用。

7. "三五"普法取得阶段性成果。今年是"三五"普法规划确定的检查验收年,全国普法办授权国电公司法律部组织各网、省公司组成七个互查组,对系统各单位进行了一次较大范围的检查验收,在此基础上法律部又进行重点抽查,目前已形成初步评比方案,涌现出160多个先进单位和240多名先进个人、标兵。在中央国家机关"三五"普法经验交流会上,国家电力公司被确定为8个大会代表发言之一,全国普法办、司法部对国家电力公司依法治电工作给予高度评价和充分肯定,在中央国家机关的与会代表中引起较大反响。

8. 企业法律顾问执业资格制度顺利实施。根据国家经贸委、人事部、司法部有关规定,在人力资源部、人董部的支持下,法律部狠抓法律顾问岗位规范建设,82%以上的法律顾问取得国家统一颁发的执业资格,业务素质明显提高。

9. 政治思想和企业文化建设。审视今年的政治思想建设,主要有六点:一是"三讲"回头看,增强党性党风;二是坚决拥护党中央、国务院一系列重大决策,如反对"台独",深入揭批法轮功;三是学习江总书记"三个代表"论述和贯彻五中全会精神;四是党风廉政警示教育;五是坚决拥护公司党组电力改革决策;六是积极拥护监事会进驻。经常性的政治思想和企业文化建设,使法律部形成一个团结进取、相互帮助、相互监督、政治坚定、勤奋务实的良好工作氛围和良好的精神状态,以积极饱满的工作态度,在人员减少的情况下仍然高效率地完成繁重的工作任务。

二、工作体会与不足

总结2000年工作成绩的取得,主要归功于在公司党组的高度重视和关怀下,在公司主管副总经理的具体领导下,坚决贯彻执行公司党组对依法治电工作的正确决策;主要得益于"三讲"教育整改措施的落实和党性党风建设提供的强大精神力量,得益于公司本部各部门、系统各单位以及全体法律顾问的大力支持和勤奋努力地工作。

当然,在总结、分析成绩的同时,我们也认真查找了工作当中存在的不足,特别是与公司领导要求之间的差距,主要有:一是需要进一步加强学习,转变观念,解放思想,克服与改革不相适应的认识,增强参与改革的积极性和主动性。二是法律业务服务和保障职能需要进一步发挥和开拓,尤其需要与经营管理的重要业务环节有机结合、融为一体,在工作深度和层次提高上狠下功夫。三是法治基础工作相对薄弱,事前防范工作尚未引起足够的重视,公司系统乱投资、乱担保、乱借贷、乱签合同的现象虽有很大改正,但仍时有发生。四是部分领导干部的法律意识,尤其是依法自我约束意识有待进一步提高,减少和避免违法犯罪行为发生的法律意识需要深入人心。五是基层法律事务工作人才,从总体数字看,不但没有增加,反而流失较多。六是对电力改革与发展当中出现的新型法律问题缺乏有针对性的调查研究和提出有效的法律意见及对策,等等。我们将认真进行总结和研究,在明年的工作当中加以改进。

这是一份年度工作总结。开头部分用简明概括的语言,说明了本年度工作基本情况,用过渡语"现总结如下"转入正文;正文包括取得的成绩和经验、不足两部分,其中,成绩是主要的,所以又分九条各加陈述。在分析存在的不足时,虽然着墨不多,但写得客观、具体，令人信服。

例文二：

2001 年工作总结
国家电力公司总经理工作部
（二〇〇二年二月八日）

2001 年，总经理工作部认真贯彻党的十五届五中、六中全会精神，深入学习江泽民同志"七一"重要讲话，以"三个代表"重要思想为指导，在公司党组的关怀和领导下，在公司各部门的大力支持下，紧紧围绕公司党组确定的工作目标和思路开展工作，积极转变观念，改进工作作风，较好地完成了各项任务，保证了公司的正常运转。

一、强化组织协调，服务中心工作

2001 年，公司改革、发展、稳定面临新形势，公司运转节奏加快，对总经理工作部的工作提出了更高的要求。面对新的挑战，去年总经理工作部以做好"三个服务"（为公司领导服务、为各部门服务、为基层服务）为切入点，增强员工的大局意识、责任意识、服务意识、效率意识和创新意识，从思想观念、组织结构、管理方式、人员素质等方面主动进行调整，突出抓好协调和服务，把组织协调工作落实在各项服务之中，以推动服务水平的提高，实现组织协调工作的加强。

1. 抓好决策服务，确保公司党组各项决策和部署的落实。发挥总经理工作部的职能作用，紧紧围绕公司党组确定的各项决策和中心任务开展工作，抓好组织协调，组织和参与公司重要文件和领导讲话起草，抓好决策前的准备、决策后的跟踪，保证公司各项决策的研究制定和贯彻执行，提高决策服务水平。去年以来组织总经理（办公）会议 21 次，党组会议 14 次，安排公司领导会见省市领导、部委领导 13 次；整理会议纪要 34 期、办公通报 30 期。编发《国电信息》51 期、《综合资讯》240 期、《领导批示摘要》50 期、《内部情况通报》38 期。组织对公司各种非常设机构（主要是领导小组）进行清理。

2. 加强公司重要会议、活动的组织协调，发挥总经理工作部的服务功能。去年以来，总经理工作部参与组织公司的各种会议和活动明显增加，参与面和参与深度扩大。先后组织召开了公司 2001 年工作会议、"两会"代表座谈会、援藏工作会议、信访工作会议等重要会议 15 次。协助公司有关部门举办财务工作会议、审计工作会议、信息化工作会议、安全生产暨优质服务电视电话会议、"三个代表"重要思想学习交流会、"西电东送"第二十批项目开工典礼、龙滩水电站开工仪式、学习"七·一"讲话和六中全会精神学习班等重要会议和活动 10 多个。实行会议计划管理，压缩、精简会议，在各部门的支持下，今年会议由原先安排的 140 多个计划精简为 88 个；全年会议由前年的 200 多个减到 100 多个（包括计划外会议）以内。

3. 建立公司月度工作计划制度，加强协调安排。落实公司总经理会议的决定，研究制订《关于建立国家电力公司月度工作计划制度的意见》。从 7 月份开始，每月组织制订公司工作计划，向总经理办公会议汇报。为了确保这项工作落实，总经理工作部建立了部门主任亲自抓，一位副主任分管，两名同志具体负责的工作机制。经过半年多时间的摸索，基本达到了预期的目的，在部署任务、加强协调、落实责任、提高效率等方面发挥了积极的作用。

4．认真做好公司领导活动的协调安排。坚持每天的早协调会制度，坚持每周、每月对公司领导活动和公司重要活动预先安排制度。认真落实公司党组每天要有2名党组成员在京的指示，确保公司重要工作安排落实，努力避免公司领导活动与公司重要活动相冲突。

5．加强值班工作，确保重大和紧急事项及时妥善处理。健全值班制度，强化值班责任，规范重大事项、重大事故报告处理程序，充分发挥总值班室在加强总经理工作部组织协调公司工作安排、迅速处理重大事项和紧急事件等方面的功能和作用。

二、按照公司党组部署，积极推进公司改革与发展

2001年，公司体改办认真贯彻党中央、国务院的改革部署，贯彻公司党组提出的五条原则，坚持解放思想、实事求是，认真研究、跟踪国际国内改革情况，加强与各方面协调沟通，积极稳妥地推进各项改革，较好地完成了公司党组确定的工作任务。

1．认真分析形势，把握国内外改革动态，加强对深化电力体制改革的研究。

2．加强对"十五"体制改革框架的研究。按照"十五"计划《纲要》明确提出的电力工业改革与发展的方针，把握电力改革发展稳定的大局，研究"十五"期间国家电力公司深化体制改革的总体框架、改革内容和进程安排。

3．加强对国外电力改革的研究。根据公司领导指示，组织对日本、德国、美国、巴西、澳大利亚和印度电力体制改革情况进行了考察；与瑞银华宝等5家国际著名的投资银行召开电力改革与发展国际研讨会，分析借鉴国外电力体制改革的经验和教训；组织对英国及国外电力体制改革的最新情况进行分析。均形成报告送公司领导。

4．加强对改革中重大理论和实践问题的研究。从我国能源资源和电力负荷分布的实际情况出发，为加快实施"西电东送、南北互供、全国联网"的目标，在更大范围内实现资源优化配置，重点研究我国电力市场的构架，提出"开放省内市场，发展区域市场，培育全国市场"的基本构架。按照公司党组的要求，对公司"四步走"战略以及"四分开一分离"改革方案（即政企分开、厂网分开、配售分开、输配分开、主辅分离）进行研究。配合国务院体改办、国家经贸委对垄断行业监管体制、电力行业监管体制进行专题研究。

5．积极配合国家计委等部门，研究制订电力改革方案，提出公司的意见和建议。

公司党组对体制改革工作十分重视。从前年4月以来，多次召开党组会议，反复研究讨论体制改革问题，广泛听取各方面意见，形成了公司关于深化电力体制改革的建议，系统提出了国家电力公司关于电力体制改革的基本思路、改革目标、改革应坚持的基本原则、改革方案和配套改革建议。2000年11月9日，国家计委提出《电力体制改革方案（草案）》，公司12月28日提出《关于深化电力体制改革的建议》（第3稿）。

去年4月25日，国家计委印发《电力体制改革方案》（征求意见稿）。体改办按照党组的要求，对国家计委提出的《方案》（征求意见稿）逐条进行认真研究，及时提出了公

司的意见和逐条修改建议，上报国家计委等部门。

4月份，组织对电信、铁路、民航体制改革情况进行调研，研究垄断性、网络性产业如何解决垄断与竞争的关系问题；6月份，组织对石油行业和大庆油田计划单列情况进行调研，研究母子公司体制与国家计划单列的关系；8月份，组织对电力体制改革中几个重大问题进行研究。均形成调研报告和意见报公司领导。

根据朱总理在贵州考察时对南方电网体制问题的指示，按照党组的部署，组织对南方电网的体制问题，特别是广东与南方各省的关系，川渝电网与南方电网的关系进行了专题研究，形成研究报告报公司党组。

6. 加强对广东电力体制改革的跟踪和研究。6月份对广东电力体制改革进行了初步调研。11月份，对广东电力体制改革情况进行专题调研，形成调研报告并按批示印发。

7. 贯彻公司"两型两化、国际一流"的战略，积极推进公司系统的改革。

8. 大力推进政企分开改革。与国家经贸委2次召开政企分开改革座谈会，进行推动和部署。公司系统27个省电力局已撤销25个省电力局，撤销大区电业管理局的准备工作基本完成。充分发挥行业协会的自律、服务功能，进一步转变省电力公司的职能，已有21省成立省行业协会。

9. 协助推进6省（市）厂网分开、竞价上网改革试点；协助推进农电"两改一同价"改革。

10. 贯彻公司"两型两化、国际一流"的发展战略，积极稳妥地推进公司改制和重组。会同有关部门研究分公司运行中存在的问题，深化和完善分公司改革。研究电网管理体制的有关问题，提出理顺和完善公司本部电网管理体制的意见。研究电力通信体制改革问题，研究制定电通中心改组方案。研究推进科研、设计、教育、施工等管理体制的改革。

三、加强新闻宣传工作，努力为公司改革发展的稳定局势营造良好的舆论环境

随着我国经济体制改革的深化和电力工业供需形势的变化，国家对垄断性行业市场化改革步伐加快，新闻媒体、社会公众对公司的改革发展更加关注。特别是前年以来电力体制改革成为社会舆论的热点问题之一。公司宣传工作面临前所未有的考验。

去年以来，公司党组和公司领导对宣传工作十分关心和重视，多次就加强宣传工作作出重要批示，并多次听取总经理工作部的工作汇报，对新闻宣传工作进行部署。按照公司党组的要求，去年以来，总经理工作部认真贯彻公司领导的指示，把新闻宣传工作作为重要和紧迫的工作来抓，部门主任亲自抓，一名副主任分管，开展多次、多形式、全方位的新闻宣传。具体来说，采取了以下措施：

1. 调整宣传策略，突出树立公司形象。在电力体制改革方案不定的情况下，坚持正面宣传为主，以宣传生产力为主，突出宣传公司系统学习贯彻"七·一"讲话和五中、六中全会精神，宣传公司贯彻落实党中央、国务院各项方针政策，服从服务于国民经济全局的重要举措；宣传国家电力公司的各项工作和工作成绩，重点宣传公司实施"西电东送、南北互供、全国联网"的目标，开展优质服务年活动，进行城乡电网建设与改造，实施电力结构调整等方面的情况。

2. 加强宣传工作的总体策划。贯彻公司党组的决策和部署，把握社会舆论的动态和反映，制订每一个阶段宣传工作计划和实施方案，把握节奏，有计划、有针对性地开展宣传活动。去年共提出阶段性新闻宣传计划18个，围绕宣传计划，策划、组织了7次比较大规模的新闻宣传活动。加强公司系统宣传工作的领导和协调，充分发挥中国电力报社的优势和作用，宣传公司党组的决策和部署，保持正确的舆论导向，为公司改革发展稳定服务。

3. 注重权威媒体的舆论带动作用。加强与中央主要新闻媒体的联系，重点加强与"两报两台一刊"（即中央电视台、中央人民广播电台、人民日报、经济日报、求是杂志）的协调和沟通，充分重视传播面广、影响大、有带动性的传媒机构的作用。去年以来，在中央电视台《新闻联播》播出公司新闻11次；在《焦点访谈》播出两期反映农网"两改一同价"效果的节目；在人民日报、经济日报等报刊头版刊出报道20多篇，其中，报道公司2001年工作成绩的新闻刊登于《人民日报》头版头条，其他报刊也都以醒目位置刊登；公司党组的3篇文章《为经济发展和人民生活提供高品质的服务》、《创新是关键，服务是宗旨》、《抓作风建设，创工作佳绩》分别在《人民日报》、《经济日报》、《求是》杂志上刊出；组织中央新闻单位记者赴基层系列采访3次，在中央级报刊和广播电视中刊播新闻宣传稿件300多篇，组织撰写数篇长篇通讯在中央级大报上整版刊出，在《工人日报》刊登优质服务年的系列报道，对公司各项重要工作都及时进行了宣传报道。

4. 采取多种宣传形式，提高社会效果。组织和参与"全国电力成就摄影展览"、"国有企业改革与发展暨技术创新成果展览"等；李鹏委员长、尉健行、邹家华等党和国家领导参观展览，就电力工业的改革与发展做了重要的指示，引起了较好的社会影响。李鹏委员长为全国电力摄影展题词"深化电力改革，引入竞争机制，尊重客观规律，发展电力工业"。组织拍摄《农电之光》、《西电东送》等电视专题片，在户外树立公司标识广告牌，宣传公司形象。

5. 重视和搞好"危机公关"。妥善解决和及时化解了一些危及公司形象的事件。

四、切实做好信访工作，确保公司系统的稳定

去年以来，公司系统的信访工作面临新的考验。群众来信来访工作呈现以下新特点：来信来访总量持续上升。去年以来公司系统群众上访比上年增长30％，进京上访增长90％。群众集体上访和进京上访问题更加突出。黑龙江、吉林、辽宁、天津先后发生多次较大规模的群众集体上访。信访中热点、难点问题相对集中。群众来信来访反映的问题，大多是涉及群众的切身利益的问题，大多是企业改革中的新问题，主要是减人增效中解除劳动合同、内部退养问题，农电体制改革和农网改造中农民出资收费和农电工安置问题，电力系统职工子女及复员退伍兵安置问题等。群众来信来访反映的问题涉法的情况逐渐增多。

公司党组高度重视稳定工作，对信访工作十分关心和支持。反复强调要处理好改革与稳定的关系，减人增效等各项改革要服从稳定的大局。公司领导多次就信访工作作出重要批示，强调要从密切党同人民群众血肉联系的政治高度和维护社会稳定的大局出发重视和加强信访工作。有的领导主动带领有关部门负责人到国家信访局汇报情况，指示有关部门

对群众反映的农网改造收费问题进行认真查处。有的领导多次听取信访工作的汇报，就积极妥善处理群众集体上访事件多次作出重要批示。公司党组和公司领导的高度重视，对做好信访工作起到了关键作用。主要采取了以下措施：

1. 认真贯彻党中央、国务院关于稳定工作的要求和公司党组的部署。去年中央召开中央工作会议和全国社会治安综合治理工作会议，连续下发一系列文件，要求各地做好"七·一"、"十·一"、APEC会议期间等维护社会稳定工作。公司及时进行贯彻落实。为进一步加强公司信访工作，还落实稳定工作责任制，集中解决好一批群众关心的热点问题，确保全系统的稳定。还组织召开了公司系统信访工作座谈会，公司领导出席并做重要讲话，对信访工作提出要求。

2. 认真落实信访工作责任制，努力把群众稳定在当地，把问题解决在基层。为贯彻公司党组的要求，公司印发了《关于加强信访工作的通知》，要求公司系统加强信访工作维护社会稳定。按照"谁主管、谁负责"和"分级负责、归口办理"的原则，落实所在单位责任制和主要领导责任制。公司系统对信访工作更加重视，形成了各单位主要领导重视稳定和信访工作，亲自处理重大信访事件和集体上访，主动深入基层了解情况、解决问题、变群众上访为机关干部下访的良好氛围。

3. 积极争取中央和地方有关部门的支持，把握政策界限，把握工作策略，预防和化解矛盾。在重大信访案件的处理中，保持与国家信访局、中央维稳办、劳动和社会保障部、全国总工会和中央企业工委等中央部门的密切联系，紧紧依靠地方政府和有关部门的支持。在认真做好日常信访工作的同时，重点做好重大信访案件的处理和热点问题的预防，及时化解矛盾，防止影响社会稳定和公司形象的事件发生。

4. 加强重大信访案件的跟踪，妥善处理进京上访和群众集体上访。去年以来，总经理工作部办理人民来信680余件，接待群众来访325起、2501人次，其中接待群众群体和集体来京上访51批1508人次。群众集体和群体进京上访比上年成倍增加。与人力资源部等部门密切协作，对信访热点问题和敏感地区加强协调指挥，较好地解决了黑龙江、吉林、辽宁、天津等地解除劳动合同人员大规模集体上访问题，解决了吉林、天津解除劳动合同职工、退伍兵等进京集体上访事件。

5. 去年信访工作在形势较为严峻的情况下，经受了考验，确保了"两会"、庆祝建党80周年、国庆、APEC会议等重大政治活动期间的稳定，公司系统没有出现造成社会重大影响的信访事件，维护了公司系统的稳定。

五、增强服务意识，提升服务水平

认真学习贯彻"三个代表"重要思想和中央六中全会精神，进一步转变思想观念，转变工作作风，增强服务意识，努力提高服务质量和服务水平。我们认识到，协调和服务是总经理工作部工作的两项重要职能，服务是基础、是基本功，协调也是通过服务来实现的。总经理工作部的工作要自觉接受各方面的监督。去年在为机关服务方面做了以下工作：

1. 顺利完成西单大楼入住工作。公司领导对公司本部入住新大楼高度重视，多次就搬家工作作出重要指示，多次召开总经理办公会议和专题会议进行研究。按照公司领导的要求,去年总经理工作部把搬家工作作为一项重要工作,集中力量,精心部署,确保了入住工作如期、顺利完成。认真做好搬家的各项准备工作。搬家前,反复研究办公用房分配和搬家方案,制定安全保卫措施,制订后勤保障和新大楼物业管理方案。认真实施公司党组确定的搬家方案。按照公司领导提出的"四防"(防火、防盗、防泄密、防损坏)和"两确保"(确保人员安全、确保设备和财产安全)的要求,在较短时间内顺利、安全地完成了公司本部的搬家工作,国调中心、电通中心、信息中心、电网公司搬家工作也于近日全部完成。公司入住后,确保了公司本部电话通讯、对外联络、文件交换等环节畅通。在较短的时间内较好地完成了家具采购和安装。认真贯彻公司领导的要求,严格执行招标程序,严守招标纪律,广泛听取各方面的意见,认真进行市场调查和商务谈判,努力降低采购成本,加强质量监督,确保在公司入住前家具到位。

2.加强公司本部的安全保卫。随着公司本部迁入西单新大楼办公,安全保卫工作更加重要。西单大楼作为现代化的办公大楼,采取开放式的办公格局,采用先进的技术和设施,客观上增加了安全保卫工作的难度。公司领导对做好新大楼安全保卫工作非常重视,多次指示并提出要求。面对新的办公环境,采取了以下措施:建立新大楼安全保卫制度。先后组织制定了大楼办公纪律、安全保卫、文件资料保管等一批规章制度。大楼内实行了在指定地区吸烟的管理措施。建立新大楼安全保卫组织体系。成立了公司安全保卫和办公秩序协调监督小组及办公室。理顺总经理工作部与物业公司、武警与保安等方面的工作关系,实行大楼安全保卫统一指挥。实行大楼安全值班制度,建立快速反应机制,总经理工作部与物业公司、物业公司与各部门签订了安全保卫、防火责任书,明确了责任。加强和完善管理措施。针对运转中出现的问题,认真进行整改,进一步完善物业管理和安全保卫措施。进行消防演习,增加保卫力量,完善技术措施,完善大楼重点、要害部位的安全警卫设施。

3.改进服务方式,探索开放式的物业服务模式。公司入住新大楼后,对物业管理方式进行了较大的调整,在员工用餐、办公场所保洁、办公系统管理等方面都采取了开放式的管理方式。随着办公环境的改善,公司员工的工作条件得到改善,同时对后勤服务工作的要求也不断提高,服务相对滞后的矛盾开始突出。针对服务中暴露的问题,总经理工作部加强与物业公司的协调监督,主动向公司各部门征求意见,及时向物业公司通报,制定措施限期整改。建立协调会制度,与机关党委、物业公司、大楼办、电通中心、信息中心等部门和单位协调研究大楼物业服务、安全保卫、办公秩序等方面出现的问题,提出改进和完善的措施。

4.加强机关财务管理,严格控制经费支出。严格实行预算管理。建立以全面预算管理为中心的财务运作机制,对机关经费实行全面预算管理,在保证各部局工作需要的同时,严格进行费用控制。对发生频繁且数额较大的差旅费、会议费、办公费、业务招待费按指标包干到部局控制使用,定期对预算执行情况进行分析。预计全年预算支出数可以控制在下达的预算之内。进一步强化合同管理。对后勤服务支出进行严格审核,对以往支出较大的物业费、供暖费进行专项分析,对照国家有关法规、收费办法及标准进行认真审核,仅此两项减少支出近百万元。严格执行财经纪律。认真贯彻落实《会计法》,规范会计核算，在审计、税收等检查中未出现重大问题。

5. 转变工作作风，认真做好文档、文印工作。严格发文和签报管理，配合信息中心对办公自动化软件进行升级，提高公司办公自动化水平和工作效率。减少办文环节，加快文件运转，向办文人作出办文时限承诺，提高文件印刷质量。开通网上接收公文业务，收发室增设特快专递业务，送取文件由过去每天定时两次改为全天候服务。全年共完成公司发文837件，党组发文321件，部门发文1659件，收文处理3350余件，办理签报730件。收发信件27.5万余封，交换文件2.4万件，编排文字1950多万字，印刷7.8万版，公司发文6万余份，简报、纪要、信息13万件。整理、接收公司本部档案699卷，接待查阅、借阅档案300多人次，800余卷次；积极开展档案工作目标管理活动，86家单位被评为档案管理国家一级；组织评审档案、图书资料系列高、中级技术职务442人。

6. 认真做好机关精神文明建设。较好完成了创建文明单位、无偿献血、义务植树、交通安全、爱国卫生、计划生育等方面的工作。

六、加强理论学习，努力实践"三个代表"重要思想，加强干部队伍建设

按照公司党组和机关党委的部署，深入学习贯彻江总书记"七·一"讲话、"三个代表"重要思想和十五届五中、六中全会精神，结合实际进行学习、交流和讨论，认真分析思想上和工作中存在的问题，提出改进意见和措施。通过学习和交流，统一思想，增强职工的政治意识、责任意识，增强实践"三个代表"重要思想的自觉性和坚定性，增强改进工作的紧迫感。

1. 加强支部建设，深入开展思想政治工作。支部每季度召开一次思想动态分析会，广泛开展谈心活动，及时化解内部矛盾。组织发展方面，去年发展了2名预备党员，转正了1名党员，确定了2名培养对象。

2. 加强精神文明建设。加强廉洁自律教育。关心员工生活，帮助员工解决实际困难。加强团结协作，充分调动各方面的积极性，保持队伍稳定。去年总经理工作部在人员、岗位做了较大调整的情况下，保证了各项工作的顺利进行，取得了较大的进步。

总结2001年的工作，有几点体会：一是公司党组和公司领导对总经理工作部的工作十分关心，各部门给予大力支持，这是我们做好工作的重要保证。二是总经理工作部的工作要认真贯彻党组的战略部署和决策，进一步提高服务水平。要进一步转变观念，增强服务意识和创新意识。去年以来，尽管我们做了一些努力，有一定的成效，但是有些方面做得还很不够，组织协调方面还需要进一步加强，服务方面还需要进一步规范化、程序化。三是总经理工作部的工作要进一步突出重点，加强关键环节。目前总经理工作部工作战线比较长，事务性的工作牵扯了大量精力，力量相对还比较分散，工作重点还不够突出。现在从事事务性工作的人员较多，一些关键环节、重要工作力量还不够。要进一步调整人员结构，加强人员流动和岗位轮换，激发员工的积极性和创造性。四是当前公司面临改革发展稳定的新形势，要更加重视理论学习和思想政治工作，帮助职工树立正确的改革观、发展观，认识改革发展稳定的形势，保持公司正常的工作秩序。

这是一份综合性总结。比较全面地总结了国家电力公司总经理工作部2001年的工作。

正文部分采用小标题式结构,每一个标题就算一个部分。每一部分包括成绩与做法两项内容。为了将成绩写得具体,文中采用了大量的事实材料和必要的统计数字,并加以对比说明。这是此文的最大特点。也是值得所有写总结的人学习的宝贵经验。

第四节 会 议 记 录

一、会议记录的含义和作用

会议记录是根据会议进程真实地、客观地记录会议主要内容和情况的一种应用文体。它是有关会议情况的笔录,是传达、贯彻会议精神,研究总结会议情况的凭证,是编写会议纪要或会议简报的基础,也是检查会议决定执行情况的依据,同时还是日后备查的重要的原始史料。

会议记录适用于机关单位召开的会议,只要是正式会议,不论是什么性质,也不论是什么规模,都应该做会议记录。

二、会议记录的特点

(1) 纪实性。会议记录要当场把开会时的自然情况和具体情况如实记录下来。

(2) 完整性。会议记录应完整地记录会议内容,不能断章取义。

(3) 连贯性。会议记录需要随着会议的进程进行,会议结束,记录也随之结束,一般不需要作综合整理。

(4) 资料性。会议记录通常记在事先印好的会议记录纸上,作为凭证或资料保存,以便日后备考和存档。

三、会议记录的写作方法

(一) 会议记录的写作格式

会议记录主要由标题、开头、主体、结尾、签名和日期构成。就写作方法来说,不管是什么性质、什么内容的会议记录,其他部分比较固定,有变化的只在主体部分。

1. 标题

会议记录的标题一般包括会议名称(含届、次)、召开会议单位的名称、文种等内容,例如《××市人民政府第七次市长办公会议记录》。

2. 开头

记录者要在会议正式召开之前,预先记录有关会议的组织情况,主要包括以下六项内容:

(1) 会议时间:即会议的召开或起止时间,应写得具体明确。

(2) 会议地点:要写清具体地址。

(3) 出席人,缺席人:人数不多的小型会议,可逐一写清出席人姓名及其职务,缺席人姓名及其原因;人数众多的大型会议,原则上只记出席范围、人数和缺席人员。

(4) 列席人:如有列席人员,即不属本次会议的正式成员而是列席旁听的有关人员,则在出席人一项下写上列席人员的姓名和职务。

(5) 主持人,应写明姓名职务。

(6) 记录人，应写明姓名职务。

以上六项内容均填写在会议记录首页，如下表：

会 议 记 录 纸

会议名称：
时间：　年　月　日　时　分至　月　日　时　分
地点：
出席人：
列席人：
缺席人：
主持人：
记录人：
议题：
……
……

3．主体

会议记录的主体包括主持人讲话、会议议题、发言或报告的内容、讨论发言的情况、议决事项、遗留问题等。主体的写法常用的有三种：详细记录法、摘要记录法、简明记录法。

(1) 详细记录法。即把会议上所有与会者的发言都具体完整地记录下来，而且要有言必录，并尽量记录原话。这就要求记录人耳、眼、脑、手并用，并学会速记方法，集中精力，认真记录。

如有必要，还可采用先录音后整理的方法，重要的会议多采用这种记录方法。

(2) 摘要记录法。即摘要记录会议的中心内容及有关要点、发言或报告的要点、讨论的问题和议决事项等。如有争论，则要记录各方的分歧点。这就要求记录人能迅速判断，适当归纳，记清重要的发言和关键性的观点、意见、办法等。一般性质的会议多采用这种记录方法。

(3) 简明记录法。即用概述的方法将会议的主要内容加以记录。这要求记录人要有良好的总结、概括、归纳的能力。

需要采用哪种方法记录，应根据会议的性质、讨论的问题、发言内容的重要程度来定。一般说来有"三详二略"：重要的会议要详记，一般性会议要略记；讨论的关键问题要详记，一般性问题要略记；意见有分歧的发言要详记，意见一致或交叉较多的问题要略记。

4．结尾

包括散会说明和核稿签名两项：会议结束，另起一行写"散会"两字，并有主持人和记录人分别签名,以示负责。

（二）会议记录的写作要求

1. 记录真实准确

会议记录要忠实、完整、准确地反映会议情况,不能随意添减,更不能篡改原意,要注意保持记录的"原始材料"的特点,尽量记写原话。

2. 语言表达简明

会议记录的语言表达切忌烦冗,该长则长,该短则短。语言简朴,表达清楚。

3. 书写形式规范

要迅速及时地对会议记录予以记录、整理,体现全、准、快的要求。格式要注意规范,条理分明,字迹清楚。

例文：

会 议 记 录

单位：××省电力工业局

会议名称：解决计算机2000年问题领导小组会议

会议地点：局长办公室

主持人：×××副局长

记录人：张平

日期：1999年2月5日

人数：××人

出席人员：副局长×××、生产部长×××、中调所所长×××

列席人员：×××、×××、×××

会议主要内容：如何解决省电力系统计算机2000年问题

备注：

会议记录：

副局长×××：计算机千年虫问题,国内、国际均给予高度重视,我们电力系统也不可避免地存在这一问题。解决这一问题,已经迫在眉睫。为此,我们召集大家前来,讨论一下下一步的工作。下面请生产部长×××汇报前一阶段工作进展情况。

生产部长×××：

一、前一阶段工作情况……

二、存在问题……

三、解决这些问题,建议从以下几个方面着手：

（一）解决Y2K问题要加强领导,分工负责,明确责任,加强对这项工作的督促检查。各单位范围内的Y2K问题原则上有本单位具体负责解决。对一些系统内使用较多的设备和有共性的软件,可由分工负责部门统一向国家电力公司和制造开发厂商联系,以便统一解决,避免浪费。

（二）国家电力公司已明确要求，在1999年8月底以前完成测试与调试工作，全面解决 Y2K 问题，确保安全进入 2000 年。由于工作不力，没有按时解决 Y2K 问题而造成重大影响的单位，要追究单位领导的责任……

副局长×××：谢谢×××生产部长的汇报，下面请×××所长给我们汇报一下国家电力公司 2000 年问题测试组对我省调度自动化和通信系统的测试结果。

中调所所长×××：日前，国电测试组对我省电力系统调度自动化和通信系统进行了测试，测试中发现有很多问题……

副局长×××：谢谢各位。下面，我们就如何解决 Y2K 问题进行讨论……（讨论）

副局长×××：根据大家意见，下面我将下一阶段工作目标、时间进度、具体分工作一下安排：

一、分工情况：

1. 生产部负责我局解决 Y2K 问题工作的具体组织协调与信息汇总，按时向国家电力公司报送我局解决 Y2K 问题工作的进展情况，并由中调所配合解决厂站自动化控制系统及水调自动化 Y2K 问题。信息管理系统及我局内部使用软硬件的修改工作也由生产部负责。

2. 中调所负责电网自动化、电力通信、继电保护等方面的工作。

3.（略）

二、下一阶段工作安排：

1. 我局将于一月底召开一次全系统电话工作会议，再次强调解决 Y2K 问题的重要性和紧迫性，对工作进行安排部署。

2. 系统内所有设备软件必须于3月底以前全部调查摸底完毕，做到心中有数。重要设备解决 Y2K 问题后都要由制造厂家或修改单位提供书面承诺。各单位要尽快与制造商及上级有关单位取得联系，征询解决方案。

3.（略）

希望各有关单位同心同德，积极配合，努力工作，使 Y2K 问题得到及时解决。谢谢大家。

散会。

这是一份很规范的详细的会议记录，格式符合要求，条理分明，真实地反映了会议召开的时间、地点、参加人员、领导讲话次序、内容及会议进程。

第五节 通　　知

一、通知的含义和作用

根据《国家行政机关公文处理办法》，通知是用来"批转下级机关的公文，转发上级机关和不相隶属机关的公文；发布规章；传达要求下级机关办理和有关单位需要周知或者共同执行的事项；任免和聘用干部"的公文。一般而言，通知是一种应用广泛，公布需要周知或遵守、执行等有关事项的公文。

通知在实际工作中是使用频率较高的文种，其主要作用表现在以下六个方面：

（1）传达作用。通知常常用来传达上级的有关指示精神。

（2）承传作用。上级机关将下级机关的文件批转给有关单位，用通知。

（3）指令作用。通知常用于向所属下级机关发布有关行政法令和规章制度，有很高的政策性。

（4）决定作用。上级机关使用通知将对有关问题的处理告知有关部门。

（5）周知作用。通知也用于知照有关单位需要周知或办理的事项。

（6）凭证作用。通知主要是下行文，这就为下级如何工作提供了方针、政策及依据，也为日后总结检查工作提供了凭证。

二、通知的特点

（一）广泛性

通知的广泛性可以从两个方面理解，一是通知的应用广泛，使用频率较高。布置工作，传达指示，通知一般事项，交流信息，转发、批转公文，任免与聘用干部均可用通知；二是通知的作者比较广泛，不受机关性质与层次级别的限制。

（二）周知性

借助这一文种的制作，可将有关事项告晓一定范围内的组织或个人。通知的这一特点，是任何公文都不能与之相比的，所以，通知享有"公文中的轻骑兵"之美誉。

（三）权威性

通知常用于下行文，它的作者是法定的组织或个人，内容是要求下属单位予以执行或办理的事项，如用于布置工作，用于转发或批转公文，要求所属单位予以学习讨论和执行办理。即使是会议通知或任免通知也同样要求受文者服从通知的安排，执行通知上所述事项。

（四）时效性

通知的写作、传递要及时、快捷，而由于通知多用于下行文，所以通知的受文单位在收到通知时也要按通知要求及时办理，以免贻误时机。

三、通知的适用范围

《国家行政机关公文处理办法》指出，通知"适用于批转下级机关的公文，转发上级机关和不相隶属机关的公文；发布规章；传达要求下级机关办理和有关单位需要周知或者共同执行的事项；任免和聘用干部。"

四、通知的分类

通知可以分为两大类。一类是日常应用型通知，这类通知不用公文纸，不用发文字号，不入档。一般只写"通知"，不写事由。往往用便条、小黑板、空白纸书写，或以广播登报等形式发表。另一类是公文型通知，属十三种公文之一，严格按照公文体式制发。

五、通知的写作方法

（一）通知的写作格式

通知主要由标题、发文字号、称谓、前言、主体、结尾和落款构成。

（1）标题　一般包括发文机关、事由和文种等内容，用于发布、转发、批转文件的通知则要求写明发文机关、动词（颁发、印发、转发、批转等）、被发布、转发和批转文件的标题、文种。如"国务院批转国家计委等关于更新老旧汽车的报告的通知"。

通知的标题有三种基本形式：第一种形式由发文机关、事由、文种构成；第二种由事由、文种构成；第三种由文种构成。

（2）发文字号　由机关代字、年号、发文顺序号组成。例如：国经贸电力［2002］72号。

（3）称谓　即主送机关。通知的主送机关可有一个或多个。

（4）前言　一般包括制发通知的原因、根据和目的。

（5）主体　一般包括通知事项，具体要求等内容。

（6）结尾　可有可无。

（7）落款　即发文机关与成文日期。

因为内容和作用不同，通知的主体内容在具体写法上又有较大差异，要注意掌握不同类型通知的区别。

1．颁发、转发、批转公文的通知（又称批示性通知、专题通知）

这三种通知虽属同类，基本结构也相似，一般包括两部分：转发的文件和批示性的意见。但使用上有严格的区别。颁发是完成有关规范性公文的发布生效程序；转发是扩大一部分公文的有效范围并使之更加具体化；批转是使一部分公文升格赋予其在更大范围产生效用的条件。所以在写法上也各有特点，不能混为一谈。

（1）颁发

颁发是将本单位法规性、会议性文件、领导讲话等印发给下级机关并提出执行意见、要求的通知。这类通知要根据印发文件的不同内容和要求分别称为颁发、印发和发布。一般性的规章制度或领导讲话等用"印发"，重要的法规性文件等用"颁发"或"发布"。

这类通知一般包括两部分：说明印发文件；提出原则的执行要求。有的根据内容需要还要进一步论证，提出具体的执行要求和希望。

例文一：

关于颁发《国家电力公司直接投资建设输变电工程生产准备工作暂行规定》的通知

（国电总［2001］613号）

各有关单位：

为规范国家电力公司直接投资建设、管理的三峡输变电工程和跨区联网输变电工程的生产准备工作，国家电力公司组织制定了《国家电力公司直接投资建设输变电工程生产准备工作暂行规定》。现予颁发。请依照执行。

执行中遇到的问题请及时报告国家电力公司发输电运营部。

附件：国家电力公司直接投资建设输变电工程生产准备工作暂行规定

二〇〇一年十月十六日（印）

这是一则相当典型的印发性通知。简明扼要地提出行文目的、执行要求，点明颁发文件的名称，用语妥帖，如"为了、现予、请、依照执行"等。

例文二：

关于印发《水电工程验收管理暂行规定》的通知

（国经贸电力 [1999] 72号）

各省、自治区、直辖市经贸委（经委、计经委）、电力局，国家电力公司，有关水电开发公司（有限责任公司），各有关单位：

为适应机构改革和政府职能调整后水电工程验收工作的需要，国家经贸委制定了《水电工程验收管理暂行规定》（以下简称《规定》），现印发你们，请遵照执行。

按照政府职能转变和水电建设领域进一步落实项目法人责任制的要求，《规定》对原有的水电工程验收管理方式作了较大调整，为更好地贯彻实施《规定》，现将有关事项通知如下：

一、国家经贸委将对水电工程验收实行宏观管理，主要负责对涉及工程安全的验收程序进行监督，对验收过程中出现的重大问题进行协调，不再直接组织验收机构对工程进行验收。

二、各地经贸委在电力行政管理职能到位后，应参照《规定》加强对列入地方建设计划或在地方登记备案的水电工程的验收管理，并协助国家经贸委对列入国家建设计划或在国家登记备案的水电工程履行验收管理职责。

三、验收管理方式改变后，对项目法人提出了更高的要求，项目法人将承担更多的组织和协调工作，项目法人要按《规定》要求，认真履行职责，加强验收工作的管理，确保验收工作质量。

四、水电工程建设过程中的日常检查验收、交工验收是做好工程各阶段性验收和竣工验收的前提，是保证工程质量和安全的基础，项目法人要按有关规定进一步做好上述工作。

五、水门、铜街子等水电工程的竣工验收，十三陵、东风、五强溪、安康、龙羊峡、莲花、大峡等水电工程的枢纽工程专项竣工验收，由国家经贸委委托国家电力公司按原规定程序负责组织实施。二滩、天生桥一级、天荒坪、李家峡、凌津滩等水电工程的剩余未投产机组的启动验收，仍由已成立的机组启动验收委员会继续负责完成。

六、请及时向国家经贸委反映（《规定》）执行中的问题。

附件：水电工程验收管理暂行规定

一九九九年二月二日（印）

这是一则典型的印发性通知。除了具有上面例文特点之外，又根据水电工程验收管理的一些具体问题，进一步提出具体明确的执行要求和希望，使执行者有据可依。

（2）转发

撰拟转发公文的通知，转发的对象是自己上级、同级或不相隶属机关的公文，其特点在"转"字上，所以，在评价被转发的公文时，不得随意发表批评性意见。不能对文件本身写"同意"、"很好"之类的批示意见。可根据需要，结合本机关、本部门、本系统的实际情况，提出执行要求，或做具体的补充规定。

转发通知又包括两种：

1）领导机关直接转发上级文件。

例文：

关于转发《国务院关于特大安全事故行政责任追究的规定》的通知

（国电发〔2001〕311号）

各分公司，华北电力集团公司，各省（区、市）电力公司，华能集团，国电电力，中电国际，水电总公司，葛洲坝集团，安能总公司，规划院，科研，大专院校各有关单位：

中华人民共和国国务院第302号令公布了《国务院关于特大安全事故行政责任追究的规定》。现将《国务院关于特大安全事故行政责任追究的规定》（以下简称《规定》）转发给你们，并提出要求如下：

1. 各单位要认真组织学习《规定》，深刻领会其精神实质，提高对安全生产工作的认识，落实安全责任，认真做好各项安全工作，杜绝责任性特、重大事故的发生。

2. 各单位要结合《规定》内容和本单位的情况，组织不同管理层次、不同岗位的专题讨论，使全体干部、职工尤其是主要领导干部充分了解和认识到《规定》的内容和重大意义。

3. 各单位除保证正常的安全生产外，要加强对火灾、交通、建筑质量、爆炸物品、化学危险品以及其他安全事故隐患的预防工作，发现事故隐患，立即排除；安全事故隐患排除前或者排除过程中，无法保证安全的，要停产、停业或者停用。

4. 各有关单位要根据《规定》和国家电力公司颁发的《安全生产奖惩规定》的要求，按照分级管理的原则，制定出适合本单位的实施细则或补充规定。

5. 国家电力公司将对各单位的学习贯彻情况进行抽查了解。

附件：国务院关于特大安全事故行政责任追究的规定

二〇〇一年五月二十三日（印）

这是一则典型的转发上级机关来文的通知。国家电力公司在将《国务院关于特大安全事故行政责任追究的规定》转发给各单位时，并不对所转发的上级文件进行评述，而是根据下属单位实际情况，提出了五项具体的执行要求。

2）领导机关的办公厅代领导机关批转下级机关的来文，不用"批转"而用"转发"。

例文：

国务院办公厅转发国家经贸委关于关停小火电机组有关问题意见的通知

（国办发〔1999〕44号）

各省、自治区、直辖市人民政府，国务院各部委、各直属机构：

国家经贸委《关于关停小火电机组有关问题意见》已经国务院同意，现转发给你们，请认真贯彻执行。

附件：关于关停小火电机组有关问题意见

一九九九年五月十五日（印）

这是一则比较简洁的转发性通知。是国务院办公厅代国务院批转国家经贸委《关于关停小火电机组有关问题意见》的来文，所以标题中用"转发"而不用"批转"。其中，用语规范，如"……已经……同意，现转发给你们，请认真贯彻执行"。格式规范。

（3）批转

在撰拟批转公文时应注意，批转的对象应为自己的下级机关，通知本身就是一个批示。其特点在于"批"与"转"。它可以对批转对象提出包括批评性意见在内的各种评价意见，如"同意"、"很好"之类。有的不仅要求有关单位执行，还要结合该文件提出相应的政策规定、要求等指示，有很明显的指示性。

例文：

国务院批转国家经贸委关于
加快农村电力体制改革加强农村电力管理意见的通知

（国发〔1999〕2号）

各省、自治区、直辖市人民政府，国务院各部委、各直属机构：

国务院同意国家经贸委《关于加快农村电力体制改革加强农村电力管理的意见》（见特载篇），现转发给你们，请认真贯彻执行。

加快农村电力体制改革与发展，加强农村电力管理，是党中央、国务院发展农村经济、提高农民生活水平、促进农村电气化事业的重大措施，对开拓农村市场、解决农民生活用能、保护生态环境、加强农村精神文明建设具有重要的现实意义和深远的历史意义。

这项改革涉及面广，工作任务重。各地区、各部门以及电力企业要结合实际，加强领导，认真组织，用三年时间完成农村电力体制改革任务。国家经贸委作为电力主管部门，要加强组织、指导和检查，以保证改革的顺利进行。

一九九九年一月四日（印）

这是一则批转性通知，因为转发的是国务院对国家经贸委《关于加快农村电力体制改革加强农村电力管理意见》的批示，所以标题中用"批转"。由于农村电力改革与电力管理涉及很多问题，所以，通知中结合文件内容，明确了责任，提出了相应的要求。

这三类通知在具体写作上应注意以下几点：

1) 拟制标题时要根据内容准确地选用"批转"、"转发"、"印发"、"颁发"等词语。

2) 标题和正文都要明确交代原文名称或发文字号。（注意引用时的区别）。

3) 此类通知都带附件，要注明附件名称。

4) 提出的执行要求要有针对性，留有余地，措辞要掌握分寸。如果转发的是试行文件、草案、讨论稿等，应用"参照"、"研究"、"参考"、"参酌"、"酌情"等语；如果转发的是法规性或重要性文件，则应用"认真遵照"、"切实遵照"等语。

2．布置性通知（指示性通知）

这类通知基本结构包括两部分：

开头：用简明概括的语言分析工作的成绩和问题，针对存在的问题，根据有关指导思想制发通知。

主体：要明确指出具体的指导性意见，或作出具体规定。可以分层叙述，也可以分条叙述。无论采用哪种形式，都要力求明确、条理，便于贯彻执行。

撰拟指示性通知时应注意：这类通知本身不能创造新的规则，而只是转达上级指示并使其具体化。因此，必须在文中指明行文依据，指明公文中的政策、规则、要求是上级指示；语气应肯定；内容应具体明确。使受文者通过阅读公文能对做什么工作，为何要做，具体怎样做，依照何种要求和标准，以何种方法去做获得明确认识。要拿过来就能干，就能有效果。当涉及的问题需要受文者根据自身实际作出实事求是的判断处理时，应避免一刀切、绝对化的提法，注意给其留有因地制宜、实事求是处置问题的余地。

例文一：

关于做好关停小火电机组工作有关问题的通知

（国经贸厅电力〔2001〕50号）

各省、自治区、直辖市及新疆生产建设兵团经贸委（经委）：

1999年以来，各地认真贯彻《国务院办公厅转发国家经贸委关于关停小火电机组有关问题意见的通知》（国办发〔1999〕44号）和国家经贸委《关于印发〈关停小火电机组实施意见〉的通知》（国经贸电力〔1999〕833号）精神，做了大量工作，关停小火电机组工作已取得初步成效。但目前一些地区关停小火电机组的工作进展不一，与国务院确定的总体目标还有一定差距，今后的任务十分艰巨。为确保关停小火电机组总体目标如期实现，现将有关问题通知如下：

一、要认真总结两年来关停小火电机组工作的完成情况，按照关停小火电机组的总体目标要求，分析问题，找出差距。在此基础上，对今后三年关停小火电机组工作进行周密部署，研究落实加快关停进度的具体措施。要集中精力，重点抓好地方小火电机组的关停工作。

二、关停小火电机组任务比较重、进展比较慢的地区,要积极向省(区、市)人民政府汇报工作,在当地人民政府的领导和支持下,加大关停工作力度。

三、请认真填报关停小火电机组完成情况和计划表(格式见附件),于2001年6月底前报送国家经贸委。尚未制订关停小火电机组总体计划的地区,要抓紧制订计划;已经上报关停小火电机组总体计划的地区,要进行认真检查,对不符合总体目标要求的计划,要进行调整;尚未上报2001年度关停小火电机组计划的地区,要在2001年3月底前完成报送工作(已报送总体计划的除外)。

四、为落实2001年关停小火电机组任务,研究关停小火电机组工作的有关政策,国家经贸委电力司拟于2001年4月初召开部分省(区、市)关停小火电机组工作座谈会。会议有关事项另行通知。

附件:关停小火电机组情况计划表

二〇〇一年三月五日(印)

这是一个比较规范的布置性通知。开头部分援引行文依据《国务院办公厅转发国家经贸委关于关停小火电机组有关问题意见的通知》(国办发〔1999〕44号)和国家经贸委《关于印发〈关停小火电机组实施意见〉的通知》(国经贸电力〔1999〕833号),肯定成绩,进而提出问题,引起人们的高度重视。接着,分条列项明确说明一些具体问题应如何做,参照何种标准等等。全文态度明朗,条理清晰,便于执行,较好地体现了指示性通知的特点。

3. 知照性通知

知照性通知指用于转达有关方面周知(只需知晓而不要求直接执行)的事项的通知。这种通知的发送对象更为广泛,级别方面的限制也不严格,对下级、平级,甚至对一部分上级均可发送。

知照性通知涉及的事项主要是:成立或撤销机构或组织;启用或废止公章;变更一些组织或刊物的名称;任免干部;出版发行刊物等。

知照性通知的正文主要包括:形成该事项的过程、原因、根据;事项的具体内容(性质、状态)。为简化正文,有时以附件(如任免名单、公章印模、组织章程等)对事项内容作细致交代。

撰拟知照性通知应注意:制发这类通知主要依法依制履行程序手续,为保证其有效性往往需要对履行这些法定程序手续的情况予以说明,所以此类内容不得随意略去;公文只需受文者了解事项的情况,所以,一般不对事项加以议论评价,只求明确地反映事项的有关性质、状态,文中一般也不涉及直接的执行要求。

例文：

关于成立国电（美国）公司的通知

（国电人资〔2001〕55号）

国电（美国）公司筹备组：

为推动国家电力公司国际化战略，充分利用国际市场和资源，树立国家电力公司良好的国际形象，经研究，决定成立"国电（美国）公司"（以下简称公司）。现就有关事宜通知如下：

一、公司的性质

公司为国家电力公司在美国注册的全资子公司，并以出资额为限对公司承担有限责任。

二、公司的经营范围

电力经营管理、项目投资、进出口贸易、工程承包、科技开发、国际会议承揽、咨询服务、培训服务、旅游服务和出访团组接待服务等。

经审核，原则同意公司章程，请据此办理成立公司的有关事宜。

附件：国电（美国）公司章程

二〇〇一年二月一日（印）

这是一个典型的知照性通知。开头部分交代成立国电（美国）公司的原因、依据，随后对公司性质、公司的经营范围进行了界定及说明，清楚明白，便于执行。

4．会议通知

会议通知的繁简程度，应视会议内容与规模及其他有关因素而定，一般包括下列内容：会议名称、召开会议的根据与目的、会议时间、地点（报道时间、地点）、与会人员、差旅费报销办法、与会者准备工作与注意事项、联系单位、联系人与联系电话号码等。如属规模较大的会议，还应在通知中附上会议议程安排和与会的有关证件。会议通知的内容，要求准确、具体，无一错漏，并必须在会前送达，留出充裕的时间，以使与会者做好充分准备。

例文：

关于召开部分公司负责人座谈会的通知

各有关单位：

为深入贯彻实施《会计法》，加强财务管理，提高会计工作质量，进一步防范经营风险，了解各公司的财务状况，国家电力公司决定召开部分公司负责人座谈会，现将具体事项通知如下：

一、会议内容

1．国家电力公司副总经理×××同志作重要讲话。

2．听取各公司1~8月份预算执行情况的汇报。

3．听取各公司财务状况汇报，特别是对外投资状况，包括投资项目、投资额及收益情况；对外担保情况，包括担保金额及风险分析；公司的资金状况分析。

以上汇报请准备书面材料一式十份带到会上。

二、参加人员

请各公司的负责人、总会计师（如有）和财务负责人参加（参加单位名单见附件）。

三、会议时间

2001年9月24日。

四、会议地点

××大厦，北京市××门外大街××号　电话：(010) ××××××××

五、会议联系人

国家电力公司财务部 ×××　电话：(010) ××××××××

六、其他事项

请各单位将参会人员名单提前告知会议联系人。

附件：参加座谈会单位名单

国家电力公司

二○○一年九月六日

这是一份比较规范的会议通知，简要说明了召开会议的目的，准确交代了发文单位、通知对象、开会时间、会议内容及有关事宜，条理清楚，内容周全，文章的语体感较强。

（二）通知的写作要求

1. 内容单一

每份通知要求说明一件事情，布置一项工作，一份通知不能包含多种事情或目的，即通知应一文一事。

2. 具体明确

通知的写作要点在于将通知事项、要求、措施等交代清楚，使其明确具体，切实可行，使受文者能正确理解并准确执行。

3. 针对性强

写作通知的目的全在于解决和处理某方面的问题，问题解决了，目的达到了，通知也就失去了效力。

4. 语言直叙

同任何一种公文一样，通知也具有"直书不曲"的写作特点，即简明直白地写出要求对方做什么、怎样做等事项。

第六节　请　　示

一、请示的含义与作用

请示是向上级机关、部门请求指示、批准的公文。这是市场营销工作中使用频率较高的文种。

在日常工作中,我们常常见到"请示报告"或"请示的函"等名称,这是公文写作中的一种不规范表现。2001年1月1日起施行的《国家行政机关公文处理办法》第九条明确规定:"请示""适用于向上级机关请求指示、批准";"报告""适用于向上级机关汇报工作,反映情况,答复上级机关的询问";"函""适用于不相隶属机关之间商洽工作,询问和答复问题,请求批准和答复审批事项"。由此可见,请示和报告、请示和函是作用、目的、适用范围有较大区别的文种,请示的作用在于针对某一项工作对上级的特定请求。在使用时要注意区分三者的异同。

二、请示的特点

(一)请求性

由于请示使用范围广泛,各机关对自己无权或无法决定与处理的问题,均应制发请示公文,向上级机关请求指示或批准。

(二)具体性

因为请示具有强制回复的性质,接受请示的机关务必针对请示事项表明态度或予以明确的指示,故请示事项应具体明确。

三、请示的分类

按请示的事项不同,可将请示分为请求指示的请示和请求批准的请示。

(一)请求指示的请示

指下级机关针对工作中出现的具体问题,对吃不准的上级方针、政策、法律、条例、规章制度等,向上级机关申明情况,请求答复和下达处理意见的请示。

(二)请求批准的请示

指就某一问题或事项,提出本机关的处理意见,请求上级机关给予批准或表明态度的请示。

四、请示的写作方法

(一)请示的写作格式

请示主要由标题、称谓、正文、落款构成。

1. 标题

请示的标题一般包括发文机关、事由、文种三要素。例如《××省财政厅关于企业库存涤棉布调整价格差额大于国家流动资金部分能否增拨的请示》。标题写作的关键是要善于对事由进行高度概括,简明扼要地点出问题,让上级机关一看就明白要请示什么。

2. 称谓

称谓是主送机关的名称。2000年12月国务院办公厅公布的《国家行政机关公文处理办法》第四章"行文规则"第21、22、23条明确规定,"请示一般只写一个主送机关,需要同时送其他机关的,应当用抄送形式,但不得抄送其下级机关","除上级机关负责人直接交办的事项外,不得以机关名义向上级机关负责人报送请示","受双重领导的机关向上级机关行文,应当写明主送机关和抄送机关"。因此,写作请示,原则上只写一个主送机关，不能"多头主送"。受双重领导的单位也不要齐头主送，以免造成误会，互相等待、推诿，或批复意见不一致，无法执行。同时，除非领导个人交办的，不要报请某位领导。因为，一方面该领导未必主管此事；另一方面，某位领导个人未必完全代表上级机关的意见。另外，受双重领导的下级机关向上级报送请示时，应在文尾处标明抄送机关。因特殊情况越级请示时，一般应抄送越过的机关。这样主送机关与抄送机关都能随时掌握下级情况，利于上级机关间的协调及对下级的指导。

3. 正文

请示的正文一般由这样几部分构成：请示缘由、请示事项、请示结语。

请示缘由包括叙述情况、说明道理两部分。叙述情况要围绕请示事项把有关情况摆清楚、说具体，写作时要注意选择与请示事项有直接利害关系的关键性材料，不能罗列材料；说明道理是对情况进行分析判断，说明重要性及必要性，写作时要注意紧紧围绕情况解释说明，更不能以说服的口气行文。

请示事项是在叙述情况的基础上提出的解决问题的意见和办法。为保证请示事项具体可行，写作时要吃透上级方针、政策，所提意见、办法具体明确，并提出执行意见的保证措施。不止一种意见、办法时，要将倾向性意见放在最前面，并阐明理由。

请示语是正文的结尾部分，多用习惯语表示。例如"当否，请"、"当否，请批复"、"请审核批复"、"妥否，请鉴核批示"等。根据请示的不同内容，写法上略有区别。属于具体事项的请示，用"批复、批准"；属于原则性问题的请示，用"批示、指示"。

由于两类请示的请示事项不同，它们在内容上又各有侧重。

(1) 写入请求指示的请示中的问题，通常是本机关无法解决的问题。写这类请示，要把重点放在情况的陈述和问题的强调上。一般只提问题，不提建议。处理问题的意见，应由上级机关提出。

例文：

×市工商行政管理局
关于工商行政管理机关如何依据现行法规对个体客运行业进行监督管理的请示

国家工商行政管理局：

去年以来，在对个体客运出租车行业管理的问题上，我局与客运管理部门产生了认识上的分歧。其主要原因在于我局依照《城乡个体工商户管理暂行条例》的规定，对个体客运行业履行了经营资格审查、核准登记发照、收缴管理费、监督其客运经营活动、查处违法违章行为等方面监督管理职责。而我市客管部门却以建设部、公安部、国家旅游局 (88) 建城字第35号文件《城市出租汽车管理暂行办法》第三条"对城市客运出租汽车应贯彻'多家经营、统一管理'的原则"为依据，提出客运行业要独家管理，对个体客运出租汽车的欺行霸市、强拉顾客、哄抬运价、欺骗群众等违法违章行为，必须由客管部门查处，工商行政管理机关无权过问。这不仅干扰了我们的正常管理工作，而且影响了工商行政管理职能作用的充分发挥，特别是我市即将颁布地方性法规《某市客运出租汽车管理办法》，迫切需要明确工商行政管理机关管理客运行业的职权。为此，特请示国家局给予答复：工商行政管理机关依据《城乡个体工商户管理暂行条例》的规定管理个体客货运输业，依法履行哪些职责？如何理解"多家经营、统一管理"的原则？《城乡个体工商户管理暂行条例》及其实施细则的规定可否作为处罚个体客货运输行业经营者的依据？

以上请示，恳请速批示。

×市工商行政管理局
一九九二年二月二十日

这是一个典型的请求指示的请示。对个体客运出租车行业管理的问题，某市工商行政管理局与某市客管部门产生了意见分歧，而双方对于同一问题的处理依据均有所本。当某市工商行政管理局感到无法处理这一问题时，就向自己的直接上级机关提出请示，要求上级对多个具体问题给予明确答复；而且，因为问题急待解决，结尾用"恳请速批示"。本文陈述问题清楚，分析利弊透彻，提出问题具体，行文简明扼要，语气恳切，标题有针对性地概括了所请问题。

（2）请求批准的请示中的问题，通常是本机关无权处理的问题，或者是容易出现失误的非常重大的问题。写这类请示，要把重点放在意见、办法及其理由的说明上。下面一则例文就是关于具体问题的请示：

例文：

电力工业部关于成立国家电网建设总公司的请示

（电人教［1994］836号）

国务院：

改革开放以来，我国电力工业发展十分迅速，至1994年末，全国装机容量已接近2亿kW，发电量达到9000亿kW·h以上。近年来，各独立电网都迅速发展连接成为省电网和跨省电网。目前，我国发电装机容量在200万kW以上的电网有九个，其中华东、东北、华北、华中和南方电网的装机容量均已超过2000万kW。已经建设起来的大电网在我国国民经济中发挥了巨大的作用。随着国民经济发展对电力需求的不断增长和电力工业的自身发展，为了解决地域上能源生产与消费不协调问题，为了实现电力工业的内涵，扩大再生产，为了减轻环境保护的压力，必须实现电网互联逐步形成全国联网，将能源取得巨大的社会效益。这也是世界电力工业发展的共同规律。

三峡工程的建设成为形成全国联网的契机。三峡水电厂的建设，必将形成华东、华中、四川联网并促进与华北、华南电网的互联。三峡输变电工程是三峡工程总体的重要组成部分，也是全国电网密不可分的一部分，事关重大。迫切需要组建专门机构，从事跨大区电网的建设。首先解决好三峡工程输变电工程的建设与管理，从而保证三峡工程的顺利建设及其建成后效益的发挥。这样的机构必须立足三峡输变电工程的建设，着眼于全国电网的形成和发展,所以,必须是全国性电网建设机构。因此,成立"国家电网建设总公司"的时机已经成熟。

根据国务院关于"三峡输变电系统和电站建设应分开,电网应全国统一建设,统一管理"和"成立国家电网建设总公司,以协调有关网局筹集资金进行建设"的要求,我部拟组建国家电网建设总公司。现就组建"国家电网建设总公司"(以下简称总公司)的有关事项请示如下:

一、总公司为国有独资公司,是独立核算、自主经营、自负盈亏的企业法人和经济实体,国有资产出资者代表为电力工业部。

二、总公司的宗旨是在国家宏观经济发展规划指导下,从建设三峡输变电工程入手,建设并经营跨大区互联电网,促进全国统一大电网的形成和发展,合理利用能源资源,逐步形成健康有序的电力市场,以维护国家整体利益,努力满足国民经济持续增长对电力的需求。

三、总公司的主要业务是作为电网建设的业主,负责协调有关网局筹集资金进行三峡输变电工程和跨大区输电网建设;负责管理和使用三峡输变电工程和全国电网建设基金;负责电网工程建设前期工作的组织申报、工程建设的组织施工、保证优质工程和降低工程造价以及工程的验收。

四、总公司在国家计划中实行单列。

电网建设项目经电力工业部审核报国家计委审批立项,计划由国家计委下达总公司,其中三峡输变电工程报国务院三峡建设委员会审定,由国家计委下达。总公司对计划的实施负全责。总公司的财务关系隶属中央财政,财务计划在财政部单列,由电力工业部协同财政部管理。

五、总公司不承担全国电网的行政管理职能。

以上请示妥否,请批复。

一九九四年十二月三十日(印)

上文是国家电网建设有限公司成立前的重要文献,也是一则比较典型的请求批准的请示。全文有一半篇幅用来陈述成立国家电网建设总公司的理由,后半部分篇幅则具体陈请有关事项、办法。意见明确,行文简要,语气恳切,便于上级机关批复。

4. 落款

落款包括发文机关与成文日期。成文日期要用汉字小写。盖章要注意做到"骑年压月,上大下小"。

(二)请示的写作要求

1. 一文一事

要严格遵守一文一事、只送一个主送机关、一般不越级行文的原则。必须越级时,应抄送直接上级机关。

2. 可行性强

写作时要本着必需又可行的原则,实事求是地摆事实、讲道理,提出切实可行符合实际的要求。切不可"狮子大张口"地提出无限要求或者借请示转嫁矛盾。

3.语言简明

为便于上级领导阅读、有问必答,请示的原由部分要写得既充分又精当,事项部分要既明确具体又简洁扼要。

第五章 法规类文章写作

法规类文章包括法律类文章和规章类文章两部分。

法律类文章又称为法律文书，它包括规范性法律文书和非规范性法律文书。规范性法律文书是指国家立法机关正式颁布的各种法律条款，是针对所有人的普遍法律，如我国的宪法、民法等等。非规范性法律文书是指针对具体案件、具体人而制定的各种司法文书，它不是对所有人的规范，而是对具体案件具体当事人的法律规范，如司法机关所使用的判决书、裁决书、调解书等；另外还有诉讼当事人为保护和实现自身的合法权益、依法行使诉讼权利时书写的诉讼类文书，如诉状、答辩状、申请执行书等。本章将要介绍这几种常用的诉状类文书的写法。

规章类文章是党政机关、人民团体、企事业单位为了加强管理，根据党和国家的政策、法令，从本部门实际情况出发而制定的大家必须共同遵守的行政法规和行为准则。它包括条例、规定、办法、细则、章程、守则、规则、制度等几类。由于篇幅有限，本章只对经常用到的规定和守则进行介绍。

第一节 规 定

一、规定的含义和作用

规定是机关单位、社会团体、企业等组织对某项具体工作和专门问题作出部分规范的法规文书。

规定的使用范围很广，党政机关、社会团体、企事业单位都可以用。政治、经济、文教、卫生等部门，凡需要规定人们行动，要求有关人员遵守和执行的事项，都可以用规定行文。它规定了人们应该做的、不应该做的或是应该遵守的事项，规定了职责范围、工作程序等，所以它的主要作用是在某项具体工作或专门问题方面规范人们的行为。

二、规定的特点

（一）内容专门具体

规定是为了解决特定范围内的工作和事务而制定的，它根据不同的情况拟定不同的条款，内容专门具体。

（二）具有法律或行政权威

规定一经颁布便成为约束人们行为举止的规范，人们必须严格遵守。凡是规定中允许做的就做，不允许做的就不能做。如有违反，轻则受批评，重则受处罚，甚至受刑事处分。

（三）表述简练概括

为了便于记忆，规定的表述必须简练、概括，并多采用条款式。

三、规定的类型

按照制定的部门不同，规定可分为政府部门规定、企业规定、社会团体规定和其他组织机构的规定等四类。

四、规定的写作方法

（一）规定的写作格式

规定主要由标题、签署、正文构成。

1．标题

规定的标题有两种写法：一种是发文机关、事由和文种三要素齐全的标题，如《国家电力公司跨区电网生产管理工作暂行规定》；二是由事由和文种两部分组成，如《关于外商投资电力项目的若干规定》。在这两种标题中，都可以使用"关于……"的结构，但也可在事由前不写"关于"。对于规定的标题，往往根据实际情况在文种前加注修饰语。较常用的有"若干"、"有关"、"特别"、"补充"、"暂行"、"试行"等等。另外，此修饰语也可在标题后加圆括号标注，如《国家电力公司水电建设项目法人单位安全生产管理规定（试行）》。

2．签署

一般在标题下方，用圆括号注明发布日期和发布机关名称，有的还注明通过规定的会议名称和时间。

3．正文

（1）规定正文的组成部分

规定的正文包括开头、主体和结尾三部分。

1）开头主要简述制定本规定的根据、原因、目的等，用来表明规定的针对性和必要性。常用"为了……"、"根据……"作为开头，然后以"特制定本规定"等过渡到主体部分。

2）主体是规定的具体事项。总的来说要有"规"，有"定"。一般是"规"在前，"定"在后。"规"是原则性的规范要求，"定"是具体的措施、办法。规定的主体要有所提倡，有所反对，语言要明确、肯定，语气决断，多用"应该"、"必须"、"可以"、"不可以"、"不得"之类的词语。在内容安排上，应先原则，后措施，先主要，后次要。

3）结尾部分常用一两条项来说明施行时间、实施要求或解释权归属等内容。如"本规定自发布之日起施行"、"本规定由国家电力公司进行解释"等。

（2）规定正文的结构方式

规定的正文结构形式主要有总分总式、条项贯底式和总分式三种：

1）总分总式。又称为"章断条连式"或"三则式"。这种写法将全文分成若干章，章下是条，各章条数前后相连。有时根据需要，在"条"下还设有"款"。章、条、款都用序码标明。一般情况下，第一章为"总则"，即规定的开头部分，概述制定规定的目的、根据、意义等。以下几章为分则，即规定的主体部分，分别阐明该规则的详细条款。一般含三个方面的内容：一是原则的规范要求；二是具体措施；三是奖惩原则。分则的章节标题及分则的多少由具体内容决定。最后一章为"附则"，即结尾部分，说明本规定的实施办法、解释权限、修改权、实施日期等附带事项。

2）条项贯底式。这种写法是按正文内容的先后顺序，从头到尾分条列项来写，一般不设总则、分则、附则，也不分章，只分条，条文开始，条文结束。第一、二条一般简述制定规定的根据、原因、目的；最后一两条为规定的实施办法、解释权限、实施日期等内容。

3) 总分式。即开头序言部分不标条项，而以总述的形式出现，写明规定的目的、根据，然后用转接语"特制定本规定"等引出正文，主体部分和结尾部分则分条标项。这种结构形式适用于内容单纯，层次不复杂的规定。

（二）规定的写作要求

1. 表述准确

各种规定都是要求公众、群体或有关人员遵照执行的，因此写作时表述要准确，读后使人明确应该怎么做，不应该怎么做，便于执行和遵守。不能用模棱两可、含糊不清的语言和夸张、比拟等修辞手法，以免产生歧义，造成误解。

2. 语言简练

规定是实用性较强的法规性文件，为了便于执行，语言应简练、通俗易懂，便于记忆；句式以肯定、陈述为主。

3. 格式严格规范

为充分体现规定的严肃性，制定时应条款清晰，格式要严格规范。

例文：

国家电力公司跨区电网生产管理工作暂行规定

（2002年2月7日国家电力公司78号文印发）

第一章 总 则

第一条 为加强国家电力公司直接经营管理的全国联网工程和三峡输变电工程（以下简称跨区电网）的生产管理，保证跨区电网的安全、经济、优质运行，特制订本规定。

第二条 本规定适用于承担跨区电网生产管理的国家电力公司分公司、电力集团公司、省（市）电力公司（以下简称各级电力公司）以及上述公司所属运行维护单位和国家电力公司直属的超高压管理处（以下简称运行维护单位）的生产管理及运行维护工作。

第三条 本规定主要就跨区电网的组织管理体系、管理职责、规程、制度和报表，以及考核与奖励作出了具体的规定。

第四条 本规定未涉及的各项专业管理和技术监督工作按原电力部和国家电力公司制订的有关规定执行。

第二章 组织管理体系

第五条 国家电力公司、各级电力公司和运行维护单位按照相应的职责对跨区电网实行分级管理。国家电力公司直接经营管理跨区电网，根据电网分级管理的原则，通过签定运行管理委托协议的方式委托输变电设备所在地的各级电力公司负责跨区电网交、直流线路和变电站的生产管理和运行维护工作。跨区电网直流输电工程换流站的生产管理工作由国家电力公司直接负责，并由直属的超高压管理处运行维护。

第六条　国家电力公司由发输电运营部负责跨区电网生产管理的组织和协调工作，各级电力公司按有关规定和委托协议全面履行所委托线路和变电站的生产管理工作，运行维护单位按有关规定和委托协议具体负责线路和变电站（换流站）的运行和检修工作。

第七条　各级电力公司和直属的超高压管理处应对委托管理线路、变电站（换流站）的运行维护单位实行统一的生产管理，并负责汇总各类计划、报告、报表等上报国家电力公司。

第三章　管　理　职　责

第八条　国家电力公司发输电运营部门的管理职责

一、根据国家电力公司有关规定和要求，组织实施跨区电网的生产运营工作。

二、负责与各受委托的各级电力公司签订生产准备工作委托协议和运行管理工作委托协议。

三、负责组织并协调各级电力公司完成新建线路、变电站（换流站）的各项生产准备工作和投运后的生产管理工作。

四、负责组织测算、审查并会同公司有关部门核定跨区电网线路、变电站（换流站）运行维护费用。

五、负责编制、审批和下达跨区电网线路、变电站（换流站）的年度大修和技术改造项目计划，并根据设备运行情况提出年度大修和技术改造工作的指导性意见。

六、负责组织跨区电网重大大修和技改项目的设计审查和设备招标工作。

七、负责组织召开跨区电网生产运行工作会议、有关专业会议和重大事故分析会。

八、负责涉及跨区电网安全经济运行的重大科技项目的立项和实施的组织协调工作。

九、负责组织跨区电网大修、技改项目所需重大输变电设备（含备品备件）的进口谈判、合同签订工作。

十、负责跨区电网重大输变电设备的事故备品备件的配备和协调管理工作，负责审定、批复事故抢修方案，协调事故备品备件的调用工作。

十一、负责组织有关各级电力公司和直属的超高压管理处完成跨区电网运行设备的国内试制和试运行工作。

十二、负责编制跨区电网采用新设备、新技术输变电工程的培训计划，组织跨区电网线路、变电站（换流站）之间的劳动竞赛和技术交流活动。

第九条　各级电力公司的管理职责

一、贯彻国家电力公司的有关规定，组织运行维护单位制订受托管理线路、变电站（换流站）的各项生产管理制度和现场运行、检修规程。

二、按国电总［2001］613号文《国家电力公司直接投资建设输变电工程生产准备工作暂行规定》的要求，组织运行维护单位做好受托管理线路、变电站（换流站）的各项生产准备工作。

三、按国电总［2001］739号文《国家电力公司跨区电网运行维护费用测算暂行办法》的规定，审查运行维护单位测算的受托管理线路、变电站（换流站）的年运行维护费用，并上报国家电力公司。

四、按国电总［2001］67号文《国家电力公司跨区电网大修和技术改造工作暂行办法》的要求，负责汇总审核受托管理的线路、变电站（换流站）的年度大修和技术改造项目计划及可行性研究报告，上报国家电力公司发输电运营部并按批复项目组织必要的外包工程项目和设备采购的招投标工作。

五、组织并督促运行维护单位建立健全受托管理线路、变电站（换流站）设备的技术档案，包括基建移交和运行维护应具备的全部资料。

六、将受托管理线路、变电站（换流站）的运行管理、技术监督、专业管理和科技项目管理应纳入各级电力公司的生产管理中，并定期将生产运行分析报告报发输电运营部。对设备存在的问题，应及时提出整改措施并组织实施。

七、负责组织落实国家电力公司颁发的安全技术措施和反事故措施，对发生的重大设备事故，应及时制定事故抢修方案，报国家电力公司发输电运营部，并组织实施。

八、负责编制受托管理跨区电网输变电设备年度检修停电计划，属国家电力公司直接管理和调度的输变电设备，应于每年10月底前报国家电力公司发输电运营部和国调中心；属于其他各级电力公司管理和调度的输变电设备，应按调度关系报送相关调度部门，并抄报国家电力公司发输电运营部。

九、参加发输电运营部组织的重大技术改造工程项目招标、设备进口谈判及国内试制技术方案的审查工作。

十、负责受托管理线路、变电站（换流站）职工的安全教育、安全考核、技术培训的管理工作。

十一、负责汇总和报送受托管理线路、变电站（换流站）的年度运行工作总结和检修、技改工作总结。

第十条 运行维护单位的管理职责

一、全面贯彻执行上级有关部门制定的各项生产管理制度和技术规程，具体负责受托管理线路、变电站（换流站）的运行维护、检修和安全管理。

二、按有关规定作好受托运行维护线路和变电站（换流站）的各项生产准备工作和年运行维护费用的测算工作。

三、负责制定受托运行维护线路和变电站（换流站）的现场运行规程、现场检修规程、现场试验规程和带电作业规程，经主管生产的领导或总工程师批准颁发执行。新建线路和变电站（换流站）的各种现场运行规程应在投运前一个月完成制定和审批工作，并报上级电力公司和国家电力公司发输电运营部和国调中心备案。遇有设备和系统变更或操作方式有重大变动时，应及时修订现场运行规程，并严格执行审批制度。

四、负责于每年11月底前提出所辖输变电设备的下年度大修和技术改造项目计划，报上级主管部门，并按批复的计划组织实施。

五、负责编写重大检修和技改项目的科研报告、施工方案，负责制定施工的技术、组织和安全措施，并上报主管部门。

六、参加国家电力公司发输电运营部和上级电力公司组织的工程和设备采购的招投标工作，负责工程项目具体组织实施。

七、积极、稳妥地采用各种新的检测手段和在线诊断技术，逐步开展状态检修，提高设备的可用率和运行可靠性。

八、定期组织开展安全教育、技术培训工作。

九、负责按月填写线路、变电站、换流站的"运行月报表"，并于每月第10个工作日前报国家电力公司发输电运营部和上级电力公司生技部门。

十、按照国发〔2000〕643号文颁发的《电业生产事故调查规程》要求填写、上报有关安全报表。

十一、负责编写年度运行总结和设备检修、技改工作总结，并上报主管部门。

第四章 规程、制度和报表

第十一条 跨区电网生产管理必须建立健全的主要规程、规定类别

一、原电力部和国家电力公司颁发的有关技术规程、安全生产规定、安全技术措施和反事故措施。

二、有关各级电力公司颁发执行的主要技术规程和安全生产规定。

三、现场运行规程、现场检修规程、现场试验规程、带电作业规程等现场规程。

第十二条 跨区电网生产管理必须建立健全的主要管理制度

一、电业生产安全管理制度

二、运行管理制度

三、检修管理制度

四、试验管理制度

五、设备缺陷管理制度

六、技术资料管理制度

七、技术培训制度

八、备品备件管理制度

第十三条 运行维护单位应及时填报的报表、计划和报告。

一、按本规定第十条第九款的要求填报线路、变电站（换流站）运行月报。

二、按本规定第十条第十款的要求，按程序报送有关安全报表。

三、年度大修和技改项目计划（重大项目应附可行性研究报告和方案论证报告）。

四、年度运行工作总结和检修、技改工作总结。

第五章 考核与奖惩

第十四条 国家电力公司将各级电力公司委托管理跨区电网情况纳入安全生产、经营、党风廉政建设三项责任制考核内容，进行考核、检查和兑现。

第六章 附 则

第十五条 本办法解释权属国家电力公司发输电运营部。

第十六条 本办法自2002年1月1日起执行。

这篇规定采用章断条连式结构，共六章十六条，第一章为总则，主要阐明了制定本规定的目的、本规定的使用范围以及规定的主要事项。分则有四章，对各细节进行了明确的规定。附则为第六章，说明了规定的解释权限和执行时间。此文结构严谨、行文周密，语言准确、恰当，通俗易懂，是一则操作性极强的规定。

第二节 守 则

一、守则的含义和作用

守则是政府机关、企业、社会团体等单位为完成某项工作，约束某类工作人员的行为准则文书。

守则除了适用于各行各业人们的道德和行为规范之外，还常常适用于具体操行规范。

守则对某类工作人员的行为具有一定的约束作用。它属于法规类公文中地方性较强、规范范围较小的文种。一般情况下作为内部管理文书，如正式行文，则必须作为行政公文的附件。

二、守则的特点

（一）制作主体层次多样

从制作主体上看，上到中央部委，下到厂房车间都可以针对自己的具体情况制定相应的守则，故守则的制定主体层次多样。

（二）具体针对性

要根据党的路线、方针、政策，结合本地区、本系统、本单位的具体情况，有针对性地拟定具体条文，不能过于空泛、笼统，无的放矢。

（三）内容可行

守则的内容，应该结合本地区、本单位、本行业的特点制定。所提出的要求，应该是实事求是、切实可行的，是通过努力可以做到的。要防止要求过高，变成一纸空文。

（四）有一定的约束力

守则一旦制定，对于规范所属或相关人员都将起到约束作用。

三、守则的类型

从制定的角度来分，守则有自上而下型、共同约定型两种。前者自上而下制定，要求下级贯彻执行。后者由群众共同约定。

四、守则的写作方法

（一）守则的写作格式

守则由标题、正文和落款构成。

1. 标题

守则的标题一般由适用对象或规范范围与文种组成。如《电业职工守则》、《监考守则》等。如该守则尚在试行阶段，则应在标题后加括号标明。

2. 正文

绝大部分守则的正文结构安排上都采用条款式，开头没有缘由，分条列项直接写出规范与约束的内容，如例文《电业职工守则》。也有些守则仍采用总分式结构，开头先简略说明缘由，在分条列项写出规范与约束的内容。

3. 落款

在正文的右下角写明制定主体（单位或会议等）及制定的具体时间。

(二) 守则的写作要求

1. 条文简明

为了便于相关人员默识熟记，守则应条文清晰，简单明了。

2. 内容可行

制定守则时，既要把握大的方针政策，也要注意结合本地区、本单位、本行业特点，有的放矢。使制定的守则内容可行。

3. 易懂易记

为了便于相关人员理解，语言要通俗易懂，切忌艰深晦涩。

4. 文字简要

为了维护守则的严肃性和便于相关人员记忆，文字要简明扼要，忌啰里啰唆。

例文：

电业职工守则

一、以企业主人翁的态度对待本职工作，努力完成任务，为发展电力事业，实现四化多做贡献。

二、模范地遵守国家政策、法令，严格地执行规章制度和操作规程，严守岗位，遵守劳动纪律，听从指挥。

三、坚持安全第一、质量第一和勤俭节约的方针，牢记电力事故是工农业生产的灾害，在工作中要认真负责，一丝不苟。

四、发扬艰苦奋斗，勤俭办企业的方针，爱护财产，节约物资，修旧利废，增加收入，对本岗位技术经济指标要精打细算，力求先进。

五、当老实人，说老实话，做老实事，不弄虚作假，不隐瞒事故，勇于开展批评和自我批评。

六、努力学习政治，学习文化，学习科学，对技术业务精益求精。

七、积极参加企业管理，为提高企业的经济效益，积极出谋划策，提合理化建议，搞技术革新。

八、讲究礼貌，待人诚恳，尊师爱徒，团结同志，互帮互学，先人后己，发扬共产主义精神，积极开展"五讲四美"活动。

××××发电厂
××××年×月×日

本守则条文清晰，语言流畅，通俗易懂。所提要求有的放矢，切实可行。

第三节 诉　　状

一、诉状的含义和作用

诉状是指各类案件的当事人为了维护自身的合法权益，依法行使诉讼权利，自书或委托他人代书的向司法机关提出指控、答辩或申诉等法律意见的书状。它通常被称为"状子"。

符合法定要求的诉状，有引起诉讼并促使诉讼活动深入发展和最后得以解决诉讼实体问题的重要作用，从而维护当事人的合法权益。

二、诉状的特点

（一）目的明确

诉状是当事人在自身权益受到侵害或发生争议时，运用法律所赋予的诉讼权利，依法向司法机关提出保护自身合法权益的诉讼请求。所以，其目的性十分明确，就是为了维护当事人的合法权益，解决纠纷，防止其他人的侵害。

（二）事实清楚，材料可靠

事实是案件的基本依据，诉状要通过对事实的分析，判明是非曲直、有无法律责任或责任的大小，所以叙述事实时一定要清楚、明白，所使用的证明事实的材料一定要真实、可靠，客观真实地反映案情，不允许歪曲、篡改、捏造事实。

（三）法律理由充分

在诉状中，除了陈述事实外，还应论证使用法律的理由。它是提出请求的根本依据。离开了法律理由，请求事项的提出就成了无源之水，无本之木。因此，法律理由的论证一定要充分。

（四）格式严谨完备

诉状一般都要以书面的形式提出，关于诉状的写法，司法机关有统一的格式。在写作时一定要符合其规范化的要求，严格遵守一定的程式规格，项目齐全，措辞用语准确恰当，杜绝歧义，书写工整规范。

三、诉状的类型

诉讼法是进行诉状写作的重要依据。诉讼有民事诉讼、刑事诉讼、行政诉讼之分，因而，根据诉讼案件性质的不同，可以将诉状分为民事诉状、刑事诉状和行政诉状三大类。

（一）民事诉状

民事诉状是因民事纠纷向法院提起诉讼的书状。民事原告或其法定代理人在其民事权益受到侵害或与他人发生争执时，为维护自己的合法权益，依据事实和法律，向人民法院提起诉讼，请求人民法院通过审判给予法律上的保护（见例文二）。

由民事诉状引起诉讼程序的案件主要有三类：婚姻家庭纠纷案、财产权益纠纷案、知识产权纠纷案。人们常说的经济纠纷案件亦属于民事案件的范畴。

根据《中华人民共和国民事诉讼法》第108条规定，提起民事诉讼都必须符合以下四个条件：①原告是与本案有直接利害关系的公民、法人和其他组织；②有明确的被告；③有具体诉讼请求和事实、理由；④属于人民法院受理民事诉讼的范围和受诉人民法院管辖。

民事诉状是一种书面形式，因此民事原告或其法定代理人向人民法院提起诉讼时，一般都要用书面提出，并按照被告人数提出副本。根据《中华人民共和国民事诉讼法》第109条规定，"书写起诉状确有困难的，可以口头起诉，由人民法院记入笔录，并告知对方当事人"。

（二）刑事诉状

刑事诉状也称为刑事起诉状或刑事自诉状，是法律规定的刑事自诉案件的受害人或其法定代理人，根据事实和法律直接向人民法院提起诉讼，控告被告人的犯罪行为，要求追究被告人刑事责任或者附带民事责任的诉状（见例文一）。由人民检察院提出公诉的案件所使用的诉讼文书称为起诉书，不叫起诉状；机关、团体、企事业单位、公民个人发现有犯罪事实或者犯罪嫌疑人，向司法机关提出控告或检举所使用的书面材料，称为控告书或检举书，也不叫起诉状。

根据《中华人民共和国刑事诉讼法》第170条规定，自诉案件包括下列案件：①告诉才处理的案件；②被害人有证据证明的轻微刑事案件；③被害人有证据证明对被告人侵犯自己人身、财产权利的行为应当依法追究刑事责任，而公安机关或者人民检察院不予追究被告人刑事责任的案件。也就是说，只有符合以上三种情况时，被害人或其法定代理人才需要制作自诉状直接向人民法院提起自诉，其他的刑事案件则由人民检察院制作起诉书提起公诉。

1．刑事诉状具有四个特点

（1）它是自诉人以个人名义向人民法院提起诉讼的书状。任何公民当其个人合法的权益直接受到非法侵害时，为了维护自己的合法权益，被害人或者其法定代理人，可以直接向人民法院提起自诉。自诉人要控告侵害自己的被告人时，要向人民法院递交"刑事诉状"。

（2）它是在一定范围提起诉讼时使用的诉状。用这种诉状提起诉讼，主要适用于告诉处理和其他不需要进行侦查的轻微刑事案件，即原告、被告因果关系清楚，不需要侦查的案件。如告诉处理的公然侮辱、诽谤、暴力干涉婚姻自由、虐待、遗弃、轻伤害等案件。

（3）它和人民检察院的起诉书不同。人民检察院的起诉书是公诉案件的诉讼文书，是人民检察院代表国家行使的重要法律文书；而刑事自诉状是自诉人依法提起的保护自身权益的诉讼文书，是国家公诉以外的一种补充。虽然二者在公诉和自诉的性质上不同，但二者都是向人民法院起诉，在法律上具有相同的性质和作用。

（4）它和民事诉状在类型上不同。书写刑事自诉状的目的,是依法维护自诉人的合法权益。对于已经构成轻微刑事犯罪的,自诉人用书写"刑事自诉状"来控告被告人;对于属于民事权利与义务纠纷的,应当书写"民事诉状",提请法院作为民事案件审理。但是,根据我国刑事诉讼法第77、78条规定:"被害人由于被告人的犯罪行为而遭受物质损失的,在刑事诉讼过程中,有权提起附带民事诉讼。""附带民事诉讼应当同刑事案件一并审理。"

2. 使用刑事自诉状提起诉讼时应注意

（1）自诉人必须为犯罪行为的受害人或其法定代理人;

（2）被告人的行为必须已构成犯罪;

（3）必须向对本案有管辖权的第一审人民法院起诉。

（三）行政诉状

行政诉状是指公民、法人或其他组织认为行政机关或行政机关的工作人员在行使行政权利时侵犯了其合法权益,请求人民法院依照法定诉讼程序审理和裁判,以维护其合法权益而使用的诉讼文书（见例文三）。

根据《中华人民共和国行政诉讼法》第11条规定,行政诉讼包括下列情况:

（1）对拘留、罚款、吊销许可证和执照、责令停产停业、没收财务等行政处罚不服的。

（2）对限制人身自由或者对财产的查封、扣押、冻结等行政强制措施不服的。

（3）认为行政机关侵犯法律规定的经营自主权的。

（4）认为符合法定条件申请行政机关颁发许可证和执照,行政机关拒绝颁发或不予答复的。

（5）申请行政机关履行保护人身权、财产权的法定职责,行政机关拒绝履行或不予答复的。

（6）认为行政机关没有依法发给抚恤金的。

（7）认为行政机关违法要求履行义务的。

（8）认为行政机关侵犯其他人身权、财产权的。

除前款规定外,人民法院受理法律、法规规定可以提起诉讼的其他行政案件。也就是说,当遇到前面各种情况的任何一种时,都可以书写行政诉状,提交人民法院。

行政诉状的特点:

（1）行政诉状的案情性质是行政争议。即是由于当事人对国家行政机关行使职权所作的行政处罚、处理决定不服所引起的争议。

（2）行政诉讼的原告只能是作为行政管理相对人的公民、法人或其他组织。

（3）行政诉讼的被告只能是国家行政机关,公民始终不得为被告。

（4）行政机关和行政管理相对人之间处于管理和被管理的不平等地位,但在诉讼阶段,司法机关必须保持当事人双方平等行使合法诉讼权利,履行应尽的诉讼义务。

（5）行政诉讼的目的是依据行政管理法规,解决行政处罚、处理决定是否合法、正确的问题。

四、诉状的写作方法

（一）诉状的写作格式

诉状由标题、首部、主体和尾部及附件构成。

1. 标题

标题是诉状的特定名称，它表明诉状的写作目的。所以要根据具体案件的性质和类别确定其写法。如："刑事自诉状"、"民事诉状"、"行政诉状"等。如果在刑事诉讼过程中，还附带提起民事诉讼，自诉人要求法院判定被告人赔偿经济损失、负责医疗费、营养费等事项，则要将标题写为"刑事附带民事诉状"。经济纠纷虽然属于民事案件，但这类诉讼的起诉状标题也可写为"经济纠纷起诉状"。

2. 首部

诉状的标题之下，要分别写明原告（刑事自诉状中写"自诉人"）、被告（刑事自诉状中称"被告人"）即当事人的基本情况。原告为一般公民与法人或其他组织的写法有所不同。按照我国《民事诉讼法》第110条规定，公民应写明"姓名、性别、年龄、民族、职业、工作单位和住所"，但习惯的写法仍加籍贯。如果原告无诉讼行为能力，则在原告的下一行写明其法定代理人的基本情况，并注明与原告的关系。

当事人如为法人或其他组织，则依次写明其名称，所在地址，法定代表人或主要负责人的姓名、职务等。如属企业法人组织，则应写明企业性质、工商登记核准号、经营范围和方式、开户银行、账号等内容。如有诉讼代理人，则在当事人的下方另起一行写明代理人的姓名、性别及与当事人关系。若由律师担任代理人的，则只写明律师的姓名、所在律师事务所名称和职务。

原、被告不止一人的，按其在案件中的地位和作用、享受权利的大小依次列写，各原、被告的代理人要分别写在各原、被告的后面。

民事案件与行政案件中，如果有第三人参与诉讼，要在被告的下方另起一行写明第三人的姓名（或单位名称）等基本情况。如果是涉外案件，还要说明有关当事人的国籍。

3. 主体

主体是诉状的基本内容，主要包括谋求事项、事实和理由两个部分。

（1）谋求事项

谋求事项是原告为达到起诉目的而向人民法院所作的请求，是当事人的目的和意图的集中体现，是诉讼要求的集中反映。对于不同性质的案件来讲，其谋求事项的写法各不相同。

刑事诉状的谋求事项要说明案由，即指控被告人的行为构成的罪名，并要求人民法院依法追究其刑事责任。如重婚案，就应写明"被告人××犯重婚罪，请求人民法院依法追究××的刑事责任。"不应该也无必要指明具体的处罚方式。如果是刑事附带民事诉讼请求，那么其谋求事项中还要写明附带民事赔偿要求。如伤害案件要求被告人赔偿损失、负担医疗费等，则应详细列出，提出赔偿钱物的具体数额。

民事诉状的谋求事项是请求人民法院解决有关民事权益争议的具体问题，所以民事案件的诉讼请求必须明确、具体。比如离婚案件，应写明关于离婚、子女抚养、共有财产分割等各个方面的要求。再如索要赡养费、抚养费等的案件，应写明索要的数额、期限、给付方式等等。

行政诉状的谋求事项一般有三种：一是"撤销之诉"，即请求人民法院判决撤销或部分撤销行政机关的违法行政行为；二是"变更之诉"，即请求人民法院判决变更不当的具体行政行为；三是"履行之诉"，即请求人民法院判令被告履行法定职责。根据案件争议的不同情况提出具体的请求，原告已遭受经济损失的，可提出赔偿要求。

（2）事实和理由

事实与理由是诉状的核心，要求摆事实、讲道理，写明足以支持诉讼请求的事实、理由和证据材料，以证明其诉讼主张的合法性和合理性，同时便于人民法院调查核实，依法处理。事实与理由要分开来写。

1）事实

写明原告所控问题的具体事实及其经过情况。

对于刑事自诉案件，要具体写明被告人的犯罪行为发生的时间、地点、动机、目的、方法手段、具体情节、危害结果等，特别是对一些关键性的犯罪情节一定要叙述清楚。在具体行文时，通常按照事件发生的时间顺序展开叙述。对于民事案件和行政案件，均要写明被告侵权的具体事实或当事人双方发生权益争执的焦点和实质性的分歧，写明被告违约或侵权行为所造成的后果，明确各自应承担的责任。行政诉状在交代纠纷发生经过的基础上，还要写清楚被告的具体行政行为在认定事实和适用法律上的错误之处。

2）理由

把犯罪事实叙述完之后，就要依法提出提起诉讼的理由，这是原告针对前面列举的被告犯罪事实而进行的分析和说理，包括认定案件事实的理由和提出法律根据的理由。首先在叙述事实的基础上，分析认定被告人犯罪或侵权行为的性质、所造成的危害与后果以及应承担的责任，然后写明提出请求事项的法律、政策依据，援引有关的法律条文，以证明请求事项的合法、合情、合理性。最后请求人民法院依法予以裁决。

在写作中应注意，举证要有力，说理要中肯，援引法律条文要恰当、无误，论证理由要严谨、周密，要使所得结论建立在有根有据、合理合法的基础上，以求达到令人信服的效果。

此外，证据和证据来源，证人姓名和住址这部分内容可以结合叙述案情事实，采取边叙述事实边举证的方法，最后再加以简要归结并开列证人名单。也可以单独作为一项书写。

4．尾部

按格式规定写明致送规范用语。即："此致××××人民法院"，其中，××××人民法院应另起一行顶格书写。还要署上具状人姓名并加盖印章，如果系律师代写，应写明"代书人：××律师事务所××律师"。注明诉状写作时间。

5．附件

此部分应写明：本诉状副本××份，物证××件，书证××件。如有证人的应写明证人的姓名、性别、职务、住址等基本情况。

（二）诉状的写作要求

1．内容真实

诉状的制作要严格遵循"以事实为根据，以法律为准绳"的原则，做到真实、准确、合理、合法。对于案情的陈述要实事求是，不允许有任何的推测，不能含糊其辞，更不能歪曲伪造；举证要确凿可靠，经得起核实查对。

2．陈述周详

对于案情的陈述要详细具体，写明事实要素。对于刑事案件，要写明作案的时间、地点、作案人和被害人，作案的目的、动机、情节、手段，造成的后果、作案人的态度以及证据等。对于民事、行政类案件要围绕当事人的纠纷进行叙述，包括纠纷的内容及其发生的时间、地点，涉及的人物、纠纷的发展过程、争执的意见以及证据等。在叙述时还应注意反映事情的来龙去脉、前因后果。

3．表达清楚

在语言表述上要做到逻辑严谨，表达清楚。恰当运用规范的法律专用术语，不能产生歧义；表述要简洁明了，不能拖泥带水；语言要庄重、质朴、严肃，切忌故弄玄虚。另外，诉状中涉及财务品名和数量多少的，必须记叙确切。对财务的名称、品牌、型号、规格要确切明晰；对于数量要写明具体数字。

4．体例规范

诉状有其通用的固定格式，书写时一定要按规范性的格式安排内容结构。

5．要素齐全

诉状特定的项目：原被告的基本情况、谋求事项、事实与理由、致送机关以及附件等要素一定要齐全，并前后不能倒置。

例文一：

刑 事 自 诉 状

自诉人：田××，女，23岁，汉族，××市人，电厂工人，住本市××街××号。

被告人：赵××，男，51岁，汉族，××市人，××电厂财务处主任，住本市××街××号。

案由：为控告赵××以暴力干涉我的婚姻自由，请依法惩办。

事实和理由：

我与本市中心小学教师汪××自由恋爱已经3年，两个人志同道合，愿结为夫妻。而我厂财务处主任赵××却对此横加干涉。去年8月间，被告人赵××曾多次替其外侄向我父求婚，要求我父同意将我许配给他的外侄。我父因见我和汪××已有较长时间的恋爱关系，不愿干涉我的婚事，因此，向被告人赵××婉言拒绝。由此赵××对我家怀恨在心，在人前背后，故意散布谣言，说我生活作风不好，又诬蔑我的恋爱对象汪××家中已有妻子等。这些造谣诬蔑之事，在事实面前，当然不攻自破。

今年3月19日下午4点钟，我与汪××去××市办理结婚登记手续，途经××商厦门口，与赵××碰面。被告人赵××竟不问青红皂白，破口大骂，指着汪××的鼻子，责问："你要讨几个老婆"，并且还动手打了汪××一个耳光，当我上前评理时，他竟以木棍猛打我的腰部、腿部。同时，还威胁汪××不准在本市教书，否则，小心脑袋等。赵××

拦路谩骂、殴打我和汪××的事，本厂职工及邻居王××、李××、吴××等都亲眼看到。后幸经人劝阻，赵××才悻悻而去。

综上所述，赵××为了干涉他人婚姻自由，已从造谣诬蔑发展到辱骂殴打的地步，明显地触犯了我国《刑法》第257条之有关规定，构成了暴力干涉婚姻自由罪。为此，特向你院提起诉讼，请依法惩处。

此致

××市人民法院

  附件：1. 本诉状副本壹份。

     2. 自诉人受伤医疗证明复印件1份。

     3. 证人证明3份。

具自诉状人：田××
二〇〇×年×月×日

本诉状对于案情的陈述较为详细具体。对案件的各要素，如时间、地点，作案的动机、情节、手段以及证据等都做了交代。整个叙述反映了案件的来龙去脉、前因后果。并且叙述过程中，注意抓住了关键性的细节，真实地反映了案件的实质。在语言表述上逻辑严谨，表达清楚，语言质朴、严肃，体例规范，要素齐全。

例文二：

民事诉状（该名称可写作经济诉状）

原告：齐××，男，35岁，××省××县人，五金加工修理个体户，住××市××区××街26号。

代理人：汪××，××市××律师事务所律师。

被告：××市电厂，住××市××区××路150号。

法定代理人：赵××，厂长。

代理人：凤××，××律师事务所律师。

代理人：骆××，系该厂供销科长。

请求事项：

要求被告履行合同，尽早提货。

要求被告偿付不如期提货给原告造成的经济损失×××元人民币。

对被告的违约责任，赔偿合同约定的违约金×××元人民币。

事实和理由：

1990年10月3日，原、被告在原告处签订了一份加工承揽合同，合同约定，原告为被告加工制造一台小型发电机，价款×××元人民币，当年12月5日交货。被告方自行到原告处提货，原、被告如不按期履行合同，除赔偿给对方造成的经济损失外，还须每日支付对方货款10%的违约金。原告为履行合同，委托外单位为其加工零部件，自己加以组装，其妻子、儿子也帮作助手，提前4天组装完毕。当被告方厂长提货时，却以原告是个体工商户，怀疑其生产能力，便以产品质量差价高为由要求退货，拒付货款。直到提交诉讼之日，被告仍未提货。现已超过提货时间3个月。在此期间，原告曾数次携带合同和被告协商，并催促被告履行合同，提货付款，但被告置之不理。

原告是经区工商管理机关批准，领有营业执照的个体工商户，且有加工生产经营项目权。原告的经营合同是合法的，被告方以原告是个体工商户为由，无任何凭证说产品质量不合格，而拒付货款的行为是违反《中华人民共和国经济合同法》之有关规定的违约行为，应承担违约责任，支付其合同约定的违约金，并赔偿由于被告方迟迟不提货给原告造成了没场地而停产所致的经济损失，同时，被告方应支付货款、提取产品。

为维护原告的合法权益不受侵犯，根据我国法律之有关规定，特诉请人民法院依法公断。

此致
××市××区人民法院

附件：
1. 本诉状副本壹份。
2. 承揽合同副本1份。
3. 小型发电机照片1张。
4. ××厂零件加工结算发票1张，加工证明材料1份。

具状人：齐××
一九九一年三月六日
（原载汪飞来著《写诉状不求人》第10页）

此诉状详细地叙述了当事人之间纠纷的由来、发生和发展的经过，写明了双方当事人争执的焦点，写出了和案件有直接关联的客观存在的事实情况和实质性的分歧。在叙述事实的基础上分析了纠纷的性质、危害、结果，提出了被告人应承担的责任。理由充分、论证合理，引用法律正确、列举证据充分。语言庄重、严肃，运用法律术语恰当。体例规范，要素齐全。

例文三：

行　政　诉　状

原告：福建省浦城县交通工程队。法定代表人：徐新安，副队长。

被告：福建省浦城县水利电力局。法定代表人：方玉树，局长。

第三人：余松良，男，36岁，浦城县人，浦城县第一建筑公司职工，住浦城县南浦镇和平路47号。

第三人：时锦平，男，29 岁，浦城县人，松溪县林业保修厂职工，停薪留职，住浦城县水南大路沿 123 号。

第三人：浦城县矿产管理站。法定代表人：刘子云，站长。

请求事项：

1. 请求法院依法判令被告批准原告继续采砂，同时立即制止第三人余松良、时锦平的采砂行为；

2. 请求判令被告赔偿原告因其行政侵权行为所造成的经济损失 1100 元。

事实和理由：

原告于 1988 年春季，经浦城县矿产管理站（以下简称县矿管站）、县工商局等有关部门批准，成立了浦城县交通工程队打捞石料小队。嗣后，原告先后经县水土保持办公室、县港航管理站批准，并申领了《船舶营业运输证》（见证据一），经福建省地质矿产局审核发给《采矿许可证》（见证据二），还向县工商局申请办理了《营业执照》（见证据三），向县税务局进行了税务登记（见证据四）。工程队获准在南浦溪自马莲河至新亭止河段开采砂石，有效期三年，自 1988 年 5 月起至 1991 年 4 月止。根据福建省人民政府《关于维护管理水电工程的通知》的有关规定，工程队开采砂石的河段距离县农科所电灌站 99.5 米，近期采的砂石远离 250 米，不影响电灌站供水和安全。《水法》颁布后，被告对工程队开采砂石的行为，没有提出过异议。1990 年 9 月间，工程队接到被告关于补办河道采砂审批手续的电话通知后，即填报《河道采砂申请表》（见证据五）。被告以原告危及电灌站安全及枯水期抽水困难，导致河道流向改变为理由，要调整原告的采砂地点，原告没有接受。被告未与原审批机关协商，即将原告已经取得开采砂石权的河段范围内，自南浦溪水南电灌站 250 米处起至新亭止，批准给第三人余松良、时锦平开采砂石，并发给《河道采砂许可证》，有效期自 1990 年 10 月 19 日起至 12 月 31 日止。第三人余松良、时锦平凭被告河道采砂许可证进行开采砂石，在规定期限内共采砂石 500 立方米。1991 年 1 月 1 日以后，无证继续开采砂石。

综上所述，被告不履行法定职责，未批准原告在南浦溪自马莲河至新亭止河段继续采砂，并违法将原告有权采砂的河段范围审批发证给第三人采砂，侵犯了原告的合法权益，给原告造成了不应有的损失。根据《中华人民共和国行政诉讼法》第二条和第十一条等有关规定，特向你院提起诉讼，请求贵院依法判决，准予诉讼请求事项。

此致
浦城县人民法院

附件：

1. 诉状副本 4 份；
2. 证据 5 份。

具状人：浦城县交通工程队（盖章）
法定代表人：徐新安（签名）
一九九一年二月二十日

此诉状围绕当事人的纠纷进行详细的叙述，案件的各要素如纠纷发生的时间、地点，涉及的人物、纠纷的发展过程、争执的意见以及证据等齐全。清晰地反映了事情的来龙去脉、前因后果。逻辑严谨，表达清楚，法律术语运用规范、恰当。表述简洁明了，语言庄重、质朴、严肃。体例规范，要素齐全。

第四节 答 辩 状

一、答辩状的含义和作用

答辩状是被告人或被上诉人针对原告的起诉状或上诉人的上诉状而制作的、用以答复或辩驳的书面文书。

《中华人民共和国民事诉讼法》第113条规定："人民法院应当在立案之日起五日内将起诉状副本发送被告，被告在收到之日起十五日内提出答辩状。被告提出答辩状的，人民法院应当在收到之日起五日内将答辩状副本发送原告。被告不提出答辩状的，不影响人民法院审理。"

《中华人民共和国行政诉讼法》第43条规定："人民法院应当在立案之日起五日内将起诉状副本发送被告，被告应当在收到起诉状副本之日起十日内向人民法院提交作出具体行政行为的有关材料，并提出答辩状。人民法院应当在收到答辩状之日起五日内，将答辩状副本发送原告。被告不提出答辩状的，不影响人民法院审理。"

关于刑事案件的答辩状，在我国的《刑事诉讼法》中没有明确的条文规定。在司法实践中，人民法院也要求刑事自诉案件的被告提出答辩状。

答辩状是与起诉状和上诉状相对应的一种法律文书。提出答辩状是一种应诉的法律行为，这既是诉讼中规定的程序，也是法律赋予被诉方的一种重要的诉讼权利，充分体现了诉讼当事人权利平等的原则。不提出答辩的，既表明放弃这项权利，根据法律的有关规定，被诉方不提出答辩状的，并不影响人民法院依法审理案件。但积极、有效地行使这一诉讼权利，对于法院公正合理地执法，作出正确的判决，从而维护被诉人的合法权益起着非常重要的作用。主要表现在：

（1）通过答辩状，有助于法院兼听双方当事人对案件的陈述及其处理意见与理由，避免偏听一面之词，使法院能够全面准确地掌握案情，查明事实真相，精确地判断是非曲直，从而恰当地行使审判权，正确、公正地审理案件。

（2）通过答辩状，被告或被上诉人可以充分陈述有关事实，有针对性地反驳起诉状或上诉状中的不实之词和无理要求，变被动为主动，正面提出自己的请求和理由，以保护自身的合法权益不受对方侵犯。

二、答辩状的特点

（一）答辩性

答辩状是被告人或被上诉人针对原告的起诉或上诉人的上诉而书写的予以答复和辩驳的文书，因此，答辩性是其第一属性。

（二）针对性

答辩状是针对原告的起诉状或上诉人的上诉状而写的,它或者完全否定原告或上诉人提出的诉讼请求及提出的事实和证据;或说明原告或上诉人提出的诉讼请求及提供事实和真实情况不符;或说明答辩人对原告或上诉人的债务或权利已经履行或消灭。所以,具有很强的针对性。

(三)据理力争

答辩状是一种以辩驳为主的议论文体,主要是针对起诉状或上诉状中的错误事实或错引的法律条文等进行反驳,在论述中应据理力争。或叙述客观事实经过,澄清事实真相,还其本来面目;或准确援引法律条文,据理反驳或辩解,提出对争论问题的主张和看法。

三、答辩状的类型

按照不同的标准,答辩状可以分为不同的类型。根据诉讼程序,答辩状可分为一审答辩状和上诉答辩状,一审答辩状和上诉答辩状在性质、功能上完全一致的。根据答辩状的性质不同,可将答辩状分为民事答辩状、刑事答辩状和行政答辩状三类。在答辩状中,提出答辩的一方称为答辩人,另一方称为被答辩人,后者在答辩状中可略去不写。

四、答辩状的写作方法

(一)答辩状的写作格式

答辩状通常由首部、主体和尾部三个部分组成。

1. 首部

首部一般由文书名称构成标题。即根据答辩状的性质,写明是民事答辩状、刑事答辩状或行政答辩状。如为二审答辩状即上诉答辩状,一般写为"第二审××答辩状"。

2. 主体

主体部分主要包括答辩人基本情况、答辩案由、答辩理由、受文机关名称等。

(1)答辩人的基本情况

答辩人如为公民,则写明答辩人的姓名、性别、年龄、民族、籍贯、职业、单位和住所。有代理人的应另起一行写明代理人的基本情况。答辩人如为法人或其他组织,则应依次写明其名称,所在地址,法定代表人或主要负责人的姓名、职务等。如属企业法人组织,则还应写明企业性质、工商登记核准号、经营范围和方式、开户银行、账号等内容。行政答辩状的答辩人情况,只写明单位全称、地址和法定代表人的姓名和职务即可。

(2)答辩案由

即写明为何人起诉的何案提出答辩。一审案件的答辩人为被告,答辩案由的写法一般为:"因……诉……一案,现提出答辩如下:"。上诉案件的答辩人是被上诉人,答辩案由一般为:"上诉人……由……一案,不服……人民法院××××年×月×日字第×号判决,提起上诉,现提出答辩如下:"。

(3)答辩理由

这是答辩状最重要的部分。在答辩理由中要明确地回答原告人、上诉人所提出的诉讼请求,要清晰明确地阐明自己对案件的主张和理由。在这方面,答辩有两种:

一是承认诉讼请求。即被告人愿意接受原告所提出的诉讼请求。不过,这种情况在答辩状中很少见,因为在双方当事人有争执的情况下,不易做到轻易承认诉讼请求。但在一定的条件下，也有可能承认诉讼请求。如果被告人在答辩中承认原告人或上诉人的诉讼请求，而又为人民法院所接受，就可以作为证据，直接定案；如果被告人只是在诉讼外承认，这还不能作为直接定案的根据，只有被告人向人民法院声明，又为人民法院所确认，才能作为定案的根据。更多的时候，被告人在答辩状中承认诉讼请求时，往往附带有条件，而且只是承认部分诉讼请求，即附有条件的承认。如在物品买卖纠纷中，被告人承认买卖关系，但又提出所买卖的物品有重大毛病，当时并未发现，要求降低价款。

二是反驳诉讼请求。即答辩人认为原告或上诉人所提出的请求不合理，提出自己的理由和证据，反驳原告或上诉人的请求。具体反驳方法有以下几种：一是针对对方所控事实不符或证据不足之处，陈述事实真相，并列举出充分证据，以证明自己行为的合法性，从而否定其诉讼请求。二是针对原告或上诉人在适用法律上的错误，据法论理，指出对方引用法律失当，并列举有关法律规定进行充分论证，以揭示其诉讼理由与诉讼请求的不合法之处。三是从诉讼程序上反驳，以诉讼程序立法的规定为依据，论证原告或上诉人没有具备或已经失去引起诉讼发生和进行的条件，从而使其诉讼请求不能成立。四是列举充分事实和证据，证明答辩人对原告的义务或责任已经履行或消失，从而否决对方的诉讼请求。

在申诉答辩理由时，以逐项辩驳为宜。进行辩驳的一般步骤为：首先抓住对方在诉状或上诉状中所陈述的错误事实或所引用法律上的错误，作为反驳的论点；其次由被告人或上诉人列举出事实和证据，作出反驳诉讼请求的论据；最后运用逻辑推理进行论证。进行辩驳时，应确保每项辩驳均事实真相明确，提出的证据与法律依据充分。尤其是行政答辩状，一般是由于原告方指控行政机关对其所作的处罚不当或未尽到应尽的职能而提出的异议，因此作为被告方的行政机关必须对自己所采取的行政行为作出解释。这往往既涉及事实又涉及法律，答辩的内容也就更必须有理有据。

(4) 受文机关名称

一般用送达用语即"此致××××人民法院"写明致送的法院。

3. 尾部

写明答辩人姓名或名称以及成文时间。如为法人或其他组织（包括行政机关）应加盖公章。

(二) 答辩状的写作要求

1. 目的明确

答辩状是被告人或被上诉人针对原告的起诉状或上诉人的上诉状而制作的用以答复或辩驳的书面文书。所以，其目的性十分明确。只有收到人民法院的起诉状或上诉状时，才需要写答辩状，对原告方或上诉方对自己的指控进行答复或辩驳，并在诉讼法所规定的期限内提交人民法院（民事答辩状必须在收到起诉状或上诉状副本后的15天之内，行政答辩状则在10天之内），使法院能够全面准确地掌握案情，正确、公正地审理案件。

2. 针对性强，有的放矢

答辩状的写作必须针对原告方或上诉方的指控进行答复或辩驳。重点抓住问题的关键和要害，以双方争执的焦点为中心，列举事实与证据，阐明理由，针锋相对地进行辩驳，使答辩有的放矢，避免空发议论，或者避重就轻，或者答非所问，或者节外生枝。

3. 陈述全面周详

在针对原告方或上诉方的指控进行答辩状的写作时，陈述应全面周详。如针对原告方或上诉方所指控的事实进行反驳时，应叙述事实真相，并列举证据。说明事实真相时，还应注意写明证据来源和证人的姓名、住址等；如涉及法律和理由的，应具体地引证与之密切相关的法律，阐述自己的理由；如涉及对方诉讼请求的，应根据事实和法律表明自己的态度。

4. 行文简明扼要

答辩状的语言文字必须精练简洁，不能事无巨细、冗长拉杂。将必须说明的事实和情况、必须阐明的理由和法律依据，用最简洁的语言表达清楚即可。避免语焉不详、啰里啰唆。

例文一：

刑 事 答 辩 状

答辩人：赵××，男，51岁，汉族，××市人，××市××电厂财务处主任，住本市××街××号。

因田××诉我暴力干涉婚姻自由一案，现提出答辩如下：

×月×日我收到你院送达的田××控告赵××以暴力干涉他人婚姻自由的自诉状副本壹份。看后，使我甚感意外。自诉状副本所提出的事实和理由，完全是颠倒是非、混淆黑白的。田××、汪××恋爱结婚，这是他们的自由，我根本没有对他们干涉，事实上我也无权干涉。自诉状中所称，我干涉他们婚姻自由一节，完全是捏造。至于我打伤田××一事，也是是非颠倒的。事实是：

今年3月19日下午，在××商厦门口，我遇到田××，汪××时，是田××首先对我吐唾液，并且骂我"不是好东西"、"老贼"。我当时手中正拿着一根木棍，站在路旁，问田"为什么平白无故地骂人"，田说"骂你，你敢怎么样？"接着汪××就伸手打了我耳光，并以拳头猛击我的胸部。他们两个年轻人对付我一个老头，我在极度危急的情况下，为了自卫，以木棍还击。这些情况，有当时在场的×××、×××等人亲眼所见，他们可以作证。我被打后，口吐鲜血，已不能独立步行，由同厂职工×××扶我到卫生院医治。经检查，诊断为胸部肋骨骨折、肺挫伤。现有医疗诊断书可资证明。

田××、汪××没有任何根据地诬告我干涉他们的婚姻自由，并且拦路对我谩骂殴打，故意伤害我的身体，他们还来了个恶人先告状。为此，请人民法院进一步查清事实，依法予以公断。以维护法律的尊严。

此致
××市人民法院

附件：

1. 本答辩状副本壹份。
2. 医疗诊断书1份。

具答辩状人：赵××

二○○×年×月×日

（原载汪飞来著《写诉状不求人》第96页）

此答辩状对原告所提出的指控进行了针锋相对的辩驳。此答辩状是针对原告的所指控的事实进行的反驳，叙述事实真相全面周详，语言简洁明了，针对性强。行文规范，要素齐全。

例文二：

民 事 答 辩 状

答辩人：孙××，男，31岁，汉族，××省××县人，××电厂汽车驾驶员，住本县城关镇×××街××号。

因杨××要求判决离婚一案，提出答辩如下：

最近，我收到××县人民法院送来的杨××诉孙××离婚的起诉状副本壹份。看了后，我认为杨××提出离婚的诉求，是不合理的，我不同意离婚。

杨××在起诉状中所提到的事实，有的是虚构的，有的是夸大了的。起诉状说我们的婚姻是杨××父亲"感到难以拒绝只好勉强同意婚事"的；又说："不是自由恋爱，婚前彼此毫无了解"。其实，当时杨××与我认识后，对我是很热情的。我每次到她家去，都是她主动接待我的。虽然我们婚前认识的时间不很长，但互相谈心的次数却是不少的（每星期总有二三次碰面谈话）。应当说彼此是有一定的了解的。那时，我曾几次到外地出差，她还给我寄过多次信，信中也都表示得很亲切、热情，而婚期也是她主动提出的，怎么能说婚姻不是她自己做主的呢？怎么能说婚前彼此毫不了解呢？（当年杨××给我的书信，我还保存着几封，可以作为证据。）

至于婚后吵架的事，主要是她嫌我"工资少，要喝酒、抽烟，开支大"，整天吵闹，惹我生气。我一气之下打了她，这是事实。我打她是错误的，应该检讨。

自她回娘家居住后的三年多来，每逢节日，我都去邀她回家。但她总不肯回家。有时，我买点礼物给她（如：衣物、提包等），她都收下了。这些情况，她娘家的邻居们都知道，应当可以作证。今年×月×日晚，我是诚心去劝她回家的，当时，她破口大骂，并要我滚出去。我一气之下，又动手打了她。这确实是我不对，事后，我也非常后悔。

总之，我与杨××结婚已快5年了，我们的婚姻基础还是好的。虽然我们吵过架，但感情并未破裂，在吵架时，我承认自己性格暴躁、行动粗鲁、不讲文明，是完全错误的，我表示坚决改正。请求人民法院给予调解或判决，使我们夫妻重归于好。

此致

××县人民法院

附件：

1. 本答辩状副本壹份。

2. 婚前杨××给我的书信5封共17页。

具答辩状人：赵××
××××年×月×日

（原载汪飞来著《写诉状不求人》第19页）

此答辩状是针对原告所提出的案件事实进行的辩驳。在答辩状开头部分答辩人首先阐明自己的观点，然后抓住问题的关键，以双方争执的焦点为中心，进行了针锋相对地辩驳。叙述详细、具体，列举证据充分，要素齐全，格式规范。

例文三：

行 政 答 辩 状

答辩人：××县国土管理局。

法定代表人：邢××，局长。

委托代理人：江××，男，56岁，汉族，××省××市人，系××县国土管理局土地管理员。

因本局处理吴××与赵××宅院纠纷一案，吴××不服，提起行政诉讼。现提出答辩：

1. 吴××于1982年买下原××第三生产队饲养处耳房4间。当时该房没有东山墙，房子东面是用边柁直接搭在饲养处主房的西山墙上。1983年吴××翻建房屋时，把房座西移了1米，使吴××住房与原饲养处主房之间留出1米宽的胡同，共通行之用。1985年饲养处主房卖给刘××居住，1986年吴××找到原村民组长赵××，要求与刘××住房西山墙取齐，垒上东院墙。赵××表示同意，但同时告知吴××，两家住宅中间胡同的土地属于集体所有，可暂时由你家使用。吴××垒上东院墙后，刘××认为侵犯了他的土地使用权，诉至我局请求处理，这就是本案纠纷产生的始末。

2. 根据《中华人民共和国土地管理法》第28条规定，农村居民住宅使用村内空闲地，由乡级人民政府批准，本局认为：吴××的东院墙应与自家住房东山墙取齐，居民组长赵××没有土地使用批准权，口头答应吴××可以把东院墙向东扩展1米是越权行为，是不合法的。因此，也是无效的。所以，吴××以此为根据垒东院墙也是错误的，都必须予以纠正，以加强土地管理，保护集体所有的土地不受侵犯。

3. 本局裁决：对吴××已发的房宅基地证收回，重新核发。这是因为1984年发房宅基地证时，原村民组长赵××没有对吴××的宅基地进行测量计算，而是随便指的界限，致使宅基地东至，填写为东山墙以东1.5米，以这种极不负责的态度对待政府委以的宅基地工作，是极其错误的。吴××以原有严重错误的宅基地证为根据垒起东院墙，多占了土地，同样是不合法的。

4. 根据《土地管理法》和我省有关土地管理政策，政府有权调整土地的使用权。按一间房一分地的政策，吴××现在宅基地已多占2.4分，但由于地形的限制，本局裁决不作退地处理，已体现了承认历史、实事求是和对吴××的照顾，吴××不应再多占集体土地，应把东院墙缩到自己住房的东山墙位置上。刘××与吴××两家，均不得占用住宅中间的胡同土地，应留着行人通道并仍归集体所有和使用。吴××不同意本局处理决定是没有道理的，法庭不能给予支持。

综上所述，本局土处字（2987）第11号行政处理决定通知书是正确的，请人民法院给予维护。

此致
××县人民法院

答辩人：××县国土管理局
法定代表人：邢×× （盖章）
委托代理人：江×× （签字）
××××年××月××日
代书单位：××市××律师事务所律师××
（原载汪飞来著《写诉状不求人》第61页）

此答辩状对原告提出的指控进行了逐项辩驳，提供了答辩人做出其具体行政行为的全部证据和所依据的规范性文件。叙述事实周详，理由陈述充分，语言简练，条理清晰，要素齐全，行文规范。

第五节 申请执行书

一、申请执行书的含义和作用

申请执行书是民事案件处理后，当事人一方向人民法院提出的请求用强制手段敦促对方当事人执行法院判决、裁定、调解、裁决所制作的申请类文书。

根据我国《民事诉讼法》第216条规定，"发生法律效力的民事判决、裁定，当事人必须履行。一方拒绝履行的，对方当事人可以向人民法院申请执行，也可以由审判员移送执行员执行。调解书和其他应当由人民法院执行的法律文书，当事人必须履行。一方拒绝履行的，对方当事人可以向人民法院申请执行。"

第217条规定："对依法设立的仲裁机构的裁决，一方当事人不履行的，对方当事人可以向有管辖权的人民法院申请执行。受申请的人民法院应当执行。"

第218条规定："对公证机关已依法赋予强制执行效力的债权文书，一方当事人不履行的，对方当事人可以向有管辖权的人民法院申请执行，受申请的人民法院应当执行。"

执行是诉讼程序的最后一个阶段。人民法院的民事纠纷案件的终审裁判、仲裁机构依法做出的裁决及公证机关具有执行效力的债权文书一经制作成文，即产生法律效力，有关当事人必须自觉履行。但在实践中，有一些负有义务的诉讼当事人法制观念淡薄，对已生效的法律文书有意拖延，拒不履行。对此，胜诉一方的债权人或权利人为了维护自身的合法权益，向人民法院提交申请执行书，经人民法院批准，由执行庭派员强制执行。这样可以有效地保护胜诉人权利的实现，也有利于维护法制的尊严。

申请执行书可以表达当事人请求用强制手段敦促对方当事人执行法院判决的愿望。

从行文方向上来看，申请执行书是由公民、法人或其他组织向司法机关行文。

二、申请执行书的特点

（一）要求明确

申请执行书是案件处理后，败诉或者负有义务的当事人不履行或拒绝履行法律文书中所确定的义务时，胜诉方当事人向人民法院提出的申请类文书。在文书中，胜诉方当事人所提的要求必须具体、明确。

（二）愿望强烈

申请人要在申请执行书中表达强烈的要求运用国家强制力量维护自己的合法权益，以及使生效的法律文书得到切实执行的愿望。

（三）理由充分

为了保证执行有力，申请执行书叙述理由要合理合法、鲜明充分。

（四）格式规范、要素齐全

为了保证严肃性，申请执行书的格式要规范，当事人基本情况、事实和理由、具体请求和申请送达机关等各要素要齐全。

三、申请执行书的类型

从申请执行的主体来看，申请执行书可分为个人申请执行书和单位申请执行书两类。

四、申请执行书的写作方法

（一）申请执行书的格式

申请执行书由首部、主体和尾部三部分构成。

1．首部

申请执行书的首部由标题单独组成，如《申请执行书》。

2．主体

主体部分包括当事人基本情况、事实和理由、具体请求和申请送达机关。

（1）当事人基本情况

如为公民，则应写明申请执行人姓名、性别、年龄、民族、单位、职业、住址。如为法人或其他组织，写明单位名称、法定代表人的姓名、职务。如为企业法人组织，则另起一行依次写明企业性质、工商登记核准号、经营范围、方式、开户行、账号等。

（2）事实和理由

这是申请执行书的主体部分，主要应写明以下几个要点：

1）交代纠纷的案由，即简明扼要地说明申请执行人与被申请执行人曾发生过何种纠纷。

2）说明此案的审理解决情况，即经何法院，何仲裁机构或何公证单位何年何月何日做出何种具有给付性质的判决（裁定）、裁决或决定，如给付医疗费用、给付房租、给付货款、拆除界墙、腾出房屋等。如为上诉案件，除应写明原一审法院审理后做出的决定事项外，还应写明经二审法院审理做出的终审裁决事项。一二要点可写为"申请人与被申请人因×××一案，经××人民法院开庭审理，于某年某月某日做出××号判决，内容如下……"。

3）简述被申请执行人拒不履行判决（裁定）、裁决或赋予公证效力债权文书决定的基本情况，同时还须写清被申请执行人的现有经济状况和财产所在地，以便使人民法院确认其偿还能力和采取相应的民事强制措施。

（3）具体请求

写明申请执行人要求执行的具体请求及执行的方法。具体请求是指执行的标的。若执行标的不止一项，应分别予以写明。执行的方法是指对标的强制执行所采取的具体措施，如冻结财产、强行拍卖、钱款强行从银行划拨等，这些都应写明确。

（4）申请送达机关

写明致送单位的名称，分两行写出"此致""××人民法院"字样。

3．尾部

尾部要署上申请执行人签名或盖章。如申请执行人为法人，下方还应由其法定代表人署名、盖章。注明成文时间。

（二）申请执行书的写作要求

1．中心突出、行文扼要

制作申请执行书关键在于要把原产生法律效力的法律文书的执行项目及被申请执行人因何故不履行这一项目的原因阐述清楚。对于已裁判解决过了的纠纷事实则无须再将之搬出重复叙述。因为申请执行书并非要求解决诉讼纠纷，而是要求如何执行，只有抓住中心，突出重点，简明扼要地写明具体要求，方能收到好的效果。

2．愿望强烈、要求具体

申请执行书是人民法院采取强制执行措施的依据所在，因此，书写时一定要表现出强烈要求执行的愿望。并且，阐述务必清楚、明了，所提出的要求具体明确，诸如被申请执行人应履行何种给付性质的义务，是否拒绝履行裁判结果项目等关键问题必须一一写清，避免交代不明或文句歧义现象的发生。此外，提出执行的请求，还应将执行标的写清，将执行的方法及措施具体提出，如要求交付的金额，应归还物品的具体名称，要求给付的是一次给付还是分期给付，分期扣付等都应具体写明，因债权债务纠纷而要求强制执行的，除应写明给付的金钱数额外，还应附上双方单位的开户银行及其账户，以便为人民法院采取强制执行措施时提供方便。

3．格式规范

申请执行书是胜诉一方当事人向人民法院提出的一种诉讼文书，它必须采用书面的形式提交，书写时应采用规范的格式，当事人的基本情况、事实和理由、具体请求和申请送达机关等各要素齐全。

例文：

申 请 执 行 书

申请执行人：×××市工商银行。地址：××市××路××号

法定代表人：刘××，××市工商银行行长。联系电话：5238851

被申请执行人：××市××商行。地址：××市××街××号

法定代表人：胡××，××市××商行经理。

申请执行人与被申请执行人因贷款合同纠纷一案经××市中级人民法院金融法庭开庭审理，于1993年4月做出（1993）经民初字第53号民事判决，限被告在两个月内返还××工商银行贷款53万元及利息。我行接到判决后，即积极催收逾期贷款。但一个月的时间××商行仅还回贷款17850.50元，而单位开支竟花去7550.50元。银行仅收回贷款10300元，进展速度非常缓慢，而且该单位近来经营情况不好，虽然愿意承担偿还责任，但实际却没有资金或物资实力。据调查，其原送法院的商品估价单所列商品单价，均超过市场零售价，有些商品已经损坏，原估价32万多元，实际只值15～16万元，因而消贷无进展，并存在坐吃山空的危险，如今期限虽然未到，但很有必要提出保全措施，迅速将其现有实物强行拍卖，以收回国家信贷资金。为此，依照《中华人民共和国民事诉讼法》第216条的规定，特向贵院提出申请执行请求。

此致

××人民法院

申请执行人：××市工商银行
××××年×月×日

（原载贾智德编著《法律文书写作大全》第120页）

此申请执行书首先写明了申请执行的依据与原因，然后阐述了被申请执行人不履行判决的具体情况。行文简明扼要，中心突出，格式规范，要素齐全，是一篇较好的申请执行书。

第六章 传播类文章写作

传播类文章是指适用于报刊、广播、电视以及互联网等大众传播媒介，以记录和传播各种信息为主要目的的文章。从内容方面看，主要是介绍和推广国内外经济建设、政治、科技等领域动态和社会各领域管理工作的情况和经验，宣传为社会发展、科技进步做出卓越贡献的人物事迹等。从文体方面看，主要包括消息、通讯、简讯、广播稿、解说词等几种。与其他类型的文章相比，传播类文章具有内容真实、时效性强的特点。

第一节 消 息

一、消息的含义和作用

消息通常也称新闻。新闻的概念有广义、狭义之分。广义的新闻是指消息、通讯、简讯、特写等诸种新闻体裁的总称；狭义的新闻则指消息和通讯。消息是关于人和事件情况的报道，它一般采用简明、扼要的文字，迅速及时地报道人们所关注的新鲜的、重要的事实。消息是报刊、广播、电视、因特网等新闻报道中经常使用的一种新闻体裁，也是现代社会信息交流的一种重要形式。一条清晰、完整的消息，必须具备六个要素，即：When（何时）、Where（何地）、Who（何人）、What（何事）、Why（何因）、How（何果）。也就是新闻界通常所说的五个"W"和一个"H"。

消息能把人们渴望知道和应知未知的国际、国内的政治、经济、科技、文化、体育等领域中的新情况、新动向最为迅速及时地报道给广大人民群众。因此，消息是人们认识世界的窗口，是各级政府部门和人民团体、企事业单位联系群众，表扬先进、批评后进、指导和推动各项工作的重要手段。消息通过对客观事实的描述、知识的传播、信息的传递和对客观事实的分析解释与评论，起着反映情况、引导舆论、指导工作、宣传教育、服务生活的重要作用。

二、消息的特点

与其他应用文体比较，消息具有以下几个特点：

（一）真实性

真实性是消息的生命，也是所有新闻体裁的生命。写消息必须坚持真实性的原则，不允许添枝加叶，不允许"合理想象"，不允许把计划说成现实、把部分说成全部、把偶然说成经常、把个别说成一般。写消息时，要有一说一，有二说二，引用的材料、数字要准确无误，对新闻事实的说明、解释，应符合事实本身的逻辑。真实是消息的力量所在，失实的消息不仅毫无价值可言，而且会造成很坏的影响。

（二）客观性

消息的客观性是以真实性为先决条件的，即消息的报道要用事实说话，通过报道事实，向读者和听众阐明一种思想和观点。消息的特殊价值和独特作用也就在于用确凿的、生动的、新鲜的事实来体现一定的思想、观点，来感化、影响读者，而不是用记者的口吻去大发议论。如果必须发议论，也应当是"画龙点睛"式的议论。

（三）公正性

消息要用事实说话，客观、公正地进行报道，反对见风使舵、朝三暮四、随波逐流和指鹿为马。

（四）全面性

进行消息的写作时，要全面、辩证地看问题，忌一点论、绝对论。

（五）时效性

消息不仅报道的事实要真实，而且报道得要快。对国内国外新发生的重要事件，对当前工作中出现的新形势、新动向、新问题，对社会中涌现出来的新人、新事、新风尚，必须敏锐发现，尽快把握，迅速反映。如果迟缓拖拉，就成了"旧闻"，失去了新闻价值。

三、消息的类型

从内容的角度可将消息划分为四类：

（一）动态消息

动态消息是以迅速及时地报道国内外重大事件和新人、新事、新情况、新问题为根本任务的。这些新事物是在发展变化中出现的，处在运动状态中，故称为动态消息。动态消息大多是一地一事的报道。例如《实现厂网分开　逐步竞价上网》。它内容集中、单一，文字简明扼要，遇事即报，时效性强，是消息中应用最广的体裁。

（二）综合消息

综合消息是以综合反映全局情况为内容的一种消息。它一般围绕一个中心，集中全国或某个地区、某个部门、某条战线、某个单位带有全局性的新情况、新成就、新动向、新问题加以综合报道。在内容上常常是一地多事或多地一事。围绕一个中心，把一个地区、一个单位的若干事实或不同地区、不同单位的若干事实撮合起来，进行概括报道。例如《连日罕见低温，电力负荷猛增，不少地方被迫拉闸限电　电力，再度短缺？》。

综合消息的报道面较宽，概括性强。它要求作者全面占有材料，既要占有全局性的材料，又要占有典型性的材料。在写法上，要特别注意把全局性材料的概括叙述与典型事例的具体叙述结合起来，做到点、面结合，把消息写得既全面概括，又生动具体、中心突出。

（三）经验消息

经验消息是把某一单位或部门在工作中的成功经验加以报道的消息。如报道湖北黄石供电局市区分局成立大用户用电管理所，取得很好效益的消息。《黄石局卖电有了"大户室"》。在写作上，经验消息通常通过叙述事实，引出经验，介绍做法，反映变化，从中总结出带有规律性的东西，供人们学习和借鉴。由于经验消息提出的问题为当前社会的热点和难点，并为问题的解决提供直接或间接的经验，故有较强的针对性和指导性。

（四）人物消息

人物消息是以消息的形式报道新闻人物，迅速及时地反映新闻人物的某种行为或某个侧面。写作上要抓住新闻人物的本质特征，选取新鲜的具有普遍教育意义的典型事实，表现人物的先进思想、精神面貌。不要求面面俱到，要求写出人物的"新"，在"新"字上作文章，突出一点，不及其余。它与人物通讯的最大区别是：快、短。如报道山西太原二电厂锅炉运行职工韩华清帮助一个面临失学的学生王晚华的消息《韩华清默默助贫被"曝光"》。

四、消息的写作方法

（一）消息的写作格式

从内容的组织安排和表现形态上说，消息通常由标题、导语、正文、背景材料和结尾五部分构成。具体写作格式为：

1．标题

标题是消息的眉目，是消息内容的精粹所在、风采所在，也是作者的倾向所在。标题是消息给读者的第一印象。第一印象的结果直接影响消息的传播。消息的标题一般有三种：

（1）单行标题

只有一行标题，称为正题或主题，常用来简洁、鲜明地直接揭示出消息的主要内容或意义，让读者一目了然，如《川渝与华中两电网联网调试成功》。

（2）双行标题

双行标题有两种组成形式。一是由引题和正题组成。引题位于正题之上，常从一个侧面对正题进行引导、说明或烘托，如《分类管理抓重点　创收降损亮实招（引题）　黄石局卖电有了"大户室"（正题）》。另一种由正题和副题组成。副题位于正题之下，它对正题起补充和解释的作用，如《葛洲坝主汛期惊现历史罕见低流量（正题）　发电形势不容乐观　防汛思想不容松懈（副题）》。

（3）多行标题

多行标题由引题、正题和副题三部分组成，因此又称为三行标题。它基本概括了消息的内容，为读者提供较丰富的内容，常用于重要消息的写作。

例如：

横向联合　平等互利（引题）

全国多家省网电力报携手发展网络媒体（正题）

电力联报网正式开通（副题）

在进行标题的写作时，应注意"虚实结合"。实，是指对内容事实的表述要准确；虚，则指内容意义的渲染要有力。前者主要是准确地叙述事件、开列数据、作出判断；后者要运用多种修辞手法，讲究语言的文采和形象性。就多行标题而言，引题的语言设计往往以虚为主，副题以实为主，正题则可虚可实，或虚实结合。另外，消息标题的措辞，还要在紧扣消息内容的基础上，力求准确鲜明，新颖别致，文字精练而富有概括力。

2．导语

导语，即紧接消息开头部分的第一句话或第一段话，是新闻最重要的部分。一则精彩、别致的导语，可唤起读者的注意，激发读者的阅读兴趣。导语的任务，一是要简明扼要地揭示消息的内容核心；二是要吸引读者看完全文。

从导语在整篇消息中所起的作用及其所能表达的具体内容来看，有直接导语和间接导语两种形式。直接导语，是用简明扼要的语句，开门见山地把消息中最新鲜、最主要的内容放在第一句或第一段，起着"立片言以居要"的作用。间接导语一般不急于在开头第一段中"端"出消息的精华，而是用鲜明活泼、形象生动的语言"逗引"读者的兴趣。

从导语的表达方式来看，常见的主要有叙述式、述评式、描写式、引语式、设问式等五种。

(1) 叙述式

叙述式是用概括的语言将新闻中的关键、精华，即最有价值的东西告诉读者，直陈其事。它在消息写作中最为常见，其优点在于文字精练，包容量大，能直接为读者提供全篇新闻的主要信息，适用于内容复杂、过程曲折的消息。例如：电力联报网（http://www.epunn.com.cn）2002年1月31日刊登的消息《去年江苏电网实现"三个历史性突破"》导语：新华社电 去年江苏电网实现"三个历史性突破"：全省全社会用电量首次突破1000亿千瓦时，达到1078.44亿千瓦时，比上年增长11.03%；全省6000千瓦及以上发电量首次突破1000亿千瓦时，达到1021.16亿千瓦时，比上年增长7.76%；江苏电网发电能力首次突破2000万千瓦，达2130万千瓦，在华东地区省网中位居首位。

运用叙述式导语时要避免以抽象的概念取代具体事物，应做到概括而不抽象，简短而不空虚，突出主要新闻事实。

(2) 述评式

述评式导语一般由两句话组成，一句是"述"，即表述客观事实；一句是"评"，即记者恰到好处的评论。这种画龙点睛的评论可深化主题，帮助读者认识其意义，发挥新闻的指导作用。例如《华中电力报》2001年5月25日总第261期刊登的消息《黄石局卖电有了"大户室"》导语：

本报讯 日前，湖北黄石供电局市区分局成立大用户用电管理所。这是该局深化营销服务体系改革，实现科学化、规范化管理，提高创收降损水平的新举措。

写述评性导语时应注意：叙述要简明扼要，评论要合情合理，一语中的，不可穿凿附会。

(3) 描写式

描写式导语先对新闻事件的环境或典型场面、新闻人物的形象进行必要的恰如其分的描述，然后再引出新闻事实。用具有现场感或形象感的细节引起读者的兴趣，给读者以具体、生动、鲜明的印象。例如《华北电力报》2002年4月25日刊登的消息《窃贼的"克星"徐恩生》导语：

在一片平房拆迁的废墟上，一小伙双手握砖，瞪圆双眼，冲着电杆上的窃线贼怒吼着："下来，我就拍死你！"继而又转过身对着欲上前搭救同伙的另三个窃贼喝道："谁敢过来，我也拍死他！"这是4月11日早晨7点20分发生在天津西青区杨柳青镇西环路旁的一幕……

采用描写式手法时应注意：所描写的细节应与主要新闻事实有关，抓住事物的特点，简笔勾勒，即宜采用"白描"的手法。

（4）引语式

引用新闻人物的话、所报道单位的口号、理念、指导思想以及文件、公报中的话等，准确鲜明地点出主题或表现新的思想。例如《华中电力报》2001年6月22日总第265期刊登的消息《焦作局防汛工作进入"战备"阶段》导语：

本报讯 "宁信有不信无，宁把汛情估计重些，绝不因麻痹情绪导致被动。"这是河南焦作电业局今年防汛工作的指导思想。为提高……

此外，还可引用古诗、名言、谚语、民间传说和历史典故等，使新闻具有一种高雅的韵味，以诱发读者的阅读兴趣。采用引语式导语应注意，所引用的内容一定要与新闻内容相关，能对新闻的特点或意义形成暗示或强调。

（5）设问式

设问式是把消息中要解决的问题或要介绍的经验先摆到读者面前，引起读者的思索和关注，然后再通过对新闻事实的叙述或评述，回答自己所提出的问题。例如《北京晨报》2002年4月29日刊登的消息《黑社会四大特征昨明确》导语：

据新华社电 什么样的犯罪团伙才是黑社会性质的组织？九届全国人大常委会第二十七次会议昨天通过了关于刑法第二百九十四条第一款的解释，对"黑社会性质的组织"的含义作出四个特征界定。

采用设问式开头切忌故弄玄虚、小题大做。

一条好的导语，就好比是磁铁，能紧紧抓住读者。在导语的写作构思过程中，应注意以下几点：什么事情是已经发生的事件中最重要的？什么人参加进去了？谁干的或谁讲的？是用直接性导语，还是用间接性导语？有没有什么吸引人的词汇或生动形象的短语要写进导语中？主题是什么？什么样的动词能最有效地吸引读者？

3．正文

正文是紧接在导语后面构成消息主要内容的部分。它承接导语详细地叙述事实，说明问题，用充足、具体、典型、有说服力的材料展开印证导语中已点明的新闻事实，并阐明主题。

正文安排材料的方式主要有三种：逻辑顺序式、时间顺序式和逻辑顺序与时间顺序交叉式。逻辑顺序式，即按照事物的内在联系或是人们认识问题的逻辑顺序来安排层次。时间顺序式，即按照事实发生、发展的时间顺序来安排层次。消息体裁要求短小精悍、简洁明快，所以利用这两种叙述方式的较多。但有时也会用逻辑顺序与时间顺序交叉的方式来组织内容。

4．背景

新闻背景是对主要新闻事实进行补充、衬托、解释和阐明的材料。这些材料包括新闻事实产生的历史条件、环境条件，以及它和其他相关材料的各种联系。任何事物的发生、发展都不是孤立的，总是和它周围的某些事物有着一定的联系。有目的、有选择地运用与新闻事件发生、变化有联系的材料，把它们组织到消息中，有助于读者更深刻地理解消息的主题。但也并非所有的消息都要介绍背景。只有当背景材料有利于突出消息的主要事实，能够深化消息的主题时，才有运用的必要。新闻背景对于新闻事实来说，处于辅助地位，绝不允许因为渲染背景而淹没主体新闻事实。

如何交代新闻背景并没有固定的模式。它可以穿插在主体中，也可以运用在导语中，可以一次交代完，也可以多次穿插交代。运用背景材料时应注意不要让背景材料游离于事实之外，而应与事实形成水乳交融、相得益彰的效果。

消息中的背景材料主要有解释型、说明型、对比型等三种类型。

（1）解释型：对新闻事件中一些不易为某些读者理解的内容或名词概念，诸如人物身份、专业术语、历史典故、风俗人情等，加以适当的解释。

（2）说明型：介绍新闻事实的政治背景、历史状况、地理环境、物质条件等材料，以说明事物出现的原因、条件、环境，帮助读者更好地理解消息的内容。例如：《西藏查龙电站第一台机组发电（引题） 那曲地区结束无电历史（主题）》这条消息，第三自然段有这样一段背景介绍：

查龙电站建在那曲以东30公里澜沧江上游的那曲河上。这里海拔4400米，据介绍，查龙电站是世界上海拔最高的蓄水发电电站。

这段背景材料是介绍地理环境的，因为很多读者对于查龙水电站的位置并不清楚，有了这段介绍，对这个水电站的位置、条件及其建设的意义就有所了解了。

（3）对比型：即对事物进行今昔、正反、左右比较，从比较中突出事物的重要意义，深化主题。如《黄石局卖电有了"大户室"》中"以前各供电所既有公变小用户也有专变大用户，综合职能很多，不能针对不同的服务对象，各有侧重地搞好服务。特别是在今年开展的优质服务年活动中，使得各所不同程度出现'贪多嚼不烂'、疲于应付的局面，常常忙而无序，既不能满足客户的需求重点，分局线损也居高不下，大用户电费回收考核难以推行"。介绍了黄石局成立"大户室"之前的状况，三、四自然段介绍了成立"大户室"后的情况，形成今昔对比，从而突出了成立"大户室"的意义。

5. 结尾

消息的结尾通常省略。如果要写结尾，最常见的写法有这样几种：

（1）概括性地小结消息内容，加深读者印象。

（2）写出新闻事实发展趋势，引起读者关注。

（3）加上启发、激励的话语，让读者思索，领会消息中没有道明的意思。

（二）消息的写作要求

1. 真实客观

消息必须完全真实，即构成新闻要素的时间、地点、人物、事件等都应是绝对真实的，所反映事件的起因、发展过程、事件得以发生的环境、条件以及最后结果都绝对符合客观实际，消息中所引用的资料、数字、史实，必须确切无误。反对弄虚作假，反对无中生有。客观，就是不能夸大拔高，添油加醋，更不能为尊者、贤者、亲者讳，意气用事。不仅观察事物要客观，叙述也要客观，用事实说话。

2. 公正全面

公正，就是要反对见风使舵、朝三暮四、随波逐流和指鹿为马；全面，就是要力戒一点论、绝对论，不要只听一面之词，只看一面之事，只讲一面之理，而是要全面、辩证地看问题。

3．主题明确

消息写作必须有现实针对性和指导性，以实现其舆论宣传功能。新闻写作要有深度、有高度、有力度。要达到这三点要求，关键是明确新闻主题。主题是新闻写作的灵魂。主题明确了，"气盛则长短、高下皆宜"，无论采用何种结构方式写作，都会游刃有余。

4．迅速快捷

新闻之所以是新闻，就因为它能十分迅速地反映外部世界的变化。时效性是新闻写作区别于其他文体独具的特色，是新闻写作要着力突出的特性。

5．语言精练

新闻要写得快，传播得快，"短"是一个必不可少的条件。只有篇幅短小而内容精彩，读者才便于阅读，喜欢阅读。而要使文章短小精悍，语言必须精练。要做到语言精练，需注意以下几点：

（1）用词精当

每个词语，都有其特定的意义，但是放在具体的语言环境里，其含量是不同的。写作时应该选择那些最能表达丰富意义的词语，做到以少胜多，以一当十。

（2）造句要短

短句结构简单，概括力强，表达意思明确，读起来上口，使人容易记住，留下深刻印象。这对于消息的写作极为重要，所以一定要学会说短语、造短句。

（3）力避堆砌、重复、赘余

语言不简练，常常是由于不必要的词语用得太多。在写作时一定要删除那些多余的、重复的、无用的字句，使消息短小精悍，言简意赅。

例文一：

实现厂网分开　逐步竞价上网
中国电力企业拆分完成

本报讯 （记者陈静）昨天上午，中国电力新组建（改组）的11家公司在人民大会堂正式宣告成立，这标志着我国电力体制改革正式实现了"厂网分开"，从而使电费市场定价成为可能。

记者从国家计委了解到，在发电环节引入竞争机制，实现"厂网分开"，是电力改革的重要一步。今后，国家电力公司管理的电力资产将按照发电和电网两类业务进行划分；发电环节按照现代企业制度要求，逐步实行"竞价上网"，开展企业间的公平竞争。

新成立的电力公司包括：国家电网公司、南方电网有限公司、华能集团公司、大唐集团公司、华电集团公司、国电集团公司、电力投资集团公司、电力工程顾问集团公司、水电工程顾问集团公司、水利水电建设集团公司和葛洲坝集团公司。据国家计委主任曾培炎介绍，这11家公司包括两大新组建的电网公司、组建和改组的5家发电公司和4家辅业集团。

曾培炎强调，明年我国还要继续组建区域电网公司及各省市电网公司，进一步做好主辅分离和"三产"、多种经营企业的重组，以及与电网企业的剥离工作。另外，国家还将加快建立电力市场交易中心，制定电力市场运行规则，研究制定发电排放环保折价标准，在有条件的地区开展发电企业向大用户直接供电的试点等工作。

(摘自《京华时报》2002年12月30日第B40版)

这篇消息开头运用叙述式导语，用极为概括的语言将新闻中的关键、精华直接提供给读者，简洁、明快。主体部分采用逻辑式结构，对导语进行展开说明。分别介绍了何为"厂网分开、竞价上网"、新组建（改组）的11家公司包括哪些公司，并引用国家计委主任曾培炎的话，介绍了下一步电力改革的方向。内容集中、单一，文字简明扼要，语言精练。

例文二：

连日罕见低温，电力负荷猛增，不少地方被迫拉闸限电
电力，再度短缺？

本报记者 冉永平

近年来由于电力快速发展，我国绝大多数地区告别了电力严重短缺局面，老百姓也摆脱了隔三岔五地停电之苦。然而，最近一些地方却频频传出用电紧张的消息。

东南西北都缺电？

刚进入2003年，一些地方被迫重新拉闸限电。

武汉，用电告急。据武汉市供电部门工作人员介绍，近段时间武汉用电吃紧，4日、5日都有居民区停电的情况发生。据介绍，目前武汉市用电高峰缺口达到70万千瓦时，尤其是在晚6时到8时用电高峰，供电部门不得不在市区轮流拉闸限电。

长沙，用电压力增大。入冬以来该市用电负荷急剧飙升，一般都维持在125万千瓦的最高负荷状态，不少地区出现拉闸限电现象。为了确保春节期间用电，长沙电力部门不得不考虑将在节日期间跨区调电。

宁波，电网最高用电负荷突破170万千瓦。为保证整个电网的安全运行，宁波电力部门不得不在晚上开始大规模拉闸限电，范围涉及各县（市）、区，拉掉的电力负荷达13万千瓦，接近整个余姚市用电负荷的一半。

成都，2003年元旦，市民打进刚开通的"12345"市长电话第一个问题就是问："今冬为啥老停电？"实际上从2002年以来，四川省电力供应就再度趋紧，已发生两次高峰缺电情况。

重庆，自去年12月以来，几乎天天被迫拉闸限电，电力缺口达到百万千瓦以上。这

是近4年来该市的首次拉闸限电。想从贵州、云南、四川借电度荒,但得到的答复是:这些地方要么也是自身难保,要么是肩负往广东送电的任务,无力支援。

河南,全省缺电。缺口也在百万千瓦以上。从去年11月以来全省已经拉闸限电数千次……

大面积缺电为哪般?

如此众多地区缺电,原因是多方面的。

首先是严寒导致用电负荷猛增。今年入冬以来,我国遇到罕见低温。长江以南地区温度都降到零下4摄氏度,连昆明、福州这样的城市也降了雪。由于江南地区居民住宅普遍没有集中供暖设施,因此只有靠电取暖防寒,导致用电负荷激增。

经济快速增长也导致电力负荷增加。一般而言,经济增长到年底会进入冲刺阶段,工商业用电会较往常高些。

从发电角度看,由于去年来水不好,水力发电能力下降较多。如河南三门峡、小浪底水库严重缺水,出力不足;葛洲坝来水情况也不好。二滩更为严重,水位低于最低控制水位6米,被迫削减了送渝电力,幅度达到50%。

水电不足的同时,火电也遇到电煤紧张困扰。今冬,华中地区电煤市场吃紧:湖北电网严重缺煤,河南省甚至有个别电厂出现了停机待煤现象。益阳、襄樊等电厂也存煤告急。有关专家分析,之所以闹煤荒是因为电厂存煤、运输以及水电不足,火电压力大等原因所致。

此外,还有一些其他因素,如长沙居民液化气价格上涨,导致不少人改用电炊。重庆一些电厂出现故障等等。

同样缺电今非昔比。

缺电缺怕了的国人难免会担心,刚过几天不愁电的日子,是否会重新回到有空调用不了,有冰箱冻不了的过去?有关专家宽慰我们:不会。因为今天缺电和以往有本质不同。目前的缺电现象不同于过去的总体电量不足,而是暂时的、局部的、阶段性的,是某些时段电力负荷不够。

专家解释,党的十六大提出本世纪前20年,我国经济要翻两番。"经济发展,电力先行"。按照弹性系数测算,我国需要新增发电装机容量4.2万亿~4.4万亿千瓦,平均每年需要新增2500万~3000万千瓦。目前每年的在建工程约1200万千瓦,看起来存在较大缺口。但如果考虑正在实施的区域联网、全国联网将释放出来的能量,加上引入竞争以后,各发电集团的内部挖潜因素,缺口可能就不会有多大。就今年看,电力供需仍将基本平衡。局部地区、局部时段的电力短缺可能还会出现,但这不是总量问题,而是结构问题。因此,不会对消费者影响太大。

(摘自《人民日报》2003年01月09日第六版)

这篇消息采用叙述式的直接导语,以简单的语言点明"最近一些地方频频传出用电紧张的消息"。全文采用逻辑式结构,首先运用武汉、长沙、河南等地用电紧张的典型事例对"用电紧张"这一事实进行了证明。然后概括性地说明了造成这种局面的原因，最后点明这种局面"不会对消费者影响太大"。此消息能够做到点、面结合，逻辑严谨，主题明确，语言简练，是一篇较好的综合性消息。

第二节 通　　讯

一、通讯的含义和作用

通讯是一种比较详细生动报道人物和事件的传播文体。除了要写明新人新事的来龙去脉，还要涉及细枝末节，生动地描绘出新人新事的典型材料和画面。所以，通讯能够使读者和听众比较全面地了解人物和事件的主要情况。

二、通讯的特点

（一）内容真实、讲求时效

通讯作为报刊、电台等媒体最主要的体裁之一，新闻性显然是基本的特征。而新闻性中，真实、时效、思想性及典型意义构成了它的不同层面。就报道对象而言，或是人物、事件，或是经验、成果、工作情况、社会风貌等，都必须是真实的，不允许虚构或"合理想象"，而且报道对象应该具有必须的思想性和典型意义。就报道时效性而言，通讯虽不及消息那般快速敏捷，有时为将人物、事件报道细致完整需时较长，但也必须及时，仍须有较强的时效观念。

（二）主题突出

通讯须相对完整、具体地报道人物或事物的过程。消息侧重写事，叙述简明扼要，一般不展开情节。通讯可写人物也可写事件，其材料比消息丰富、全面，其容量比消息厚实、充足。它要求详尽、具体地报告事件的经过、演绎人物的命运，充分展开情节，甚至描写细节和场面。但在这种完整叙述中一定要提炼主题，突出主题，以免文章失去灵魂。

（三）描述生动形象、表现手法多样

通讯尤其是人物通讯具有一定的文学色彩。消息在表达上主要是平面的叙述，语言追求简洁、明快、准确。通讯则较多借用文学手段，可以描写、抒情、对话，可以用比喻、象征、拟人等修辞。因此通讯在语言和表达方法上都具有一定的文学性，它在报道真实的人和事的过程中，善于再现情景，给人以立体感、现场感。此外，通讯虽然一般以第三人称叙述为主，但在"见闻"、"采访记"一类的通讯中，也采用第一人称。不过其中的"我"主要起见证人或采访线索的作用。在效果上第一人称的使用也增加了一些亲切感。

三、通讯的类型

（一）人物通讯

是以人物的思想、言行、事迹和命运为报道内容的通讯。人物通讯并非仅仅是"名人通讯"，报道对象的选择取决于其蕴含的新闻价值，一般来说人物必须具有先进性或典型性。在取材上可写"全人全貌"，也可截取片段，着重写人物的某个侧面或人生历程的某一阶段。如《挑大梁的年轻人》。也可以写人物群像，即在一篇通讯里，写某一方面的多个先进人物或一个集体中的多个先进人物。

(二)事件通讯

是以具有典型意义的事件为报道对象的通讯。所以它通过较为详尽地展示事件的完整过程，挖掘其意义，揭示其本质，进而反映社会风尚，弘扬时代精神。事件通讯时效性较强，它围绕中心事件选材，虽不着力刻画人物，但往往通过典型事件表现一群人或一个集体。如《"雾闪"大停电，十万火急》。

(三)工作通讯

工作通讯是一种报道工作成就和工作经验、揭示和讨论工作中存在的问题的通讯，它通过具体、生动的事例，形象地介绍某种典型经验，或者揭露存在的问题，探讨解决的办法，从而指导工作。如《工程　牌子　信誉——内蒙古送变电公司闯市场记事》即为报道工作经验的通讯。

(四)新闻故事

新闻故事是一种内容集中，情节性较强的通讯。它往往通过现实生活中一个较为连贯性的事件或者人物活动的某一片段的报道，生动活泼地反映现实生活。如《山东小伙儿捡条命》。

四、通讯的写作方法

(一)通讯的写作格式

通讯主要由开头、正文、结尾构成。

1．开头

消息要有一个好导语，通讯需要一个好开头。通讯的开头要紧扣主题，引领全文，生动、活泼，引人入胜，一锤定音，定下基调。总结通讯的开头，主要有如下几种：

(1)平铺直叙、开门见山式。以重要情节开头，将人们关注的要闻放在开篇，使主题鲜明突出，吸引读者注目。

(2)引人入胜式。以动人的悬念开头。抓住事实中有矛盾、有跌宕的情节，构成引人入胜的悬念，渲染气氛，紧紧地吸引读者去寻求问题的答案，可给人以"山重水复疑无路，柳暗花明又一村"的感觉。

(3)渲染气氛式。以精彩的描写开头，力求生动形象，细致有趣，这样可以将人们带进一个典型的场景，并给人以艺术感染。

2．正文

通讯正文的结构形式主要有：纵式、横式、纵横交错式。

(1)纵式结构

按照事情发展的时间顺序安排结构，可采用顺叙、倒叙、插叙等手法。这种结构方式往往用在有中心人物、中心事件的通讯中，以事件自身发展的过程作为线索，将材料按照时间的推移组合起来。这种结构方式的好处是脉络清晰，条理分明。

(2)横式结构

也称并列式结构，即利用空间变换或按照事物的性质来安排材料。有些通讯虽然有中心人物，但在写作时不按照时间顺序来表现人物的先进事迹，而是分别从不同的侧面来表现主题。有些通讯既没有中心人物，也没有中心事件，带有较强的综合性，也往往采用横式结构，围绕主题，并列地从几个方面来组织材料。

(3) 纵横交错式结构

兼有上述两种结构的特点，它既注意事态发展的时间上的连贯性，又重视不同事物与不同人物在主体统帅下的统一性。或在整体上以时间顺序为主，在局部按照逻辑顺序组织材料；或在整体上以逻辑顺序为主，在局部采用时间顺序组织材料。总之，这种结构方式是纵式、横式兼而有之，有较大的灵活性，运用得好，能使通讯受到立意深刻的功效。如本节例文二《"雾闪"大停电，十万火急——四川西北大停电紧急抢修纪实》，从整篇文章的结构看，它是按事件发展的时间顺序来结构全篇的，文章从事故发生写到抢修，直至恢复供电。但在表现危难时刻，电力职工舍己为公的无私奉献精神和人民的团结协作精神时，运用了横式结构，从供电局局长、副局长到青年工人等不同的层面反映了电力职工的高尚精神；从新闻机构、铁路部门、政府部门、送变电公司、农民兄弟等不同角度反映了人民的团结协作。

3．结尾

写好一篇通讯，既要善始，还要善终。写好结尾至关重要。通讯的结尾多种多样，不拘一格。常见的主要有以下几类：

(1) 总结全篇，画龙点睛型。如《挑大梁的年轻人》的结尾。

(2) 紧追一步，扩大效应型。如《工程　牌子　信誉——内蒙古送变电公司闯市场记事》的结尾。

(3) 前后呼应，首尾一贯型。如《"雾闪"大停电，十万火急——四川西北大停电紧急抢修纪实》的结尾。

(4) 事完笔停，朴素自然型。如《山东小伙儿捡条命》的结尾。

另外，还有含而不露，让人思考型；一分为二、指明方向型；提醒召唤、引起共鸣型等等。

总之，通讯结尾的写作方法很多，至于如何来写，要根据具体情况而定，其基本宗旨是：结尾应能起到深化主题、激发感情、引人深思、加深印象的作用。

(二) 通讯的写作要求

1．真实准确

真实是所有新闻类文章的生命，对于通讯来讲也是如此。通讯所报道的内容必须是具有新闻价值的近期出现的真人真事。凡是进入通讯内容，就不允许做任何虚构和合理想象。尽管通讯报道比消息更生动、更形象。这仅是就表达方式而言，绝不等于可以不顾事件真伪，而一味追求故事或人物形象所谓的完美性或生动性。通讯失实，就会失信于读者，破坏报刊在人们中的威信。

2．主题突出

通讯的主题应是整篇通讯的核心、灵魂，它应犹如一条红线，贯穿全篇。一篇好的通讯一定是主题明确、突出的。所以，在写作时，要围绕主题选择那些能以一当十、富有特色、最能表现主题的材料，采用最有利于表现主题的结构形式来结构全篇，另外，文章表达手法的选择、遣词造句的运用，也要充分考虑到对于主题的突出。

3. 形象生动

通讯反映的事实比较完整、详细,也比较曲折、复杂。在写作上较之消息要自由、灵活。通讯要以真实性获得读者的信赖,并通过生动形象的叙述与描写感动读者,使读者产生身临其境的感觉。在通讯的写作中,大都是把新闻人物作为报道的中心。即使是事件通讯,也离不开写人。因此,写通讯时,用心刻画人物极为重要。所以,写作时应注意通过典型环境的描写,通过人物个性化的语言、具有特征的行动、细致入微的心理刻画、恰到好处的外貌描写,使人物形象、生动、深刻,使人物的个性特征鲜明、突出,给读者留下深刻的印象。

4. 方法多样

要想把通讯写得饱满,既有深刻的思想性,又具有可读性,必须综合运用多种表现手法。因通讯必须遵循以事实说话的原则,所以叙述是通讯写作中最基本的表现手法,对人物的经历和事物的发展变化过程作一般性的介绍,把事情的来龙去脉讲清楚。但通讯形象性的特点,单纯依靠叙述很难表现出来。所以在通讯中要注意运用描写、议论、抒情等表现手法,使通讯写得生动、感人。描写可以使通讯中的人物、事件和环境生动形象,使读者如见其人、如闻其声、如临其境;运用议论的手法,对所报道的人物与事件直接发表评论,可以起到深化主题、启迪读者的作用;恰当地运用抒情方式,可以打开读者的心扉,使读者产生共鸣,增强通讯报道的感染力。

5. 打动人心

通讯要有强烈的艺术感染力,要能打动人心。只有这样才能真正起到宣传、教育的目的。

例文一(人物通讯):

挑大梁的年轻人

谢华　揭培松

西行的列车上,一位模样憨厚,二十八九岁的小伙子一上车就独自坐在座位上想着心事:母亲生病住院了,自己还要到内蒙古准格尔电厂进行现场服务,心早就飞回了母亲的身边。可是不去现场,施工出现问题怎么办?准格尔电厂安装的磨煤机在内蒙古是第一个项目。自己是这项工程的主设,怎么能在这种时刻不在现场呢?母亲,相信您一定能够理解儿子的。这位小伙子,就是北京电力设备总厂电力设备研究所燃煤机械室的郑湘涛。

年轻人多干点儿不吃亏

ZGM型中速辊式系列磨煤机是北京电力设备总厂用来开拓市场的拳头产品之一,每年为该厂创造产值超过亿元。2001年,郑湘涛承担了内蒙古国华准格尔发电厂二期扩建工程ZGM113K型中速辊式磨煤机项目的主设工作。接到任务后,从技术准备到技术谈判,从技术协议到图纸设计,事无巨细他都亲力亲为。与磨煤机生产相关的分厂和部门成了他的第二办公室。为了解决某个技术细节问题,他常常废寝忘食,加班至深夜。郑湘涛不但要协调各个分部的设计工作,还具体负责磨辊和压架部分的设计,这是影响磨煤机性能和使用寿命的重要部分，也是企业降低成本提高经济效益的重要一环。在设计中，他改进了辊架的结构形式，使之便于施工，把辊芯与辊套的结合由柱面改成锥形面，便于安装和拆卸。对压架的结构形式也做了多次改进，采用钢板焊接形式的压架代替原有的铸造件，用销轴式的连接结构取代原来的铰轴窝，也大大简化了结构，缩短了工期，降低了成本，使北京电力设备总厂的中速磨上升到了一个新水平。作为一名年轻的设计人员，在一无经验，二无借鉴的情况下，以自己的实干精神印证了奋斗就能出成果的道理。正如他自己所说："苦点儿、累点儿，年轻人多干点儿不吃亏。为了企业的发展，值。"

做好工作就是对母亲最好的报答

从2001年初开始，准格尔工程进入现场安装阶段。郑湘涛作为驻地代表到准格尔电厂现场服务。连续9个多月与电建工人一起奋战在电厂安装现场，及时解决现场出现的各种疑难问题，以他认真负责的服务态度，得到了施工单位的好评，也为北京电力设备总厂赢得了良好的声誉。在他出差在外的这段时间，他的母亲因病住院达两个月之久。为了不影响现场服务工作，作为儿子的他却没有顾得上回家看母亲一眼。多少次，梦中醒来已是泪湿枕巾；多少次，他在心里对母亲说："妈妈，儿子干好工作才是对您最好的报答。"在紧张的驻厂配合施工之余，郑湘涛还承担了新产品ZGM65G型磨煤机的一些重要部分图纸设计工作，为北京电力设备总厂新产品的顺利开发和研制作出了贡献。

人生总要有追求

2002年初，郑湘涛被任命为北京电力设备总厂电力设备研究所燃煤机械室副主任，负责全室的技术工作，成为该厂最重要部门之一的负责人。

郑湘涛刚上任，燃煤机械室就接到吐鲁番电厂、马鞍山钢铁公司和托克托电厂二期工程共计三份标书，签标时限又都很短，一下子接到如此集中的任务还是第一次，而且因为马上就要过春节，有的同志已准备回家过节，人手就显得十分紧张。为了准备标书，他利用春节前后几天从准格尔回厂休息，做短暂停留的时间，发动并带领其他同志全力以赴，加班加点准备好三份投标文件，期间还紧急赴新疆与用户进行交谈。"每逢佳节倍思亲"，在举家团圆的日子里，他却在办公室里度过了一个个不眠之夜，在三份投标书发出后不久，马鞍山钢铁公司ZGM123G型磨煤机项目中标，向设计院提供设备图纸资料的任务又随之而来。提供的图纸资料较之投标时的要求更严，需要落实技术协议的各项条款，结构、尺寸、性能都必须符合用户的要求，以利于设计院开展施工设计。又是一番加班加点，终于按期交了全部资料。有人曾问郑湘涛："你的追求是什么？"他回答："人生总要有追求。作为一名产品设计人员，我的追求就是自己精心设计的一个又一个产品，在电厂安全、可靠地运行。"

在承担大量的专业技术工作的同时，郑湘涛还担任研究所党支部委员、总厂团委委员和多年的团支部书记。他将体制改革、团青工作开展得有声有色，他所在的燃煤机械室多次被评为厂级先进班组，双文明标兵班组，局级、厂级青年文明号。团支部也多次被评为局级、厂级先进团支部，"号手"活动创优团支部等。

"一分耕耘，一分收获"。郑湘涛多次获得青年岗位能手和优秀共产党员的称号，被评为华北电力集团公司青年岗位能手和北京市优秀青年工程师。

这几年，北京电力设备总厂青年科技人员流失较大，当有些人在为名利四处奔走的时候，郑湘涛却在本职岗位上开拓创新、拼搏奉献着。郑湘涛正以他自己的心血与才华，成长为一名能挑大梁的年轻人。

（原载《华北电力报》2002年5月2日）

本文以一段心理描写为开头，从心理矛盾中突出文章主人公的高贵品质。全文以表现勇于开拓创新、拼搏奉献的年轻人郑湘涛这一"挑大梁的青年人"为主题，分别从年轻人多干点不吃亏、做好工作就是对母亲最好的报答、人生总要有追求三个方面运用描写、议论、抒情等多种表现手法进行了刻画。主题突出，人物形象生动、富有个性。

例文二（事件通讯）：

"雾闪"大停电，十万火急
——四川西北大停电紧急抢修纪实
何本健　陈力

谁都知道，冬日的浓雾可以阻滞交通，可以让穿越万米云空的银鹰停歇，可以叫远航的巨轮心惊胆战……

但谁也不曾想到浓雾还能叫光明的城镇变得黑暗，叫轰鸣的厂矿变得哑寂，让无数人为之揪心——1992年元月22日，四川西北一场陡起的大雾，使绝缘子上的尘埃吸湿、导电，引起线路跳闸、短路，发生了四川电网史上不曾发生过的大停电，由此导致了一场人与自然灾害争夺光明的斗争。

猝然的"雾闪"造成四川建网以来从未有过的大停电。省总调会议室成了"战争指挥所"。"公仆"们的心与群众的心紧紧贴在了一起。

21日夜，巍然屹立在成都市人民南路的23层电力调度大楼被深冬的寒气静静地包裹着，冯凯、吴忠清、王星三位20余岁的大专毕业的调度员正在21层雪亮的调度室里值班。

22日零时56分，第一个不祥的信号传到调度室："青白江变电所220kV青山线事故跳闸！"

紧接着，1时20分，2时44分，3时10分……告急电话接踵而至：青山县再次跳闸，二台山三相跳闸，孙青线跳闸，青五线跳闸，江龙线跳闸，安太线跳闸，平石线跳闸……

3时30分，家住在成都金家坝的总调度科科长叶承明得到消息，一骨碌从温暖的被窝里翻身而起，直奔调度室。

几位训练有素的调度员看着调度室内模拟屏上不断眨着眼睛的指示灯，未曾料到事故竟然来得如此猝然和猛烈，无论他们怎样镇定也按捺不住紧张的心虚。他们边接电话边处理事故，多次合闸强行送电均无奏效，忙得眼红嗓哑。

电网的连接环环相扣，一条线路的失衡就会打破全网的平衡。22日凌晨1时左右及5时左右，以青白江变电所为中心的15条220kV线路先后引起"雾闪"，造成每分钟几次跳闸，短短几小时内竟然跳闸50~60次，致使川西北地区6座220kV变电所失压，成都热电厂200MW机组、江油电厂330MW机组相继被迫停电，宝成线电气机车停止运行，四川化工厂、成都钢铁厂、江油长城特殊钢铁厂等大型企业被迫停产……

5时30分，川西北电网与主网解列！5时32分，四川省电力局被迫向西北电管局总调请求事故支援！

22日晨8时，成都西门"白芙蓉宾馆"内正在召开四川省电力工作会。会议刚刚开始，敏感的人一见省电力局局长刘金龙的脸色，便感觉气氛有些不妙。果然，刘金龙宣布了川西北电网解列的令人惊骇的消息后，便率领用电、生技、安监等处室负责人直奔总调大楼。

22日这天，成都人民南路照旧人流如潮，车水马龙，热闹非凡。在高高耸立的省电力调度大楼21层楼上的会议室内，空气却异常沉闷紧张，俨如战斗爆发时的指挥所。

刘金龙与一大早就闻讯赶到这里的四川省电力局副局长何荣钦、总调局局长陈启栋、总调总工赵兴康等汇集一起，决定立即召开紧急电话会议，共同指挥抢险。用"头头"们的话说，这场罕见的停电事故，是他从事电力工作30余年未见过的，怎不令他们心急如焚。

情况十万火急，时间刻不容缓，多停1min电，四川的工农业生产就多一份重大损失！"头头"们通过热线电话发出指令：要求全川各发电厂、各供电局领导昼夜值班，随时通报事故情况和处理情况；要求德阳供电局、成都供电局等单位迅速派员不惜一切代价组织抢修，尽一切可能把损失减少到最低限度；要求物资部门迅速组织救急物资，保证供给，赶赴现场……

10时左右，四川省副省长蒲海清与成都市副市长朱永明先后赶到总调。"父母官"们带来了省、市政府的关切询问及地方大中型企业的告急。当他们了解到电网由于"雾闪"出了大故障，便与省电力工业局领导一道坐镇总调会议室共商对策。蒲海清手执无线电话机，与省经委、成都铁路局、省石油管理局等单位通话，要求他们全力配合省电力工业局做好这次抢险工作，为恢复供电创造良好的外部条件。

热线电话应接不暇，有报告新事故情况的，有汇报抢修进度情况的，有请示处理指示的……当蒲海清了解到各路电力职工不畏严寒、不辞劳苦，正奋力抢修毁损线路，不少部门恢复供电时，他激动地对刘金龙、何荣钦说："我代表省政府表彰所有参战的四川电力职工，他们为抗击灾害造成的事故，尽可能减少了四川的经济损失作出了巨大努力！"

中午，蒲海清、刘金龙、何荣钦、陈启栋等在总调会议室小小茶几上进了一次极其简单的便餐。他们边就餐边听电话汇报，商量对策，下达指令。目睹此情此景的各报新闻记者，无不感动。一位目击者说："平时我只见到领导们坐办公桌和坐会议主席台发号施令，没见他们为了人民群众的事情竟是这样的忧心和操劳！看来这官也不是好当的。"

一场突发事件就这样紧紧地把"公仆"们的心与广大群众的心贴在了一起。

十万火急，必须把损失减少到最低限度！电力职工的任务艰巨而光荣，奉献精神在关键时刻得到最充分的体现。德阳供电局在抢险中卓越表现，是全川电力职工主人翁精神的缩影。

报社记者在采访中问刘金龙和何荣钦："出了事故，马上派员就行了，为什么要如此兴师动众？"隔行如隔山，这位记者不了解电力行业特点，提出这样的问题不足为怪。她哪里知晓，电力线路纵横连接几百数千里，跨群山越江河，查故障必须沿线巡视，就是查出了故障，也还要登塔维修，四野茫茫，你说难度大不大？

22日凌晨大停电以后，德阳供电局与成都供电局职工在抢修中首当其冲，其间的艰难困苦自不待言，非笔墨所能尽言其详。这里，仅将德阳供电局的抢修实录于此奉献给读者，它实则是全川电力职工此次抗灾抢险的缩影。

22日晨5时多的德阳，已失去了往日灯火阑珊的风采，连供电局调度大楼也一团漆黑。用户电话接连不断，上百次询问停电情况。调度员一边耐心解释，一边同省调通话联系。

7时过，德阳供电局副局长兼总工杨荣田与副局长余昭泉召集用电、调度、变电、线路、生技、安监等部门负责人参加10min的紧急会议后，立即组成抢险指挥部，马上分头对几条主要输电干线进行巡线，查找故障点。机关科室人员待命，随时配合巡线。供应科从最坏角度考虑，准备抢修设备和材料。

德阳供电局的抢修队伍奔赴事故现场更换绝缘子、修补导线。到当晚21时58分，线路工人在没有电力照明的情况下，仅凭借几只手电筒的微弱光线照明，在3m高的铁塔上摸黑换完最后一串绝缘子。于事故的当晚23时40分，德阳电网便恢复供电。

但好景短暂，由于持续的大雾，23日凌晨5时5分，孙青线、青五线再度跳闸，造成瓷散湿和导线多处烧伤。德阳供电局再次抽调绵竹、广汉、什邡三个分局和线路工区150余人，出动车辆20余辆，分兵9路对线路绝缘子污染特别严重的青白江地区的孙青线、青五线所有86基铁塔逐基进行登塔全面检查。86基铁塔，耸立在寒冷的田野中，都登塔检查，这可是不小的工作量呀！抢险人员发现11基铁塔有故障点，经过11h的紧张战斗，在大雾与夜色中更换绝缘子400余片，修补烧伤导线，到23日晚8时终于结束抢险工作。

危难时刻见精神。在抢险中电力职工表现出来舍己为公的奉献精神得到了充分的体现。

德阳供电局局长周光鑫本在成都开会，一听刘金龙局长说电网出了大事故，便再也坐不安稳，马不停蹄乘车赶回德阳，坐镇广汉指挥中心调度人马。

副局长杨芝田患高血压，前不久医生还再三嘱其多多休息，如今他忙碌指挥，对病魔全然不顾。直到抢险告捷，他妻子叫儿子带降压药到指挥中心，他才畅然饮下一口水吞服。

线路工区5个班分7组全部出动巡线。工区主任李旭阳带领2名技术熟练的工人，晚上9时处理完11号杆的事故，又接着摸黑登上10号杆处理故障，问他何以亲自登杆，他简言之："这么大的事故，我非亲自上才放心！"

不少青年工人在此抢险中的表现也分外出色。广汉分局20岁的外线工孙小庆，摸黑悬空在24m的铁塔上修补导线，从下午4时补到晚上8时，塔下的人都冻得在寒风中瑟瑟发抖，不知他是怎么挺过来的？记者采访他时他腼腆得要命，是班长强拉过来的，他硬邦邦甩给记者一句："只想早日恢复供电，其他都不在乎！"

一方有难，八方支援。德阳供电局供应科仅有5、6人，他们在仓库通宵值班，设备、材料保证供给；车队的驾驶员们跑上跑下，分段接送人员和物资，再苦再累，毫无怨言；广汉培训中心是抢险指挥中心，抢险时人员吞吐量数百人，而后勤炊事人员只有3名，开的是"流水饭"，却做到了抢险人员随到随吃……这种事例在此次抢险中还很多，很多。难怪有人言："在如此具有群体意识的人们面前，再大的天灾人祸，怕也只好败北。"

大停电牵动着千万人的心。全川人民的关怀与配合，是电力职工战胜天灾的重要因素。凝聚力在人民的团结协作中产生。

22日，从凌晨到下午，无数询问的电话打到总调、德阳供电局、成都供电局。四川各报、台记者也闻讯而动。纷纷前来采访。当天中午与晚上，四川经济广播电台、四川电视台播放播映了浓雾造成川西北大停电的报道。当即引起了全川上下的关注。全川人民的关切、鼓舞与配合，是电力职工战胜天灾的又一重要因素。

由于大停电，宝成线火车滚滚的车轮一度停止运转。22日11时，成都铁路局副局长赵焕章闻讯拄着拐杖，拖着内伤未愈的腿赶往分局三楼调度室，与铁路调度员拟定紧急对策。他拍板决定，对当时完全缺电的青白江实行越区供电，将成渝线电力引一部分到青白江以解那里的燃眉之急……

发生停电事故的当天，成都市市长习金祥发出指示，要求在电力供应不足的情况下要尽力保住民用电，他还要求市交通、煤气、自来水等各工业局的局长们全部通宵值班，以配合电力部门处理好紧急和不测的情况……

在德阳，该市副市长何主隆到供电局了解情况后，专程乘车赶到五里堆变电所。何对供电局的同志表态："需要政府支持的，尽管提出，我们尽力办到"。许多单位诸如东方汽轮机厂、东方锅炉厂、德阳重机厂等也纷纷登门表示："你们需要什么，人财物尽管提出，保证支持！"

事故发生时，青白江地区变电所支柱绝缘子蓝光闪烁，弧光一片，令人惊骇。成都供电局青白江分局的冯长富局长、副局长骆中亚带人修复变电所与映青线毁损绝缘子与导线，一直从中午到晚10时，有的两顿未进米粒。这时电力职工家属也极为关心抢险，主动到现场帮忙，川化、成钢的领导和职工也来送茶端水，问有何困难他们当尽力相助……

在龙蓉西线的抢修中，现场急需200多米的一种轻型钢芯铝导线，司机开车驶进四川省送变电公司，该公司的同志听说是抢修急需品，马上给予方便，仅让成都供电局输电工区的同志留下一张借条便放行……

现场最感人的情景莫过于农民兄弟的支援了，供电职工都有这样的经历，平时架线经过田地，要是踏坏了田里的一棵青苗或踩踏了一处地方，农户会扭着你不放。然而今天，抢险的大小车辆、器材摆满田坝，抢险的队伍由于工作需要不得不在菜地里穿行，农民们不仅没有怨言，还端茶递烟，连说："我们知道你们出了事情，这是国家的大事，我们愿帮忙。"

一场"雾闪"大停电,从 22 日凌晨始,至 22 日 22 时 20 分,断电的 15 条线路 7 条恢复正常运行,四川电网又像往常一样,汩汩地向工农业生产和人民的生活照明输送出强大的电力。在短短的近两天抢修中,凝聚着四川电力职工的多少无私无畏的奉献,包含着全国各行各业群众多少深情厚谊呵!

采用纵横交错式结构。从整篇文章的结构看,它是按事件发展的时间顺序来布局全篇的,文章从事故发生写到抢修,直至恢复供电。但在表现危难时刻,电力职工舍己为公的无私奉献精神和人民的团结协作精神时,运用了横式结构,从供电局局长、副局长到青年工人等不同的层面反映了电力职工的高尚精神;从新闻机构、铁路部门、政府部门、送变电公司、农民兄弟等不同角度反映了人民的团结协作。主题突出,选材典型,描写生动形象,人物刻画生动形象。

例文三(工作通讯):

工程牌子信誉
——内蒙古送变电公司闯市场纪实
赵 琳

内蒙古送变电公司屡屡中标国家西电东送重点工程,去年施工产值首次实现 3.96 亿元,比上年增长 65%,在自治区建筑行业中名列前茅。知道内情的人都说,内蒙古送变电公司工程创造了品牌,赢得了信誉,信誉又为他们带来了机遇。

公司领导说:"谁干得好,就要奖励谁,要建立一套与市场接轨的奖惩机制。"

素以"野战军"著称的送变电公司,是内蒙古自治区唯一一家具有 500 千伏输电线路工程施工资质的国家一级企业。内蒙古电力公司在资金、任务、政策等各方面都给予了支持。

机制要创新,先得思路创新。面对加入 WTO 后,施工企业竞争日趋激烈的形式,该公司新领导班子认为出路就是市场,而市场只能靠实力和信誉去打拼。他们带动广大干部职工统一思想,确立了以主业为主发展企业,立足内蒙古,面向全国的发展思路。

从 2000 年起,按照电力公司的统一部署,他们施行了内部机构调整和人事制度改革,职工总人数从改革前的 1556 人,缩减到 868 人。

要闯市场、创牌子,内部管理必须跟得上。他们在经营管理和分配方式上实行重大改革。本着"包死基数,确保上缴,超额分成,歉收自补"的原则,实施了"矩阵式"项目管理。各分公司会计主管由公司委派,层层落实责任制,实现决策层、管理层和作业层的分离。为充分调动公司和分公司两方面的积极性,发挥各环节的管理作用,拉开分配差距,在该公司坚决执行奖惩规定。

一分公司经理赵云,38 岁。他改变内部分配方式,在管理上狠下功夫。去年,他率领由 240 人缩减到 140 人的队伍南征北战,完成了 1.6 亿元的产值,创历史新高。按照新的考核办法,他拿到几倍于送变电公司领导的年终奖。职工们收入看涨,奖金看涨,干劲也跟着涨。

经理吴景龙说:"用人最关键,我们有一批敬业的年轻人在现场把关,扯皮的事很少。"

2001年,该公司开工的大中型以上工程就有60多项,遍布全国7个省。在吴景龙看来,数量和质量并不矛盾,重要的是人,是管理。

该公司起用了一批年轻人,并委以重任。但是,对每一个项目经理而言,一个项目干砸了就不会再由第二次机会。

四分公司经理白格平,33岁。他担任永圣域500千伏变电站项目经理。2001年春天,工程开工不久,一个35千伏六氟化硫断路器基本完工,但检验时发现表面平整度超过标准。白格平一句话:"炸掉重来"。20多立方米的混凝土被炸掉。白格平的理由是:干活用心和不用心大不一样,用心才能出精品,精品的标准绝不能马虎。

永圣域站有5面变压器防火墙,防火墙的垂直误差允许在15.6毫米以内,结果建成后防火墙,最大误差2毫米,最小误差是零毫米。永圣域站比预定工期提前14个月完工,被华北五省市区电力联合监检组评为"内蒙古最好水平,华北一流水平"。

永圣域变电站是内蒙古电力公司独立投资、建设、运行管理的第一座500千伏枢纽变电站。在整个工程中,送变电人自我加压,主动提出要把永圣域站建成精品。为了这个货真价实的精品,他们精雕细琢,花了很多心血,甚至还贴了不少钱。这个站已成为内蒙古西电东送的窗口。

同行们佩服地说:"过去不知道内蒙古送变电公司还能干这活儿,现在呀,但愿别跟他们撞到一个标段里……"

2001年12月,国家电力公司三峡输变电工程三峡至广东500千伏直流输电线路工程在全国范围内公开招标。

三峡工程令国人瞩目。具备资质的队伍无不希望在那里一展身手。32各单位竞争16个标段。该公司有位姓杨的同志和他的伙伴们苦战数日。他们沿路径实地考察,在编制标书时尽力为业主着想,引进新的技术、新的理念。投标时,他们以最合理的报价应举其中竞争最为激烈的鄂一标段。鄂一标段需组立两基跨长江高塔。从组塔到架线的技术含量和施工难度都很高。

消息传来,职工们把大红的喜报挂到楼前,在噼噼啪啪的鞭炮声中,作为老牌电网建设劲旅的那种自豪感,又重新昂扬起来……

从2000年9月至今,他们在全国性大型超高压输电线路招投标中先后7次中标,施工产值达4亿元以上。在我国西电东送的南、北、中三条重要通道建设中,他们都占有一定的市场份额。他们用实力和信誉展示了内蒙古电力的良好形象,打出了内蒙古的品牌。

职工们欣喜地说:"人气旺,干活也顺,这全都是因为我们有一个好班子。"

2001年,是内蒙古送变电公司产值最多的一年,事故最少的一年,所移交的工程全部实现一次达标投产。被国家电力公司评为"'九五'期间国电安全生产施工先进单位"。问其原因,得到的最多的回答是:我们公司有一个好的领导班子。

公司年纪最大的副总经理王淳感受最深:"过去年轻人工作推不动,现在有活抢着干。

每次投标时，没有白天黑夜、没有双休日，可大伙尽头十足。"王淳部下们的解释是，跟上好领导，企业有发展，心情舒畅了，干工作的劲头就足了。一位小伙子坦言："人气望了，那叫挡不住。"

截至发稿时，佳讯又至：送变电公司在贵（贵州）—广（广州）500千伏线路工程和广西柳州500千伏变电站工程中中标。

（原载《华北电力报》2002年3月28日第595期）

本文开头开门见山，将文章的主题开篇点明，鲜明突出。本文属于综合性较强的文章，正文部分采用横式结构，围绕主题，并列地从几个方面来组织材料，介绍了内蒙古送变电公司依靠"工程牌子信誉"闯市场的先进经验。在介绍过程中采用了描写、议论等多种表现手法，既有深刻的思想性，又具有较强的可读性。

例文四（新闻故事）：

山东小伙儿捡条命

张彩云

3月18凌晨5点多钟，河北西柏坡发电厂运行工人孟付楼和往常一样，独自在操作间开停翻车机，牵引列车翻车卸煤。

此时，整整忙了一晚上的小孟，眼睛有点发涩。为了控制自己，他站起来操作，同时将操作盘正前方的活动玻璃窗打开。眼看着满载60吨燃煤的第28节车皮已到了翻车平台，再有三四秒钟，翻车机就会将整个车皮连同车轨托起、翻转，将煤倒入地面下的储煤仓内。

就在这时，孟付楼从窗户里突然发现车厢东南角处有一灰白色异物。他马上从窗户探出头使劲喊了一嗓子，可他这一喊，那缩成一团的东西却动了一下，不好！说时迟那时快，小孟啪的一声将翻车机急速停车！

在下面工作的几个同志，听见小孟的喊声，马上凑了过来。小孟大声喊着："快看看车上是什么东西！"只见车上有一个人踩着煤晃晃悠悠地站了起来，啊，是个20出头的小伙子！好险啊！大家火冒三丈地让他从车上马上下来！

此时列车49节车皮已经卸到了第28节，牵引机牵动整列车往前走，咣当咣当那么大的声音，也早该听见了！为什么睡这么死！要不是孟付楼认真负责，一瞬间就会将这个人连同60吨煤倒入储煤仓内，后果真是不堪设想。

经过认真询问方知，原来小伙子是山东梁山县人，过完年后带着1800元钱，到深圳打工，因找不到工作，乘车又回到北京。待了一个星期，同样没找到工作，身上已无分文。想起在邯郸工作的哥哥，从北京步行到涿州，然后一路搭汽车、扒火车，几经周折本想到邯郸，结果错扒了发往河北西柏坡发电有限责任公司的运煤车，又饥又困在煤车上睡着了……

在公安干警帮助下，经多方联系，当日下午小伙子的哥哥从邯郸赶来，兄弟二人非常感谢西电员工救命之恩，表示要遵纪守法，做一个好公民。

（原载《华北电力报》2002年5月2日）

本文按事件发展的时间顺序来结构全篇的，孟付楼夜间开翻车机——发现车上有异物——孟停翻车机——发现翻车机上的小伙儿——小伙儿在公安干警的帮助下找到了哥哥。中间插叙了小伙儿在煤车上的原因。脉络清晰，条理分明。

第三节 简　　讯

一、简讯的含义和作用

简讯是用最简单精练的语言迅速报道新闻事实的一种文体。一些报纸开辟有"简明新闻"、"各地简讯"、"市场短波"、"国际简讯"、"一句话新闻"等栏目，刊登的信息都属于此类。简讯能够迅速快捷、简明扼要地报道情况，反映信息，传递信号。

二、简讯的特点

（1）**真实**。与消息、通讯等新闻体裁一样，简讯所反映的事实也必须是真实可靠的。

（2）**迅捷**。在所有的新闻体裁中，简讯是时效性最强的文种。它写得快，报道得快。

（3）**精练**。简讯通常用三言两语，简要报道新发生或新发现的事实。

三、简讯的类型

（一）消息式

消息式简讯指与消息结构相同的简讯，它有导语、有主体、有背景材料。但这种类型的简讯为数不多。

（二）主体式

即简讯没有导语，只有主体部分。在主体部分中，有的有一点背景材料，有的连背景材料也没有，只是把事情说清楚就结束。这种结构在简讯中最多。

（三）导语式

整个消息像一个比较完整的导语，时间、地点、事情的内容等都有所交代，但都不展开写。也有的就导语的要求来说也不够完整。

四、简讯的写作方法

（一）简讯的写作格式

简讯的写作格式较为简单，主要由标题和正文两部分构成。

1. 标题

标题一般是单行标题，直接说明简讯的主要内容或揭示所报道内容的意义。

2. 正文

正文一般采用逻辑顺序式，说明简讯所要表达的具体内容。

简讯一般事完停笔，无单独的结尾。

（二）简讯的写作要求

（1）结构精简：简明新闻不必追求完整的结构。它只要用一两句话简要报道一件事实，说清楚一个意思就可以了。在简讯中，新闻的六要素（五个W和一个H）一般都不齐全。遵循的原则是如果缺少某些要素，读者还能看明白，则这些要素就可不写入简讯中。

（2）背景从略：简讯一般只突出事实中的某一部分，或某一侧面，因此，一般不作背景的交代。

（3）叙述扼要：简讯只报道事实的简况，不必写细枝末节，新闻不排除细节，但这不是简讯所应该关注的。简讯要突出一个"简"字，就必须扼要明了地说出其概况，显出其主干。

（4）语言精当：简讯要突出"简"的特点，语言一定要精练、准确、恰当，言简意赅。

例文一（消息式简讯）：

日本2001年度电力总需求量减少

日本经济产业省资源能源厅14日发表的统计表明，2001年度日本电力总需求量为9633亿千瓦，比上一年度减少了1.9%，这是日本电力需求时隔19年来首次低于上年水平。

由于经济持续低迷，使得日本大型产业电力需求减少。据统计，在合同电力超过500千瓦以上的大型电力需求中，除非金属制造业用电量同比大幅减少了9.4%以外，钢铁业也同比减少了3.8%；机械器具制造业减少了4.4%，几乎日本全部产业的电力需求都有所减少。

（原载国家电力信息网 http://www.sp.com.cn/newsp/dlyw/gjdlyw/w05241.htm）

此简讯具有导语和主体两个部分，结构与消息类似，但叙述更为简明扼要，只报道了主要事实，没有细枝末节的东西，语言更为简洁、明了。

例文二（主体式简讯）：

郑州热电厂节水工作三获政府殊荣

本报讯　在今年5月全国城市节约用水宣传周里，河南郑州热电厂又一次被郑州市政府授予"城市节约用水先进单位"光荣称号。这已是郑热连续第三年获得此项殊荣。2001年，该厂在发电量和供热量都较上一年有所提高的情况下，生产用水却较上年下降了0.36%。

（原载《华中电力报》2002年5月24日总第312期 作者沙起）

此简讯没有导语，只有主体部分，简明扼要地说明了主要新闻事实，是一篇较好的主体式简讯。

例文三（导语式简讯）：

水电十四局中标水布垭电站工程

本报讯　5月8日，水电十四局接到通知，中标湖北清江水布垭水电站引水发电系统地下厂房与部分金属结构设备安装工程，合同额3.6亿元，工期80个月。

（原载《中国电力报》2002年5月25日，作者严镇威、赵常武）

此简讯由单纯的导语构成，用简洁的语言交代了主要的新闻内容，清楚明了。

第四节　广　播　稿

一、广播稿的含义和作用

广播稿是供有线广播、无线广播专用的传播文稿。

广播稿借助广播这种大众传媒，像报纸和电视一样，起着反映情况，传递信息，表达意见，发布消息的作用。

二、广播稿的特点

（一）内容准确

广播稿像其他新闻稿件一样，内容要准确、真实。

（二）语言简明

广播稿语言要简明扼要，否则听众不能很快明了广播传递的内容，不能达到预期的新闻效果。

（三）表达清晰

广播最大的特点就是利用声音传递信息，所以广播稿要为听而写，符合听众的收听习惯。它的表达应该是清晰的。

（四）易记易懂

广播稿为了更好地传递信息，它应该写得通俗明快，易记易懂。

三、广播稿的类型

根据内容的不同，广播稿可划分为以下三种：

（1）反映情况型：对现实生活中具有典型意义或普遍性的事件进行较为详尽而有深度的报道。相对于公布信息型，它要求较为详细地展现事件的过程，深入地发掘事件的思想内涵。多以新闻专题、新闻通讯等形式出现。

（2）公布信息型：迅速、及时地报道出现的新人、新事、新问题，篇幅短小，内容单一，如《我国成功实施直升机电路巡查和维护工程》。多以消息、简讯等形式出现。

(3) 评论型：指抓住现实生活中带有普遍性或典型意义的事件或社会现象，做出深入的调查分析后，或提出带有启发性的见解，或表明立场、态度，褒善贬恶的一种类型。多以新闻评论的形式出现。

四、广播稿的写作方法

(一) 广播稿的格式

广播稿主要由标题、正文、结尾构成。

1. 标题

从内容上看，广播稿的标题一般直接揭示所报道事件的主旨或意义。它的标题通常出现在新闻提要中，如《大浪丰碑》的标题出现在开头："下面请听黑龙江记者采制的新闻专稿《大浪丰碑》"，《凋零与崛起的背后》"各位听众，这次节目请听新闻专题：《凋零与崛起的背后——从海尔、海信、澳柯玛三大家电集团的崛起看青岛产业结构调整》"。从形式上看，广播稿的标题以单行标题居多，双行标题、三行标题的情况较少。广播稿的标题拟定要符合口语化原则，不可倒装，简明扼要为好。一般来讲，广播中的新闻专题、新闻通讯等需要有标题，并在新闻提要中出现。而公布信息型的新闻多出现在新闻联播中，具体到每条新闻一般是无标题的。如中央人民广播电台的《全国新闻联播》节目，广播稿的开头是："各位听众，现在是全国新闻联播时间，下面为您介绍一下这次节目的主要内容……下面请听详细内容"，然后分别介绍每条新闻的具体内容，多以"本台记者报道："、"记者×××通讯员×××报道："开头，无标题。

2. 正文

正文格式一般采用逻辑顺序式、时间顺序式和逻辑顺序与时间顺序交叉式。

(1) 逻辑顺序式。根据事物间的内在联系，如因果关系、并列关系、主次关系等等来组织材料，安排层次。逻辑顺序式可以在一个主题的统帅下，把时间上没有严格顺序的同类材料组织成一篇广播稿。

(2) 时间顺序式。按照事物发生、发展的先后顺序安排层次。采用此种结构方式可以使听众对事实的来龙去脉有一个鲜明、清晰的印象。故事性强的广播稿以时间为序进行写作的较多，因其符合人们认识事物的习惯。

(3) 逻辑顺序与时间顺序交叉式。此种情况不多。因广播是"一遍过"的艺术，声音转瞬即逝，听不懂不可能倒回去重新听。广播稿要为听而写，结构不应太复杂。

3. 结尾

广播稿可以没有单独的结尾，事完笔停，干净利落。公布信息型的广播稿采用此种形式的较多。如果采用结尾，常见的形式有 (1) 小结式，即结尾再次概括报道的主要事实。(2) 点睛式，即画龙点睛，言简意赅，用一两句话揭示所报道事件的意义，深化主题。(3) 提示式，即结尾启迪听众思考，表达作者的希望，对事物变化的趋向和结果进行判断，指出今后努力的方向，号召大家奋斗等等。

(二) 广播稿的写作要求

1. 内容准确

即用事实说话，广播稿写作不同于文学创作，不能用"艺术形象"说话，不允许虚构，必须对事实作真实的报道。

2．重点突出

即在广播稿写作前要根据文章的主旨和听众的需要对材料进行选择、提炼，分清主次、轻重、缓急，处理好详略关系，使广播稿重点突出。

3．语言通俗

广播稿是为听而写的，语言一定要通俗化、口语化，不能装腔作势，不能滥用方言。大家能否听懂是衡量一篇广播稿好坏的重要标准。

4．表达清晰，便于听众理解记忆

即要合乎语法，表达清晰，便于理解记忆。可采用以下一些办法：不要使用太繁复太累赘的句式；不要过分地依赖标点符号来帮助表达文章的意思，注意要将破折号、省略号、引号改为恰当的文字说明；句子要整齐一致，音节要求匀称顺当；不要自造词语。

例文（公布信息型）：

我国成功实施直升机电路巡查和维护工程

本台记者邢立新、通讯员赵玉奎报道：

今年3月到9月，首都通用航空公司运用直升机为华北电力公司的6400多公里高压线路进行了巡查和维护。日前，这一国内首创的科研成果通过了民航和电力部门专家的论证鉴定。

目前，我国有几十万公里的高压电路需要巡查和维护，以前，巡查这些线路一直靠地面人员行走来完成，效率低，负担重。这种老旧的作业方式已不适应我国电力的迅速发展。首都通用航空公司和华北电力公司展开的直升机巡线工程，为运用航空手段解决这一问题开了个好头。

在6个月的直升机巡查过程中，巡线人员共安全飞行386个小时，发现线路缺陷和安全隐患几百处。同时，还培养出一批技术熟练的直升机飞行员和巡线员。

（稿件来源：北京经济广播电台　交通新闻　2002年09月27日）

本文简明扼要地介绍了我国已成功实施直升机电路巡查和维护工程，重点突出，语言通俗易懂，表达清晰，是一篇较好的广播稿。

第五节　解　说　词

一、解说词的含义和作用

解说词是对具体事物、人物、事件进行解释说明的一种文体。产品的展销、文物的陈列、企业厂房的介绍、图片的展览、人物的介绍以及电视、影片中对画面的解说都统称为解说词。

解说词往往是配合图画或实物所作的文字或口头说明，它能够增强观众的视觉、听觉效果，其作用主要是揭示隐藏在这些图画或实物背后鲜为人知但能体现它们本质特征的内容，使观众借助解说词对图画或实物所展现的人、物、事有更加全面、深刻的了解和领会。

二、解说词的特点

（一）真实全面

图画或实物具有直观性的特点，它能真实地记录事件的过程、人物的活动，但有些内容单纯地依靠图画或实物是无法或不易表达的。如它无法表现人的心理活动，不能直接表现事件活动的意义、历史价值，不能直接展现企业的历史与发展前景等内容，这些都需要解说词进行真实全面的介绍，使观众对事物有一个全面、明晰的了解。需注意的是，此处所说的真实，是指解说要以事实为依据，不能虚构，不能随意地发挥；全面，并不是说要面面俱到，而是要把能展现事物本质特征的内容全部介绍出来。

（二）形象生动

解说词在介绍图画或实物所不能传达或不易传达的内容时，要运用生动形象的语言，以增强解说的艺术感染力。特别是对于抽象的概念、枯燥的数字等的表达，可以借用一些观众熟悉的形象来作说明，吸引观众的注意，使观众听完后能留下深刻的印象。

（三）情理交融

图画或实物具象性的特点，使它能充分展现事物的外貌，但对于理性知识的表达，却无能为力，往往要借助解说词夹叙夹议的方法，充分展现图画或实物的思想内涵，突出、深化主题。

三、解说词的类型

按照内容的不同，解说词可以划分为以下三种：

（一）人物解说词

是一种以记人为主的解说词，以具有一定社会宣传价值，反映一定时代气息，值得全社会学习的楷模人物为主要对象。通常取材于近期涌现出来的开拓者、改革家、先进人物、英雄模范、爱国人士、知名学者的先进事迹。人物解说词有描写个人的，也有以集体为描述对象的。

（二）事物解说词

是一种以描述事物为主的解说词。它通过对客观事物的性质、状态、特征、成因、关系、功用或发生、发展过程的描述，使人们对事物有一个明晰的认识。

（三）事件解说词

是一种以记述事件为主的解说词。它通过对典型事件发生、发展以及结局的描述，或反映时代风貌，为社会中创造集体英勇业绩的新人群唱赞歌，或揭露社会弊端、矛盾，推动社会健康发展。

四、解说词的写作要求

（一）解说词的写作格式

解说词主要由标题、正文、结尾构成。

1. 标题

从写作格式来讲,解说词采用单标题的形式较多,但也有双标题的情况。解说词的标题,按照它的取意写法,可以分为说明性标题和文学性标题两类。

(1) 说明性标题。简明有力地概括节目内容,或亮出节目所要介绍的人和事,使观众看了标题,就能对节目所要报道的内容、范围有大致的了解。如《认识逻辑炸弹》、《早起的北京人》、《泰山》等。

(2) 文学性标题。运用文学语言取题,以形象化的文字深化主题,启发观众思考。如《绿色长城》(以长城比喻我国的"三北"防护林)、《炭火精神》(以炭火精神隐喻朱伯儒以自己的光和热去温暖他人的崇高精神)、《鸽子,鸽子,回家吧》(以受伤的台湾鸽子飞到大陆,与大陆的鸽子亲密相聚、生子育女的真实事件,象征海峡两岸人民盼望团聚,台湾人民盼回归的心情)。

2. 主体

解说词主体部分的结构安排一般有逻辑顺序式、时间顺序式和逻辑顺序与时间顺序交叉式。

(1) 逻辑顺序式。即按事物的内部联系组织编排解说词的层次和段落。具体形式有纵向深入和横向排列等。前者是指叙述一层一层深入,使观众逐步加深对报道对象的认识;后者把表现主题的众多材料,按其性质加以分类,把相同的材料归在一起,作为一个层次,从各个不同的侧面来表现主题。

(2) 时间顺序式。根据事件的发生、发展、结局为序,以时间的推移来安排解说词的层次。这种结构首尾完整,脉络分明,能够紧紧吸引观众,比较适合用于故事性强,情节曲折的事件。

(3) 逻辑顺序与时间顺序交叉使用。兼有上述两种结构的特点,它既注意事态发展的时间上的连贯性,又重视在同一层面上的深入性和统一性。或在整体上以时间顺序为主,在局部按照逻辑顺序组织材料;或在整体上以逻辑顺序为主,在局部采用时间顺序组织材料。总之,这种结构方式是逻辑顺序、事件顺序兼而有之,有较大的灵活性,运用得好,能使解说词写的生动、深刻。

3. 结尾

结尾是解说词的重要组成部分,好的结尾应该是解说内容逻辑发展的必然结果,是全篇内容的必然升华。解说词结尾的表现手法多种多样,充满个性化,常用的有以下几种类型:总结性结尾,总结全篇内容,达到深化主题的效果;照应性结尾,即首尾呼应,照应全文;抒情性结尾,作者对所描写的人物、事件或事物的真情流露,有感而发,引人深思;含蓄性结尾,这种结尾深沉而又独具匠心,给人留下无限的联想和深思;号召性结尾,结尾提出号召,具有某种煽动性,给人以鼓舞和力量。

(二) 解说词的写作要求

1. 内容真实

在进行解说词写作时,首先要做到内容真实、准确,不管是对过去的描述、对人物心理的刻画,还是对知识的讲述,都应以事实为准绳。

2. 文字优美

语言准确、生动、具体、形象，文字优美，造成一种如临其境，如见其人，如闻其声的效果，揭示图画或实物无法表达或不易表达的内容，让人们获得更多更深的视听感受，从而加深对事物的印象。

3. 形象艺术

解说词应是为图画或实物而写的，是对图画或实物的有利补充，它给人们提供的应该是与图画或实物紧密结合在一起的一种视听上的综合感受。所以要力求画面感，增强艺术感染力。

4. 情理兼备

解说词应充分发挥文字语言在表达抽象事物方面的优势，抒情说理，揭示内涵，深化主题，使解说情理兼备。

5. 引人入胜

解说词应该调用各种表现手法营造引人入胜的效果，这样才能吸引听众。

例文：

大 雁 塔

威武雄壮的大雁塔，犹如荷盾伫立的武士，耸立在西安市南郊。它和小雁塔一起，是我国盛唐时期遗留下来的佛教胜迹，成了古城西安的一个独具风格的显著标志。

大雁塔位于西安和平门外4公里的慈恩寺内。慈恩寺建成后，唐太宗令高僧玄奘从弘福寺迁往该寺主持寺务。并特意为他修造译经院，聘请国内博学高僧和学者协助玄奘翻译从印度带回的佛教经典。为贮藏这些佛经，在唐高宗永徽三年（公元652年），玄奘仿照印度的建筑形式，修建了5层高的砖塔。经过半个多世纪的风雨剥蚀，塔身倾斜。武则天长安年间（公元701—704年）重建。重建后的塔形改为中国阁楼式塔，增加为7层。

慈恩寺是唐代著名的大佛寺院，它的命名是唐太子李治报答其母文德皇后的养育之恩而来的。大雁塔的命名的由来，说法不一。一种传说是玄奘在印度时住在大乘寺，信大乘佛教的不能吃肉，另一派为小乘佛教，可以吃肉。一天，附近小乘寺内做饭僧没有找到肉而仰天兴叹，菩萨显灵化雁落地，舍身布施，全寺见状大惊，逐改信大乘，并在落雁的地方葬雁建塔，名雁塔。还有一种说法，系根据《天竺记》"达亲国有迦叶佛伽蓝，穿石山作塔五层，下层作雁形"而来的，至于称"大雁塔"，则是为了与后建的荐福寺小雁塔相区别。

大雁塔平面呈方形，建在一座方约45米，高约4米的台基之上。塔身为长方形角锥体，由地平面至塔顶高达64米，底层每边长25米。全用青砖砌成，磨砖对缝，结构严固。塔身仿木构楼阁式，各层壁面均用砖砌成扁柱及栏额，下面两层为9间，三、四两层为7间，最上三层为5间。每层四壁之中，均辟券门。底层券门的门楣和门框上，均有精美的唐代线刻画，十分吸引人，西门楣上《弥陀说法图》尤为人所称道，传为唐代大画家阎立本的手笔，塔南门两侧的砖龛内，嵌有唐初著名书法家褚遂良的《大唐三藏圣教序》

和《述三藏圣教序记》二碑，是著名的书法碑刻。塔内有阶梯，可登上各层眺望。

　　大雁塔造型简洁，比例适度、庄严古朴，一千多年来，多少文人雅士为之吟诗赞颂。唐天宝十一年（公元752年），诗人杜甫、岑参、高适等人同游大雁塔，为它的风采所倾倒，纷纷留诗吟诵。岑参以"塔势如涌出，孤高耸天宫。登临出世界，磴道盘虚空。突兀压神州。峥嵘如鬼工，四角碍白日，七层摩苍穹。下窥指高鸟，俯听闻惊风。……"的生动诗句描绘塔的高耸宏丽之姿。杜甫更以"仰穿尤蛇窟，始出枝撑幽，七星在北户，河汉声西流"的极其形象的语言刻画人们登塔的险峻情景，展现了塔的雄伟气概。唐代著名的"雁塔题名"，就是在大雁塔举行的。考生录取为进士后，皇帝要在曲江池赐宴，然后让新进士们登大雁塔，在塔内题名留念，诗人白居易在29岁时考中进士，在录取的17名进士中，是最年轻的，因此，他曾有"慈恩塔下题名时，十七八中最年少"的诗句。

　　1961年国务院公布大雁塔为全国重点文物保护单位。

（引自王光祖等主编《写作》第344～346页）

　　本文从大雁塔的建筑过程、名称由来、结构造型、文人雅士的吟诗赞颂等几方面组织材料，层次清晰，语言优美，情理兼备。通过此篇解说词，不仅使人们对大雁塔有了感官的认识，而且使人们了解了它深厚的历史底蕴和丰富的文化内涵，是一篇很好的事物解说词。

后　　记

经全国高等教育自学考试指导委员会同意，由经济管理类专业委员会负责高等教育自学考试《应用文写作》教材的组编工作。

《应用文写作》自学考试教材由火玥人担任主编，苑汝杰担任副主编。本书各章的编写人有华北电力大学（北京）火玥人同志（第一章及第二章）、苑汝杰同志（第一章及第四章）、李英春同志（第三章、第五章、第六章）。全书由火玥人修改定稿。

参加本教材审稿讨论会并提出修改意见的有中央民族大学李佩伦教授、首都师范大学邱运华教授，国家电力公司倪吉祥高级经济师。在此一并表示感谢。

在教材的编写过程中，我们进行了大量的调研，国家电力公司的同志们给予了我们大力的支持和帮助。在此我们对他们表示深切的谢意。我们还参考了大量的相关教材，在此我们对这些教材的编写者也表示深切的谢意。

全国高等教育自学考试指导委员会
经 济 管 理 类 专 业 委 员 会
2002 年 9 月

附：

全国高等教育自学考试

《应用文写作》
自学考试大纲

全国高等教育自学考试指导委员会制定

出 版 前 言

为了适应社会主义建设事业对培养人才的需要，我国在20世纪80年代初建立了高等教育自学考试制度，经过二十多年的发展，高等教育自学考试已成为我国高等教育基本制度之一。高等教育自学考试是个人自学、社会助学和国家考试相结合的一种崭新的高等教育形式，是我国高等教育体系的一个组成部分。实行高等教育自学考试制度，是落实宪法规定的"鼓励自学成才"的重要措施，是提高中华民族思想道德和科学文化素质的需要，也是造就和选拔人才的一种途径。应考者通过规定的考试课程并经过思想品德鉴定达到毕业要求的，可以获得毕业证书，国家承认学历并按照规定享有同普通高等学校毕业生同等的有关待遇。

从80年代初期开始，各省、自治区、直辖市先后成立了高等教育自学考试委员会，开展了高等教育自学考试工作，为国家培养造就了大批专门人才。为科学、合理地制定高等教育自学考试标准，提高教育质量，全国高等教育自学考试指导委员会（以下简称全国考委）组织各方面专家对高等教育自学考试专业设置进行了调整，统一了专业设置标准，陆续制订了几十个专业考试计划。在此基础上，各专业委员会按照专业考试计划的要求，从造就和选拔人才的需要出发，编写、修订了相应专业的课程自学考试大纲，进一步规定了课程学习和考试的内容与范围，以利于社会助学，使自学要求明确，考试标准规范化、具体化。

全国考委根据国务院发布的《高等教育自学考试暂行条例》，参照教育部拟定的普通高等学校有关课程的教学大纲，结合自学考试的特点，组织制定了《应用文写作自学考试大纲》（含考核目标），现经教育部批准，颁发试行。

《应用文写作自学考试大纲》（含考核目标）是该课程编写教材和自学辅导书的依据，也是个人自学、社会助学和国家考试（课程命题）的依据，各地应认真贯彻执行。

全国高等教育自学考试指导委员会
2002年5月

目　　录

出版前言
- Ⅰ　课程性质与设置目的 ·· 224
  - （一）课程性质与设置目的 ·· 224
  - （二）本课程的基本要求 ·· 224
  - （三）本课程与公共事业管理、电力市场营销等专业的关系 ·· 224
- Ⅱ　课程内容与考核目标 ·· 225
  - 第一章　应用文写作基础知识 ·· 225
    - （一）学习目的与要求 ·· 225
    - （二）课程内容 ·· 225
      - 第一节　立意 ·· 225
      - 第二节　谋篇 ·· 226
      - 第三节　语言 ·· 227
      - 第四节　修改 ·· 228
    - （三）考核知识点 ·· 228
    - （四）考核要求 ·· 229
  - 第二章　营销类文章写作 ·· 229
    - （一）学习目的与要求 ·· 229
    - （二）课程内容 ·· 229
      - 第一节　市场调查报告 ·· 229
      - 第二节　市场预测报告 ·· 230
      - 第三节　市场活动分析报告 ·· 231
      - 第四节　经济项目可行性研究报告 ·· 232
      - 第五节　招标书与投标书 ·· 233
      - 第六节　意向书 ·· 233
      - 第七节　经济合同书 ·· 234
      - 第八节　产品说明书 ·· 234
      - 第九节　商品广告 ·· 235
    - （三）考核知识点 ·· 235
    - （四）考核要求 ·· 236
  - 第三章　礼仪类文章写作 ·· 237
    - （一）学习目的与要求 ·· 237
    - （二）课程内容 ·· 237
      - 第一节　感谢信 ·· 237
      - 第二节　慰问信 ·· 238

         第三节 请柬 ·· 238
         第四节 欢迎词和欢送词 ·· 239
         第五节 演讲稿 ·· 239
         第六节 开幕词和闭幕词 ·· 240
    （三）考核知识点 ·· 240
    （四）考核要求 ·· 241

  第四章 事务类文章写作 ·· 241
    （一）学习目的与要求 ·· 241
    （二）课程内容 ·· 242
         第一节 申请书 ·· 242
         第二节 计划 ·· 242
         第三节 总结 ·· 243
         第四节 会议记录 ·· 243
         第五节 通知 ·· 244
         第六节 请示 ·· 244
    （三）考核知识点 ·· 245
    （四）考核要求 ·· 245

  第五章 法规类文章写作 ·· 246
    （一）学习目的与要求 ·· 246
    （二）课程内容 ·· 246
         第一节 规定 ·· 246
         第二节 守则 ·· 247
         第三节 诉状 ·· 247
         第四节 答辩状 ·· 248
         第五节 申请执行书 ·· 248
    （三）考核知识点 ·· 249
    （四）考核要求 ·· 249

  第六章 传播类文章写作 ·· 249
    （一）学习目的与要求 ·· 249
    （二）课程内容 ·· 250
         第一节 消息 ·· 250
         第二节 通讯 ·· 250
         第三节 简讯 ·· 251
         第四节 广播稿 ·· 251
         第五节 解说词 ·· 252
    （三）考核知识点 ·· 252
    （四）考核要求 ·· 252

Ⅲ **有关说明与实施要求** ·· 253
    （一）关于教材与自学考试大纲关系的说明 ·· 253
    （二）关于考核目标的说明 ·· 253

（三）关于自学教材与参考教材 ………………………………………………………… 253
（四）自学方法指导 ……………………………………………………………………… 254
（五）对社会助学的要求 ………………………………………………………………… 254
（六）关于命题考试的若干规定 ………………………………………………………… 255
附录　题型举例 ……………………………………………………………………………… 256
后记 …………………………………………………………………………………………… 258

Ⅰ 课程性质与设置目的

（一）课程性质与设置目的

应用文写作是全国高等教育自学考试公共事业管理、电力市场营销等专业学生的课程，是为培养和考核自学应试者的应用文写作基本理论知识和实际写作能力所设置的专业课。

应用文是指在社会实践中产生与发展的一种以实际应用为目的，以说明为主，有相对固定的格式，语言平实、规范，直接用于处理公私事务的文章。应用文写作课程要揭示应用文写作的特点和规律，阐明应用文写作活动的方法、技巧及相关应用文体的写作特点，建立起系统的、科学的应用文写作基本功训练体系。它是一门实用性很强的课程，主要通过城电、农电、多种经营企业营销工作中所需要的应用文写作常识的学习，使学生掌握应用文写作基础知识和基本技能、技巧，切实提高学生写作营销类文章、礼仪类文章、事务类文章、法规类文章以及传播类文章的能力。

（二）本课程的基本要求

写作是人类生存中一种重要的活动，人们的工作、生活离不开写作，尤其是应用文的写作。伴随人类社会的发展，新的应用文体不断出现。今天，人们的活动范围更加广阔，信息的交流和事务处理更加频繁，应用文越来越显示出它在社会生活中的重要性。因此，在揭示各类相关文体写作共性的基础上，进一步指出不同文体写作的特点及其规律，并进行相应的基本功训练是十分必要的。

本课程的基本要求是：自学者能掌握一般写作基础知识，掌握相关工作中使用频率较高的各类文体的写作要领，通过训练把基础知识和文体知识转化为实际写作的能力，从而提高应用文的写作水平。

（三）本课程与公共事业管理、电力市场营销等专业的关系

应用文写作是作者多种素养和多种智能的综合运用。因此，它具有很强的综合性。从学科上来说，它是写作学的一个分支，与文章学、思维学、心理学、逻辑学、语言学等学科关系密切。从实际运用的角度来说，它与各行各业的具体工作紧密相连。应用文写作为公共事业管理、电力市场营销等专业学科系列中的重要组成部分，与公共事业管理、电力市场营销等专业有着十分密切的关系。公共事业管理、电力市场营销等工作必然要涉及很多营销类文章、礼仪类文章、法规类文章、事务类文章以及传播类文章的写作，这门课要解决的问题就是让自学者通过学习了解"写什么"和"怎么写"，也就是要使自学者具有清晰的文体分辨能力和基本的文体写作能力，从而有效地完成公共事业管理、电力市场营销等工作。

Ⅱ 课程内容与考核目标

第一章 应用文写作基础知识

(一) 学习目的与要求

本章重点阐述应用文写作的基础知识，即立意、谋篇、语言、修改。这些基础知识是从应用文写作实践中总结、概括出来的，因此对应用文写作又有着十分重要的指导意义。通过对本章内容的学习，自学者应该掌握有关理论知识，并注意将知识转化为技能。

(二) 课程内容

第一节 立 意

1．立意的含义

应用文写作都有十分明确的目的性，或者为了阐明写作者的主张、观点、意图，或者为了下达指示、传达政策、布置工作、通知事项，或者为了传递信息、交流情况、总结经验。能集中体现应用文这种目的性的成分是主旨。主旨是作者通过全篇内容表达出来的贯穿全文的写作意图、观点和公务活动的行为意向。主旨决定写作的方向，构成文章内容的核心。立意就是确立应用文的主旨。

2．立意的特点

2.1 客观性：

应用文主旨由作者从现实生活、工作实践等客观材料中提炼出来，是从材料中产生的。

2.2 主观性：

应用文的主旨是作者对客观材料消化提炼、开掘的结晶。同一材料，往往由于作者的需要不同，着眼点不同，思想、观点、感情不同，甚至感情的不同而体现出不同的主旨。

2.3 观念性：

应用文的主旨体现出作者对事物的认识和评价，是作者写作的核心意图。因此，它是一种意识形态的东西。

2.4 时代性：

主旨是时代的产物，与当前的政治、经济、文化等密不可分，也与人民群众所关心而亟待解决的问题分不开。

3．立意的要求

3.1 准确。

立意准确是指应用文主旨要符合四项基本原则，符合党的方针政策，符合客观事物的真实情况，符合客观规律，反映人们对客观事物的正确认识、态度和要求，反映社会生活的本质和主流，并能经得起实践的检验。

3.2 深刻。

立意深刻要求作者能够紧抓矛盾的关键环节，使文章具有深刻的思想和丰富的内涵，揭示事物的深层本质，阐明事物之间的必然联系。

3.3 鲜明。

立意鲜明是指文章的基本思想、基本观点十分明确，毫不含糊，对问题的认识，对事物的评价清楚、明白、一目了然。

3.4 集中。

立意的集中表现在一篇文章一般只应有一个主旨。

3.5 新颖。

立意的新颖是指应用文主旨所反映的作者的思想、观点、主张、意见不落俗套，有自己的独特性，给人以新鲜醒目之感。

4. 立意的依据

4.1 具体工作的需要。

应用文的写作往往都是出于某一具体工作的需要：或者表达某一意图，或者解决某一问题，或者宣传某一主张，或者布置任务。

4.2 客观实际的需要。

作为总结和指导具体社会实践的应用文章，确立应用文的主旨时，必须根据实际，尊重客观规律，协调各种利益关系，自觉服从全局的、长期的利益需要。

4.3 以材料为基础。

作者必须深入生活，掌握丰富、真实的材料，了解全面、真实的情况，才能提炼正确、深刻的主旨。

5. 立意的方法

5.1 对比筛选。

5.2 分析归纳。

5.3 集思广益。

5.4 选准角度。

第二节 谋 篇

1. 谋篇的含义

应用文的谋篇是指写作者组织材料，设计、安排结构的过程。

2. 谋篇的内容

2.1 材料的组织。

2.1.1 材料的含义：

材料是指为写作而搜集、准备的具有一定意义和价值的资料。应用文的材料是指作者为完成文章的写作，体现自己的写作意图和目的，从现实生活和文献资料中选取、使用的一系列事实根据和理论根据。平时有意识采撷和积累而未写入文章中的材料，称为原始材料。可以为应用写作服务的那些文书、档案、报刊、图书、文献材料，称为资料。材料是提出问题的依据，主旨依靠材料加以说明和支撑。

2.1.2 材料的搜集：

材料的搜集范围有：直接材料和间接材料、历史材料和现实材料、正面材料和反面材料、具体材料和概括材料、事实性材料和观念性材料。

材料搜集的方法有：观察与体验，调查研究，积累、查阅资料。

2.1.3 材料的选择：

以主旨为中心，鉴别真伪，选取真实准确的材料，挑选能反映事物本质与特点的材料，选择新颖的材料。

2.1.4 材料的组织：

要主次有序、要详略得当、要归类使用。

2.2 结构的安排。

2.2.1 结构的含义：

结构是文章的内部组织构造，是文章内容的重要表现形式，也是写作者思路在文章中的具体体现。

2.2.2 结构的特点：

格式化、单一化、条理化、严密化。

2.2.3 结构的安排：

开头、结尾、层次、段落、过渡。

2.2.4 结构的形式：

纵式结构、横式结构、纵横式结构、条款式结构、一段式结构。

3. 谋篇的原则

3.1 服从表现主旨的需要。

3.2 反映客观事物的发展规律和内部联系。

3.3 适应不同文体的要求。

3.4 为读者着想。

第三节 语 言

1. 语言的含义

语言是思想的载体，是人类最重要的交际工具，是使应用文文章内容得以完美表达的文字符号。

2. 应用文语言的特点

2.1 规范性。

应用文语言应符合社会的、时代的、科学的语言标准。

2.2 专门性。

应用文在长期实践中逐渐形成为人们所沿用的规范性的语言，所以应用文写作的语言比较固定，各个文体有专门的术语和习惯语。

2.3 平实庄重。

平实性是指应用文语言的平直朴实。应用文词语多用直接意义，句式多用直陈式。

3．应用文语言的要求

3.1　精确。

这是指语言形式要准确、恰当、无误地表达出所要表达的内容,用词、用语含义清楚,概念恰当明确,不产生歧义,不引起误会,无溢美之词,无隐恶之嫌。

3.2　正确。

用词造句规范,符合现代汉语语法规律。

3.3　简练。

简练是指简洁、明白。

3.4　平易。

平易是指文章语言浅近易懂。

4．应用文语言的表达方式

4.1　叙述。

叙述是陈述事件的来龙去脉,记述人物、经历行为的一种表达方式。

4.2　说明。

说明是指对客观事物进行解释、阐述的表达方式。介绍说明法、定义说明法、解释说明法、分类说明法、比较说明法、举例说明法。

4.3　议论。

议论是指对某一问题、某一事件或某一事物进行分析、评论,以表明自己的观点和态度的一种表达方式。有述评性议论、证明性议论。

第四节　修　　改

1．修改的含义

修改是立意的深化和继续,也是运用增、删、调、补等手段,加工初稿,完善文章的过程。

2．修改的范围

标题、主旨、材料、结构、语言、行款格式、标点符号。

3．修改的方法

3.1　从头梳理,理清思路。

3.2　注意细节,字斟句酌。

3.3　冷处理法。

4．修改的方式

4.1　纸上修改。

4.2　计算机修改。

(三)考核知识点

1．立意的依据;

2．立意的方法;

3．谋篇的内容;

4．应用文语言的特点；

5．应用文语言的表达方式；

6．修改的方法和方式。

（四）考核要求

1．立意

1.1　识记：立意、主旨的含义，立意的依据，立意的方法。

1.2　领会：立意的特点，立意的要求。

2．谋篇

2.1　识记：谋篇的含义，材料的含义，结构的含义，谋篇的内容。

2.2　领会：谋篇的原则。

3．语言

3.1　识记：应用文语言的特点。

3.2　领会：应用文语言的要求。

3.3　简单应用：应用文语言的表达方式。

4．修改

4.1　领会：修改的范围。

4.2　综合应用：修改的方法和方式。

第二章　营销类文章写作

（一）学习目的与要求

本章重点介绍市场调查报告、市场预测报告、市场活动分析报告、经济项目可行性研究报告、招标书与投标书、意向书、经济合同、产品说明书、商品广告这九种营销类文章的特点与写作要求。这些应用文体在公共事业管理、电力市场营销等工作中经常被使用或者被涉及。通过对本章的学习，自学者应该掌握上述几种文章的写作方法，学会写这几种营销类文章。

（二）课程内容

第一节　市场调查报告

1．市场调查报告的含义和作用

市场调查报告是通过各种调查方法，全面系统地收集商品生产、供求等市场情况资料，经过综合、整理、分析、研究，用书面形式表现出来的符合客观事物发展规律的调查结果。市场调查报告有利于企业掌握市场动态；为企业客观判断自身的竞争能力，调整经营决策、产品开发和生产计划提供了依据。

2．市场调查报告的特点

事实性、针对性、时效性。

3．市场调查报告的类型

市场需求调查报告、市场营销调查报告、市场资源调查报告。

4．市场调查的内容、步骤及方法

4.1　内容。

市场需求状况、竞争者状况、本企业经营状况和公共形象、市场资源状况。

4.2　步骤。

选定目标，搜集有关资料，设计调查方法，进行调查、分析研究。

4.3　方法。

咨询法。实验法。观察法。

5．市场调查报告的写作方法

5.1　市场调查报告的格式：

市场调查报告主要由标题、前言、主体构成。

标题有单标题、双标题两种。一般包括调查目标、内容、范围和文种四要素。

前言一般包括调查目的、时间、地点，调查对象与范围，调查方法等。

主体一般包括客观情况介绍、科学分析、结论。

结尾可有可无。

5.2　市场调查报告的写作要求：

实事求是，用具体材料说明观点，处理好叙述、说明、议论的比例。

第二节　市场预测报告

1．市场预测报告的含义和作用

市场预测报告是指依据市场调查获得的真实材料，采用科学的方法，对过去和现在的信息进行加工，对未来一定时期内市场变化及其发展趋势、特点进行推测，并提出有针对性的措施和建议的书面报告。

市场预测报告对确定企业经营决策、产品开发和生产计划有指导性意义，有利于企业解决供需矛盾，产销对路，提高经济效益，有利于促进企业改进生产的技术水平。

2．市场预测报告的特点

预见性、科学性、时效性。

3．市场预测报告的类型

宏观市场预测报告和微观市场预测报告，短期、近期、中期、长期市场预测报告，定性市场预测报告和定量市场预测报告。

4．市场预测调查的内容、步骤及方法

4.1　内容：

消费者需求情况、产品情况、营销情况。

4.2　步骤：

确定预测对象、范围、时间和目标，搜集、整理、分析预测资料，选择预测方法，进行预测分析。

4.3　方法：

集合意见法、专家意见法、类推法、因果法、定量预测法。

5．市场预测报告的写作方法

5.1　市场预测报告的格式：

市场预测报告主要由标题、前言、主体构成。

标题有单标题、双标题两种形式。一般包括预测时限、预测区域、预测目标和文种四要素。

前言一般包括预测时间、对象、范围、目的或结果等内容。

主体一般包括客观情况介绍、前景预测、建议等内容。

一般不要结尾。

5.2　市场预测报告的写作要求：

把握市场形势，全面搜集信息；步骤清晰，推导科学，以事实为基础进行推测；重视现代技术。

第三节　市场活动分析报告

1．市场活动分析报告的含义和作用

市场活动分析报告是指企业以计划指标、会计核算、统计资料、业务核算及调研情况等为依据，运用科学的方法，对一定范围、时间内企业的生产经营过程及其经营成果进行分析研究和评估。

市场活动分析报告是企业研究、评价其市场活动状况，认识其市场活动规律的重要手段。

2．市场活动分析报告的特点

评估性、对比性、建议性、时效性。

3．市场活动分析报告的类型

全面分析报告、专题分析报告、进度分析报告。

4．市场活动分析的步骤、方法

4.1　步骤。

确定分析对象、范围、时限和目标；搜集、整理资料；选择分析方法；进行分析。

4.2　方法。

比较分析法、因素分析法、动态分析法。

5．市场活动分析报告的写作方法

5.1　市场活动分析报告的结构形式：

文章式、表格式。

5.2　文章式市场活动分析报告的格式：

文章式市场活动分析报告主要由标题、前言、主体、落款构成。

标题一般是单行标题。有交代式、论点式两种形式。

前言一般包括分析的背景、目的、对象等内容，但也可以没有前言。

主体一般包括概述、分析、评价、建议等内容。

一般不要结尾。

落款包括写作单位、写作日期等内容。

5.3 文章式市场活动分析报告的写作要求：

宏观微观相结合，抓住主要矛盾，全面占有资料。

第四节 经济项目可行性研究报告

1. 经济项目可行性研究报告的含义和作用

经济项目可行性研究报告是反映经济项目可行性研究内容和结果的书面报告。

经济项目可行性研究报告为经济部门和企业的领导提供建设项目的决策依据；为有关部门的审批提供重要依据；为企业筹措资金提供依据；为有关部门和企业签订协议提供依据。

2. 经济项目可行性研究报告的特点

真实性、论证性、综合性。

3. 经济项目可行性研究报告的类型

肯定性报告、否定性报告、选择性报告。

4. 经济项目可行性研究的内容、步骤和方法

4.1 内容：

经济项目的性质、目的、条件；投入的必要性、合理性；经济效益、社会效益；潜在问题等。

4.2 步骤：

最初筹划、调查研究、优化和选择方案、详细研究、拟写报告书。

4.3 方法：

比较分析法、因素分析法、动态分析法。

5. 经济项目可行性研究报告的写作方法

5.1 经济项目可行性研究报告的格式：

经济项目可行性研究报告主要由标题、首部、前言、主体、报告单位（报告人）和日期构成。

标题一般用公文标题的写法。包括单位名称、经营项目和文种。

首部包括项目名称、项目主办单位和负责人、可行性研究工作单位和负责人、参加人员、目录等。

前言包括项目提出的背景、依据、条件、目的、意义及必要性；研究的范围、方法、依据及可信度等内容。

主体安排的方式主要有条目式、提要式、论文式或专著式。一般包括基本情况、项目规模和发展规划分析、技术研究、资金来源分析、经济效益分析、社会效益分析、结论、附件。

报告单位（报告人）和日期。

5.2 经济项目可行性研究报告的写作要求：

结构严谨，材料充分，事理结合，多拟预案。

第五节 招标书与投标书

1. 招标书与投标书的含义和作用

招标书与投标书合称标书。招标书是指招标人为了征召承包者或合作者而对招标的有关事项、要求做出具体说明和揭示,利用投标者之间的竞争而达到优选投标人的一种告知性文件。投标书是对招标要约的承诺文书,是投标人为了中标根据招标人的要求具体向招标人提出签订合同的建议而提供给招标人的备选方案。

招标书与投标书是现代贸易活动中的重要文书,是企业招标投标的前提和依据,是招标者和中标者签订合同的依据,为企业确保产品或工程质量、降低成本、提高经济效益提供了保障。

2. 招标书与投标书的特点

目的性、具体性、真实性、手段性。

3. 招标书与投标书的类型

招标书的类型、投标书的类型。

4. 招标投标的步骤

招标单位发布招标公告;投标单位购买招标文件与投标;开标、评标、决标;中标,签订合同。

5. 招标书与投标书的写作方法

5.1 招标书的写作格式:

招标书主要由标题、前言、主体、结尾构成。

标题一般包括招标单位名称、招标项目和文种。

前言一般包括招标单位的项目名称、招标根据、招标目的、招标范围。

主体一般包括招标的项目、方法、步骤。

结尾一般包括招标单位的名称、地址、传真、电话,制发日期,法人及法人代表姓名,加盖的公章。

5.2 投标书的写作格式:

投标书主要由封面、主体构成。

封面一般包括送标单位、投标项目名称、投标单位名称、法人代表姓名、送出时间。

主体一般包括投标者情况简介、实施招标标的的主要内容的具体措施、愿意承诺的合同条款等。

5.3 招标书、投标书的写作要求:

标准明确,数据精确,文字准确,表述严谨。

第六节 意 向 书

1. 意向书的含义和作用

意向书是指双方或多方就某一项目的合作问题在实质性谈判之前,经过初步接触而形成的具有原则性、导向性意见的书面材料。

意向书是双方或多方进行下一步实质性接触和谈判的依据。

2．意向书的特点

条款具有原则性，目标具有导向性，行文具有友好性，作用具有临时性。

3．意向书的类型

双方意向书、多方意向书、单方意向书。

4．意向书的写作方法

4.1 意向书的格式：

意向书主要由标题、前言、主体、结尾构成。

标题有文种式标题、简明式标题、全称式标题。

前言一般包括签订意向书的单位、指导思想、政策依据、总体目标。

主体一般以条款形式表述意向、条件、目标、措施。

结尾一般包括签订意向书的名称、代表姓名、日期。

4.2 意向书的写作要求：

考虑周密、用词准确。

第七节 经 济 合 同 书

1．经济合同书的含义和作用

经济合同书是双方或多方当事人为了实现共同的经济目的，经过共同协商确定双方的权利、义务之后签订的一种具有经济关系、法律意义的书面协议。

经济合同书是维护合同当事人的合法权益和明确当事人的权利、义务的重要依据。

2．经济合同书的特点

合法性、一致性、平等性、严肃性。

3．经济合同书的类型

经济合同书因分类标准不同而有不同的类型。

4．经济合同书的写作方法

4.1 经济合同书的格式：

经济合同主要由开头、前言、主体、结尾构成。

开头部分由标题和合同当事人名称或姓名组成。

前言一般包括签订合同的目的或签订合同的依据。

主体多采用条文法。包括主要条款、其他条款。

结尾一般包括合同的份数、有效期限和文本保存，落款。

4.2 经济合同书的写作要求：

目的明确，考虑周详，条款明确，措辞严谨。

第八节 产 品 说 明 书

1．产品说明书的含义和作用

产品说明书是生产部门向消费者说明、介绍产品的书面材料。

产品说明书有利于消费者了解产品的性能、使用方法、保管保养方法，能激发消费者的购买欲望，扩大产品销售。

2．产品说明书的特点

说明性、知识性、功能性、多样性。

3．产品说明书的类型

产品说明书因分类标准不同而有不同的类型。

4．产品说明书的写作方法

4.1 产品说明书的格式：

产品说明书主要由标题、主体、落款构成。

标题有全称式、省略式。

主体一般包括产品性能、特点、功效、材料成分、最新技术、使用方法、保养、规格指标等内容。

落款。

4.2 产品说明书的写作要求：

突出重点，实事求是，表述准确，语言通俗。

第九节 商 品 广 告

1．商品广告的含义和作用

商品广告是指商品经营者或服务提供者承担费用，通过一定媒介和形式，为直接或间接地介绍、宣传自己所推销的商品或所提供的服务而形成的文字、图案或音像制品等。

商品广告的作用是宣传商品，促销商品。

2．商品广告的特点

引导性、艺术性、创造性。

3．商品广告的类型

商品广告因分类标准不同而有不同的类型。

4．商品广告的写作方法

4.1 商品广告的格式：

商品广告主要由标题、主体、结尾、落款构成。

标题有直接式、间接式、复合式。

主体一般包括提供商品或服务的信息，写作形式灵活多样。

结尾可有可无。

落款。

4.2 商品广告的写作要求：

实事求是，针对性强，新颖别致。

（三）考核知识点

1．市场调查报告的含义、写作方法。

2．市场预测报告的含义、写作方法。

3．市场活动分析报告的含义、写作方法。

4．经济项目可行性研究报告的含义、写作方法。

5．投标书与招标书的含义、写作方法。

6．意向书的含义、写作方法。

7．经济合同书的含义、写作方法。

8．产品说明书的含义、写作方法。

9．商品广告的含义、写作方法。

（四）**考核要求**

1．市场调查报告

1.1　识记：市场调查报告的含义，写作格式、要求。

1.2　领会：市场调查的内容、步骤、方法。

1.3　综合应用：根据电力企业经营的特点写一篇城电、农电或多种经营方面的市场调查报告。

2．市场预测报告

2.1　识记：市场预测报告的含义，写作格式、要求。

2.2　领会：市场预测调查的内容、步骤、方法。

2.3　综合应用：根据电力企业经营的特点写一篇城电、农电或多种经营方面的市场预测报告。

3．市场活动分析报告

3.1　识记：市场活动分析报告的含义，写作格式、要求。

3.2　领会：市场活动分析的步骤、方法。

3.3　综合应用：根据电力企业经营的特点写一篇城电、农电或多种经营方面的市场活动分析报告。

4．经济项目可行性研究报告

4.1　识记：经济项目可行性研究报告的含义，写作格式、要求。

4.2　领会：经济项目可行性研究的内容、步骤、方法。

4.3　综合应用：根据电力企业经营的特点写一篇城电、农电或多种经营方面的经济项目可行性研究报告。

5．投标书与招标书

5.1　识记：投标书与招标书的含义，写作格式、要求。

5.2　领会：投标与招标的步骤。

5.3　综合应用：根据电力企业经营的特点写一篇城电、农电或多种经营方面的投标书和招标书。

6．意向书

6.1　识记：意向书的含义，写作格式、要求。

6.2　综合应用：根据电力企业经营的特点写一篇城电、农电或多种经营方面的意向书。

7．经济合同书

7.1 识记：经济合同书的含义，写作格式、要求。

7.2 综合应用：根据电力企业经营的特点写一篇城电、农电或多种经营方面的经济合同书。

8．产品说明书

8.1 识记：产品说明书的含义，写作格式、要求。

8.2 综合应用：根据电力企业经营的特点写一篇城电、农电或多种经营方面的产品说明书。

9．商品广告

9.1 识记：商品广告的含义、写作格式、要求。

9.2 综合应用：根据电力企业经营的特点写一篇城电、农电或多种经营方面的商品广告。

第三章 礼仪类文章写作

（一）学习目的与要求

本章重点介绍感谢信、请柬、欢迎词和欢送词、演讲稿、开幕词和闭幕词这五种礼仪类文章的特点与写作要求。公共事业管理、电力市场营销等工作离不开公共关系、社交礼仪。通过对本章的学习，自学者应该掌握上述几种文章的写作方法，学会写这几种礼仪类文章。

（二）课程内容

第一节 感 谢 信

1．感谢信的含义和作用

感谢信是对集体或个人的支持、帮助、关心表示感谢的一种专用书信。

感谢信有利于感谢者吐露心声，示敬扬善，增进双方感情；有利于弘扬社会公德。

2．感谢信的特点

针对性、具体性、感情性。

3．感谢信的类型

感谢信因分类标准不同而有不同的类型。

4．感谢信的写作方法

4.1 感谢信的格式：

感谢信主要由标题、称呼、正文、结尾、落款构成。

标题一般有三种形式：文种式，被感谢者加文种式，感谢者、被感谢者加文种式。

称谓是指被感谢对象的单位名称或个人的姓名、称呼。

正文一般包括感谢事由、意义点评和感谢语。

结尾一般为表示敬意、感激的话。

落款包括署名、日期。

4.2 感谢信的写作要求：

感情真挚、实事求是、述评精当、篇幅短小。

第二节 慰问信

1. 慰问信的含义和作用

慰问信是指集体或个人向被慰问者表示慰问所用的一种礼仪书信。

慰问信能坚定信念，增强斗志，激励勇气，有利于慰问双方联络感情。

2. 慰问信的特点

指向性、具体性、情感性。

3. 慰问信的类型

鼓励型、安慰型、节日型。

4. 慰问信的写作方法

4.1 慰问信的格式：

慰问信主要由标题、称呼、正文、落款构成。

标题一般有三种形式：文种式，被慰问者加文种式，慰问者、被慰问者加文种式。

称谓是指被慰问对象，即被慰问单位名称或个人的姓名、称呼。

正文部分因类型不同，写法略有不同。一般包括慰问的背景、原因、鼓励和赞扬等。

结尾可有可无。

落款包括署名、日期。

4.2 慰问信的写作要求：

感情真挚，语气恳切，篇幅短小。

第三节 请 柬

1. 请柬的含义和作用

请柬是单位、团体、个人邀请有关人员参加或出席某些重要活动或会议的一种告知性礼仪文书。

请柬表达了对被邀请者的尊重，也是被邀请者参加活动、出席会议的凭证。

2. 请柬的特点

礼节性、精美性、公开性。

3. 请柬的类型

卡片式、电子式。

4. 请柬的写作方法

4.1 请柬的格式：

请柬主要由标题、称呼、主体、结尾、落款、附言构成。

标题即为"请柬"。

称谓包括被邀请单位名称或个人的姓名、称呼。

主体包括时间、地点、活动或会议的内容。

结尾包括有关邀请的礼貌用语。

落款。

附言。

4.2 请柬的写作要求：

表达准确、措辞典雅、语气谦恭。

第四节 欢迎词和欢送词

1. 欢迎词、欢送词的含义和作用

欢迎词是指为欢迎团体、个人而写作的书面文字或发表的口头讲话。

欢送词是指为欢送团体、个人而写作的书面文字或发表的口头讲话。

欢迎词、欢送词有利于交流感情，协调关系，传递信息。

2. 欢迎词、欢送词的特点

多用口语，感情真挚。

3. 欢迎词、欢送词的类型

欢迎词、欢送词因分类标准不同而有不同的类型。

4. 欢迎词、欢送词的写作方法

4.1 欢迎词、欢送词的格式：

欢迎词和欢送词主要由标题、称谓、正文构成。

标题有直接式、全称式、地点式。

称谓是指对欢迎或欢送对象的称呼。

正文由前言、主体、结尾三部分构成。

欢迎词的前言表示欢迎和问候，主体一般包括回顾友谊、分析意义、表达愿望等，结尾一般表示再次欢迎。

欢送词前言一般表示欢送，主体一般简述双方共同的立场、观点，回述双方合作的意义，表示祝福等。结尾再次表示欢送。

4.2 欢迎词、欢送词的写作要求：

开门见山，感情真挚，语言亲切，短小精悍。

第五节 演 讲 稿

1. 演讲稿的含义和作用

演讲稿是指演讲者为演讲而准备的文稿。

演讲稿是演讲的依据，决定着演讲的成败。

2. 演讲稿的特点

受众广泛、口头传播、富有情感、号召力强。

3. 演讲稿的类型

演讲稿因分类标准不同而有不同的类型。

4. 演讲稿的写作方法

4.1 演讲稿的格式：

演讲稿主要由标题、开头、主体、结尾构成。

标题一般要点明演讲的主旨，形式多样、写法灵活。

开头用最简洁的语言、最经济的时间把听众的注意力和兴奋点吸引过来。

主体一般围绕演讲的主旨进行充分论证，阐明观点。

结尾不可缺少，形式有总结式、展望式、号召式、警策式、提问式。

4.2 演讲稿的写作要求：

有的放矢，主旨明确，论证充分，感情强烈，语言有感染力。

第六节 开幕词和闭幕词

1．开幕词和闭幕词的含义和作用

开幕词是指主办隆重会议的单位邀请的人员或主要领导人在开会之初对与会者发表的讲话。

闭幕词是指主办隆重会议的单位邀请的人员或主要领导人在会议结束之际对与会者发表的讲话。

开幕词宣告大会的开始，是开好大会的第一步。

闭幕词宣告大会的结束，是大会结束的标志。

2．开幕词和闭幕词的特点

宣告性、导向性、号召性。

3．开幕词和闭幕词的写作方法

3.1 开幕词和闭幕词的格式：

开幕词和闭幕词主要由标题、称谓、正文构成。

标题有全称式、省略式、新闻式。

称谓一般是指对参加大会的全体人员的称呼。

正文部分由前言、主体、结尾构成。

开幕词前言一般宣布大会开幕。

闭幕词前言一般宣布大会即将结束。

开幕词主体一般包括大会的历史背景和意义、会议的中心议题、议程及指导思想等。

闭幕词主体一般简要回顾会议的过程，概括会议的主要内容，肯定成果，评价会议意义，向与会人员提出贯彻会议精神的要求，明确任务。

开幕词结尾一般发出号召，提出希望。

闭幕词结尾一般提出希望，发出号召，并宣布大会正式闭幕。

3.2 开幕词和闭幕词的写作要求：

热情庄重，富有激情，语言简洁。

（三）考核知识点

1．感谢信的含义、写作方法。

2．慰问信的含义、写作方法。

3．请柬的含义、写作方法。

4．欢迎词、欢送词的含义、写作方法。

5．演讲稿的含义、写作方法。

6．开幕词、闭幕词的含义、写作方法。

(四) 考核要求

1．感谢信

1.1 识记：感谢信的含义，写作格式、要求。

1.2 领会：感谢信的特点。

1.3 综合应用：根据教材的训练要求写一封感谢信。

2．慰问信

2.1 识记：慰问信的含义，写作格式、要求。

2.2 领会：慰问信的特点。

2.3 综合运用：根据教材的训练要求写一封慰问信。

3．请柬

3.1 识记：请柬的含义，写作格式、要求。

3.2 领会：请柬的特点。

3.3 综合应用：根据教材的训练要求写一份请柬。

4．欢迎词、欢送词

4.1 识记：欢迎词、欢送词的含义，写作格式、要求。

4.2 领会：欢迎词、欢送词的特点、类型。

4.3 综合应用：根据教材的训练要求写一份欢迎词和欢送词。

5．演讲稿

5.1 识记：演讲稿的含义，写作格式、要求。

5.2 领会：演讲稿特点、类型。

5.3 综合应用：根据教材的训练要求写一份演讲稿。

6．开幕词和闭幕词

6.1 识记：开幕词和闭幕词的含义，写作格式、要求。

6.2 领会：开幕词和闭幕词的特点。

6.3 综合应用：根据教材的训练要求写一份开幕词和闭幕词。

7．慰问信

7.1 识记：慰问信的含义，写作格式、要求。

7.2 领会：慰问信的特点。

7.3 综合应用：根据教材的训练要求写一封慰问信。

第四章 事务类文章写作

(一) 学习目的与要求

本章重点介绍申请书、计划、总结、会议记录、通知、请示这六种事务类文章的特点与写作要求。公共事业管理、电力市场营销等工作中不可避免地要接触到一些事务类应用文的使用。通过对本章的学习，自学者应该掌握上述几种文章的写作方法，学会写这几种事务类文章。

(二) 课程内容

第一节 申　请　书

1．申请书的含义和作用

申请书是单位或个人因为要表达某种愿望，解决某种问题，要求某种权利，向上级组织或领导提出请求时所用的一种书信文体。

申请书是个人或组织向领导或上级组织提出请求的凭证，有利于问题的解决。

2．申请书的特点

主动性、主观性、真实性。

3．申请书的写作方法

3.1　申请书的格式：

申请书主要由标题、称呼、主体、结尾、署名、日期构成。

标题有两种，直接在申请书的首行写"申请书"；根据申请的事项和目的，标明具体名称。

称谓一般是指接受申请者的名称。

主体一般包括申请的事项、申请的理由、申请人的态度等内容。

结尾一般表示敬意、祝愿或感谢，也可以没有结尾。

署名。

日期。

3.2　申请书的写作要求

实事求是，表述清楚，有针对性。

第二节 计　　划

1．计划的含义和作用

计划是集体或个人对一定时期内的任务预先设想、部署、安排的一种应用文体。

计划是行动的蓝图，是完成任务的基础，具有保证监督作用。

2．计划的特点

预见性、目的性、可行性、规范性。

3．计划的类型

计划因分类标准不同而有不同的类型。

4．计划的写作方法

4.1　计划的格式：

计划主要由标题、前言、主体、结尾构成。

标题一般包括单位、时限、事由和文种。也可用省略式。

前言一般包括制订计划的依据、指导思想、本单位的实际情况、总目标或总任务等。
主体一般包括任务和目标、措施和办法、步骤和注意事项、分工等内容。
结尾可有可无。

4.2 计划的写作要求：

实事求是，集思广益，表述准确，留有余地。

第三节 总　　结

1．总结的含义和作用

总结是总结者（单位或个人）对以往一段时间内的工作或活动进行全面回顾，分析、研究、评价得失，探求规律性认识的一种应用文体。

总结者可以通过总结获得经验，吸取教训，为开展下一步工作打好基础；主管部门可以通过总结了解下级部门的工作；平级部门可以通过总结沟通信息，交流经验。

2．总结的特点

客观性、理论性、时效性、简明性。

3．总结的类型

总结的种类很多，其分类方法与计划相同。

4．总结的写作方法

4.1 总结的格式：

总结主要由标题、正文、署名和日期构成。

标题一般包括总结的作者、内容、时间及名称。有两种写法：单标题式、双标题式。

正文包括基本情况、成绩和体会、存在问题或教训、今后努力方向四部分。

落款一般指写作单位和写作时间。

4.2 总结的写作要求：

实事求是，材料充分，突出重点，语言简明。

第四节 会 议 记 录

1．会议记录的含义和作用

会议记录是根据会议进程真实地、客观地记录会议主要内容和情况的一种应用文体。

会议记录有凭证作用、依据作用。

2．会议记录的特点

纪实性、完整性、连贯性、资料性。

3．会议记录的写作方法

3.1 会议记录的格式：

会议记录主要由标题、开头、主体、结尾、签名和日期构成。

标题一般包括会议名称、召开会议单位的名称、文种等内容。

开头一般包括会议时间、会议地点、出席人、缺席人、列席人、主持人、记录人等内容。

会议记录的主体包括主持人讲话、会议议题、发言或报告的内容、讨论发言的情况、

议决事项、遗留问题等。主体的写法常用的有三种：详细记录法、摘要记录法、简明记录法。

结尾一般写"结束"或"散会"。

签名和日期。

3.2　会议记录的写作要求：

记录真实准确，语言表达简明，书写形式规范。

第五节　通　知

1．通知的含义和作用

通知是一种应用广泛，公布需要周知或遵守、执行等有关事项的公文。

通知具有传达作用、承传作用、指令作用、决定作用、周知作用、凭证作用。

2．通知的特点

广泛性、周知性、权威性、时效性。

3．通知的适用范围

《国家行政机关公文处理办法》指出，通知"适用于批转下级机关的公文，转发上级机关和不相隶属机关的公文；发布规章；传达要求下级机关办理和有关单位需要周知或者共同执行的事项；任免和聘用干部。"

4．通知的类型

通知可分为两大类：日常应用型通知、公文型通知。

5．通知的写作方法

5.1　通知的格式：

通知主要由标题、发文字号、称谓、前言、主体、结尾、落款构成。

标题一般包括发文机关、事由和文种等内容，基本形式有三种。

发文字号由机关代字、年号、发文顺序号组成。

称谓一般是主送机关。

前言一般包括制发通知的原因、根据和目的。

主体一般包括通知事项、具体要求等内容。

结尾可有可无。

落款指发文机关与成文日期。

5.2　通知的写作要求：

内容单一，具体明确，针对性强，语言直叙。

第六节　请　示

1．请示的含义和作用

请示是向上级机关、部门请求指示、批准的公文。

请示的基本作用在于针对某一项工作对上级的特定请求。

2．请示的特点

请求性、具体性。

3．请示的分类

请求指示的请示、请求批准的请示。

4．请示的写作方法

4.1 请示的格式：

请示主要由标题、称谓、正文、落款构成。

标题一般包括发文机关、事由、文种三要素。

称谓是主送机关的名称。

正文一般包括请示缘由、请示事项、请示结语。

落款一般指发文机关与成文日期。

4.2 请示的写作要求：

一文一事，可行性强，语言简明。

（三）考核知识点

1．申请书的含义、写作方法。

2．计划的含义、写作方法。

3．总结的含义、写作方法。

4．会议记录的含义、写作方法。

5．通知的含义、写作方法。

6．请示的含义、写作方法。

（四）考核要求

1．申请书

1.1 识记：申请书的含义，写作格式、要求。

1.2 领会：申请书的特点。

1.3 综合应用：根据教材的训练要求写一份申请书。

2．计划

2.1 识记：计划的含义，写作格式、要求。

2.2 领会：计划的特点、类型。

2.3 综合应用：根据教材的训练要求写一份计划。

3．总结

3.1 识记：总结的含义，写作格式、要求。

3.2 领会：总结的特点、类型。

3.3 综合应用：根据教材的训练要求写一份总结。

4．会议记录

4.1 识记：会议记录的含义，写作格式、要求。

4.2 领会：会议记录的特点、方法。

4.3 综合应用：根据教材的训练要求写一份会议记录。

5．通知

5.1 识记：通知的含义，写作格式、要求。
5.2 领会：通知的特点、适用范围、类型。
5.3 综合应用：根据教材的训练要求写一份通知。
6. 请示
6.1 识记：请示的含义，写作格式、要求。
6.2 领会：请示的特点。
6.3 综合应用：根据教材的训练要求写一份请示。

第五章 法规类文章写作

（一）学习目的与要求

本章重点介绍规定、守则、诉状、答辩状、申请执行书这五种法规类文章的特点与写作要求。在依法治国的今天，公共事业管理、电力市场营销等工作中不可避免地要接触到一些法规类应用文的使用。通过对本章的学习，自学者应该掌握上述几种文章的写作方法，学会撰写这几种法规类文章。

（二）课程内容

第一节 规　　定

1. 规定的含义和作用

规定是机关单位、社会团体、企业等组织对某项具体工作和专门问题作出部分规范的法规文书。

规定主要是在某项具体工作和专门问题方面规范人们的行为。

2. 规定的特点

内容专门具体，具有法律或行政权威，表述简练概括。

3. 规定的类型

政府部门规定、企业规定、社会团体规定、其他组织机构的规定。

4. 规定的写作方法

4.1 规定的格式：

规定主要由标题、签署、正文构成。

标题主要包括发文机关、事由和文种，也可用省略式。

签署主要包括发布日期和发布机关名称。

正文包括开头、主体和结尾。

开头简述制定规定的根据、原因、目的等。

主体是规定的具体事项。

结尾包括施行日期、实施要求或解释权归属等内容。

规定的正文结构形式主要有总分总式、条项贯底式和总分式三种。

4.2 规定的写作要求：

表述准确,语言简练,格式严格规范。

第二节 守 则

1. 守则的含义和作用

守则是政府机关、企业、社会团体等单位为完成某项工作,约束某类工作人员的行为准则文书。

守则对某类工作人员的行为具有一定的约束作用。

2. 守则的特点

制作主体层次多样,具体针对性,内容可行,有一定的约束力。

3. 守则的类型

自上而下型、共同约定型。

4. 守则的写作方法

4.1 守则的格式:

守则由标题、正文和落款构成。

标题一般由适用对象或规范范围与文种组成。

正文通常采用条款式。

落款表明制定主体(单位或会议等)及制定时间。

4.2 守则的写作要求:

条文简明,内容可行,易懂易记,文字扼要。

第三节 诉 状

1. 诉状的含义和作用

诉状是指各类案件的当事人为了维护自身的合法权益,依法行使诉讼权利,自书或委托他人代书的向司法机关提出指控、答辩或申诉等法律意见的书状。

符合法定要求的诉状,有引起诉讼并促使诉讼活动深入发展和最后得以解决诉讼实体问题的重要作用,从而维护当事人的合法权益。

2. 诉状的特点

目的明确,事实清楚,材料可靠,法律理由充分,格式严谨完备。

3. 诉状的类型

根据诉讼的性质,诉状可分民事诉状、刑事诉状和行政诉状三大类。

4. 诉状的写作方法

4.1 诉状的格式:

诉状由标题、首部、主体和尾部及附件构成。

标题表明诉状的写作目的。

首部写明原告人和被告人的基本情况。

主体是诉状的基本内容,主要包括谋求事项、事实和理由两个部分。

尾部写明诉状报请的人民法院名称,具状人姓名并加盖印章,注明诉状写作时间等。

附件包括诉状副本、物证和书证等。

4.2　诉状的写作要求：

内容真实，陈述周详，表达清楚，体例规范，要素齐全。

第四节　答　辩　状

1．答辩状的含义和作用

答辩状是被告人或被上诉人针对原告的起诉状或上诉人的上诉状而制作的用以答复或辩驳的书面文书。

答辩状有利于法院公正合理地执法，作出正确的判决，从而有利于保护被告人和被上诉人的合法权益。

2．答辩状的特点

答辩性、针对性、据理力争。

3．答辩状的类型

根据诉讼程序看，答辩状可分为一审答辩状和上诉答辩状；根据答辩状性质，答辩状有民事答辩状、刑事答辩状和行政答辩状。

4．答辩状的写作方法

4.1　答辩状的格式：

答辩状通常由首部、主体和尾部三个部分组成。

首部一般由文书名称构成标题。

主体主要包括答辩人基本情况、答辩案由、答辩理由、受文机关名称等。

尾部是答辩人姓名（盖章）以及成文时间。

4.2　答辩状的写作要求：

目的明确；针对性强，有的放矢；陈述全面周详；行文简明扼要。

第五节　申　请　执　行　书

1．申请执行书的含义和作用

申请执行书是民事案件处理后，当事人一方向人民法院提出的请求用强制手段敦促对方当事人执行法院判决、裁定、调解、裁决所制作的申请类文书。

申请执行书可以表达当事人请求用强制手段敦促对方当事人执行法院判决的愿望。

2．申请执行书的特点

要求明确、愿望强烈、理由充分、格式规范、要素齐全。

3．申请执行书的类型

从申请执行的主体来看，申请执行书可分为个人申请执行书和单位申请执行书两类。

4．申请执行书的写作方法

4.1　申请执行书的格式：

申请执行书一般由首部、主体和尾部三部分构成。

首部由标题单独构成。

主体包括当事人基本情况、事实和理由、具体请求和申请送达机关。

尾部由申请人签名，署明成文时间。

4.2 申请执行书的写作要求：

中心突出，愿望强烈，要求具体，行文扼要，格式规范。

（三）考核知识点

1. 规定的含义、写作方法。
2. 守则的含义、写作方法。
3. 诉状的含义、写作方法。
4. 答辩状的含义、写作方法。
5. 申请执行书的含义、写作方法。

（四）考核要求

1. 规定

1.1 识记：规定的含义，写作格式、要求。

1.2 领会：规定的特点、类型。

1.3 综合应用：根据教材的训练要求写一份规定。

2. 守则

2.1 识记：守则的含义，写作格式、要求。

2.2 领会：守则的特点、类型。

2.3 综合应用：根据教材的训练要求写一份守则。

3. 诉状

3.1 识记：诉状的含义，写作格式、要求。

3.2 领会：诉状的特点、类型。

3.3 综合应用：根据教材的训练要求写一份诉状。

4. 答辩状

4.1 识记：答辩状的含义，写作格式、要求。

4.2 领会：答辩状的特点、类型。

4.3 综合应用：根据教材的训练要求写一份答辩状。

5. 申请执行书

5.1 识记：申请执行书的含义，写作格式、要求。

5.2 领会：申请执行书的特点、类型。

5.3 综合应用：根据教材的训练要求写一份申请执行书。

第六章 传播类文章写作

（一）学习目的与要求

本章重点介绍消息、通讯、简讯、广播稿、解说词这五种传播类文章的特点与写作要求。公共事业管理、电力市场营销等工作中必定要接触到这些传播类应用文的使用。通过对本章的学习，自学者应该掌握上述几种文章的写作方法，学会写这几种传播类文章。

(二) 课程内容

第一节 消 息

1．消息的含义和作用

消息是关于人和事件情况的报道。消息是报刊、广播、电视、因特网等新闻报道中经常使用的一种新闻体裁，也是现代社会信息交流的一种重要形式。

消息主要起到反映情况、引导舆论、指导工作、宣传教育、生活服务等作用。

2．消息的特点

真实性、客观性、公正性、全面性、时效性。

3．消息的类型

动态消息、综合消息、经验消息、人物消息。

4．消息的写作方法

4.1 消息的格式：

消息通常由标题、导语、正文、背景、材料和结尾构成。

标题有单行标题、双行标题和多行标题。

导语有直接导语和间接导语。

正文格式一般有逻辑顺序式、时间顺序式和逻辑顺序与时间顺序交叉式。

背景材料有解释型、说明型、对比型。

结尾通常省略。

4.2 消息的写作要求：

真实客观，公正全面，主题明确，迅速快捷，语言精练。

第二节 通 讯

1．通讯的含义和作用

通讯是一种比较详细、生动地报道人物和事件的传播文体。

通讯能够使读者和听众比较全面地了解人物和事件的主要情况。

2．通讯的特点

内容真实、讲求时效、主题突出、描述生动形象、表现手法多样。

3．通讯的类型

人物通讯、事件通讯、工作通讯、新闻故事。

4．通讯的写作方法

4.1 通讯的格式：

通讯主要由开头、正文、结尾构成。

开头：平铺直叙、开门见山式，引人入胜、渲染气氛式。

正文：纵式、横式、纵横交错式。

结尾：多种多样，不拘一格。

4.2 通讯的写作要求：
真实准确、主题突出、形象生动、方法多样、打动人心。

第三节 简　　讯

1．简讯的含义和作用
简讯是用最简单精练的语言迅速报道新闻事实的一种文体。
简讯能够迅速快捷、简明扼要地报道情况，反映信息，传递信号。
2．简讯的特点
真实、迅捷、精练。
3．简讯的类型
消息式、主体式、导语式。
4．简讯的写作方法
4.1 简讯的格式：
简讯主要由标题和正文两部分构成。
标题一般是单行标题。
正文一般采用逻辑顺序式。
结尾通常省略。
4.2 简讯的写作要求：
结构精简，背景从略，叙述扼要，语言精当。

第四节 广　播　稿

1．广播稿的含义和作用
广播稿是供有线广播、无线广播专用的传播文稿。
广播稿通过广播反映情况，传递信息，表达意见，发布消息。
2．广播稿的特点
内容准确、语言简明、表达清晰、易记易懂。
3．广播稿的类型
反映情况型、公布信息型、评论型。
4．广播稿的写作方法
4.1 广播稿的格式：
广播稿主要由标题、正文、结尾构成。
标题通常用单行标题。
正文格式一般采用逻辑顺序式、时间顺序式和逻辑顺序与时间顺序交叉式。
结尾可有可略。
4.2 广播稿的写作要求：
内容准确，重点突出，语言通俗，表达清晰，便于听众理解记忆。

第五节 解 说 词

1．解说词的含义和作用

解说词是对具体事物、人物、事件进行解释说明的一种文体。

解说词能够增强观众的视觉、听觉效果，使观众对人、物和事有更加全面、深刻的了解和领会。

2．解说词的特点

真实全面、形象生动、情理交融。

3．解说词的类型

人物解说词、事物解说词、事件解说词。

4．解说词的写作要求

4.1　解说词的格式：

解说词主要由标题、正文、结尾构成。

标题一般用单行标题。

正文格式一般有逻辑顺序式、时间顺序式和逻辑顺序与时间顺序交叉式。

结尾手法多样，充满个性化。

4.2　解说词的写作要求：

内容真实，文字优美，形象艺术，情理兼备，引人入胜。

（三）考核知识点

1．消息的含义、写作方法。

2．通讯的含义、写作方法。

3．简讯的含义、写作方法。

4．广播稿的含义、写作方法。

5．解说词的含义、写作方法。

（四）考核要求

1．消息

1.1　识记：消息的含义，写作格式、要求。

1.2　领会：消息的特点、类型。

1.3　综合应用：根据教材的训练要求写一份消息。

2．通讯

2.1　识记：通讯的含义，写作格式、要求。

2.2　领会：通讯的特点、类型。

2.3　综合应用：根据教材的训练要求写一份通讯。

3．简讯

3.1　识记：简讯的含义，写作格式、要求。

3.2　领会：简讯的特点、类型。

3.3　综合应用：根据教材的训练要求写一份简讯。

4．广播稿

4.1　识记：广播稿的含义，写作格式、要求。

4.2　领会：广播稿的特点、类型。

4.3　综合应用：根据教材的训练要求写一份广播稿。

5．解说词

5.1　识记：解说词的含义，写作格式、要求。

5.2　领会：解说词的特点、类型。

5.3　综合应用：根据教材的训练要求写一份解说词。

Ⅲ　有关说明与实施要求

（一）关于教材与自学考试大纲关系的说明

应用文写作自学考试大纲是编写教材和全国高等教育自学考试公共事业管理、电力市场营销等专业学生学习、备考的基本依据。大纲的内容范围和前后顺序在编排上与教材完全一致，但在具体内容的阐述方式上有所区别。教材内容基本上按照章节目的展开顺序进行平铺直叙的描述，而大纲则在不打乱章节目划分的前提下尽可能对相关内容部分进行一定的归纳和概括，以帮助自学者更准确地把握知识点和内容之间的逻辑关系。

（二）关于考核目标的说明

本课程的考核目标为自学者对与公共事业管理、电力市场营销等工作相关的一些常用应用文体的写作知识和综合写作能力及水平。

为了使考核内容和考核目标具体化，本大纲在列出考试内容的基础上，进一步明确了各章的考核目标，其中包括考核知识点和考核要求。考核知识点，为自学者指明了考核的重点内容；考核要求，帮助自学者准确把握考核试题的知识能力层次及难易度。

考核知识点的内容一般坚持以知识点内涵为核心，针对不同层面提出不同要求的原则加以确定和展开。因此，对每一知识点的把握应结合实际要求而有所侧重。本大纲对每一知识点所应达到的能力层次要求是：

识记：对知识与理论体系中所涉及的基本概念能够准确认识和表述，它是进一步理解相关写作知识、并掌握相关写作能力的保证，属于低层次要求。

领会：在明确定义的基础上能够全面把握基本概念，相关知识、方法，同时应该掌握有关概念、方法之间的区别和联系。"领会"是在认识基础上的深化，属于较高层次的要求，与"识记"共同构成对"应用文写作"课程知识框架的全面把握。

综合应用：在识记和领会的基础之上，运用已经掌握的基本知识和方法能够写作相关的应用文体。"综合应用"的目的是促使自学者能够动脑、动笔，检验自己的写作水平；是最高层次上的要求，也是开设本课程的根本目的。

（三）关于自学教材与参考教材

1．自学教材

全国高等教育自学考试指导委员会组编，火玥人主编．全国高等教育自学考试指定教材·应用文写作（2003年版）．北京：中国电力出版社，2003

2．参考教材

2.1 李振辉主编．应用文写作实训教程．北京：机械工业出版社，2001

2.2 牟宗荣，王文哲，李岷主编．当代应用文写作实务．北京：化学工业出版社，2001

（四）自学方法指导

1．注意学习的规律性

自学者首先要对本课程的内容有一个规律性的认识。本课程所选择的应用文体是公共事业管理、电力市场营销等工作中经常使用或比较容易接触到的。在编写上，每一应用文体基本上都从"含义和作用、特点、类型、写作方法"这四个要素着手，进行阐述。因此，自学者掌握了这四个要素，也就掌握了每一应用文体的相关知识，从而也就能写出相应的文章。

2．注意学习的顺序

因为本教材一直采用先知识、后实践的编写顺序，所以自学者按照这种顺序进行学习，容易收到事半功倍的效果。先熟悉知识，有助于后面的实际运用；实际运用阶段又可以促进知识的理解和消化。

3．注意多练习

学习应用文写作的一条捷径就是多练习。一个应用文体写一遍比看十遍效果要好得多。多练习，就有了更多的体验，更多的感悟，效果远胜于死记硬背。

4．注意从公共事业管理、电力市场营销等工作中去学习应用文写作

在实际工作中自学者接触到应用文时，一定要多看、多琢磨，一方面可以巩固所学到的知识，一方面可以加深文体感。

（五）对社会助学的要求

应用文写作课程的学时以30学时为宜。

在助学活动中应从以下几个方面对自学者进行引导和帮助：

1．应该引导自学者掌握该课程的规律，从应用文体的含义、作用、特点、类型、写作方法等方面去把握应用文体的写作。同时，应该使自学者能够清晰地区别同一类应用文体之间的不同之处。

2．应该使自学者懂得，掌握教材内容是学好该门课程的基础和关键，只有认真阅读教材，并在此基础上联系实际领会有关知识，才能达到学以致用的目的，也才能有利于通过自学考试。

3．应该引导自学者从公共事业管理、电力市场营销等工作中所使用和接触到的应用文文体去领会所学到的知识，进一步去掌握所学到的写作方法。

4．应该有足够的写作训练时间使自学者能够进行应用文体的实际写作锻炼，使自学者在实际运用中熟练掌握知识要点，圆满完成本课程的学习。

5．对自学者的习作应该加以点评，强化正确的知识和方法，督促改进错误的认识和方法。

（六）关于命题考试的若干规定

1．本课程采用命题闭卷考试的方法。

2．应用文写作自学考试大纲是本课程命题的依据，试卷题目应符合该大纲所规定的范围和难度要求。

3．本课程考试命题的内容在能力层次上的比例要求为："识记"占20％，"领会"占30％，"综合应用"占50％。

4．本课程对考试命题难易程度把握的原则为："易"占25％，"较易"占30％，"较难"占25％，"难"占20％。必须注意：能力层次与试题的难易程度完全是两种不同的概念。同一能力层次的内容均可从"易"、"较易"、"较难"和"难"四个角度命题，因此，切勿将两者混淆起来。

5．本课程考试命题的题型有：单项选择题、多项选择题、名词解释、简答题、综合写作题。

附录 题型举例

一、**单项选择题**（每题共有A、B、C、D四个选项，只有一个选项正确，请将正确选项前的字母填写在括号内）

1. 双方或多方当事人为了实现共同的经济目的，经过共同协商确定双方的权利、义务之后签订的一种具有经济关系、法律意义的书面协议是（　　）。
（A）意向书；（B）经济合同书；（C）招标书；（D）投标书。

2. 机关单位、社会团体、企业等组织对某项具体工作和专门问题作出部分规范的法规文书是（　　）。
（A）守则；（B）规定；（C）申请执行书；（D）诉状。

3. 用最简单精练的语言迅速报道新闻事实的一种文体是（　　）。
（A）消息；（B）新闻；（C）简讯；（D）通讯。

二、**多项选择题**（每题共有4个选项，有2~4个选项是正确的，请将正确选项前的字母填写在括号内）

1. 应用文语言的要求是（　　）。
（A）精确；（B）正确；（C）简练平易；（D）典雅华丽。

2. 要做到立意准确，主要应该做到（　　）。
（A）符合政党和政府的路线、方针、政策、法律、规章制度；
（B）符合领导的意图；
（C）符合客观实际；
（D）符合事物的本质和规律。

3. 市场调查报告的写作要求是（　　）。
（A）实事求是；
（B）用具体材料说明观点；
（C）处理好叙述、说明、议论的比例；
（D）条款明确。

三、**名词解释**

1. 立意
2. 谋篇
3. 市场调查报告
4. 商品广告
5. 请柬
6. 计划
7. 总结

8. 诉状

四、简答题

1. 市场活动分析报告有哪些特点?
2. 怎样写作产品说明书?
3. 诉状的写作格式包括哪些内容?

五、综合写作题

1. 根据材料,拟写一篇市场调查报告。
2. 根据材料,拟写一篇经济合同书。
3. 某供电公司"三产"部门生产了"生命之泉"桶装纯净水,请你为他们拟写一则广告。

后 记

  2001年11月全国高等教育自学考试指导委员会办公室召开了关于编写高等教育自学考试《应用文写作》课程考试大纲的会议，会上讨论和确定了本大纲的编写方案和要求。

  本大纲由华北电力大学（北京）火玥人副教授编写。并请中央民族大学李佩伦教授、首都师范大学邱运华教授、国家电力公司倪吉祥高级经济师对大纲进行了审定。他们为此付出了辛勤的劳动，在此一并深表感谢。

全国高等教育自学考试指导委员会
经 济 管 理 类 专 业 委 员 会
2002年3月